JN010277

ケアマネ
過去7年
本試験問題集

新星出版社

ケアマネジャー試験の傾向と対策

　介護支援専門員（ケアマネジャー）試験で出題される問題数は、「介護支援分野」が25問、「医療福祉サービス分野」が35問の合計60問です。

　ケアマネ試験では、5つの選択肢から「正しいもの」または「適切なもの」を「3つ選べ」、あるいは「2つ選べ」という形式で出題されます。つまり「誤っているものはどれか」という消去法で解いていくことになります。当然、問題には正誤を迷わせるしかけがされていますから、混乱しないように落ち着いて解答をしていくことが重要です。

　試験時間は120分間と長いようでも全部で60問ですから1問あたり2分間しかありません。60問の中には、考え込むと、とても2分間では答えを見つけ出せないような問題も出題されます。試験全体の傾向として、問題文が短く、内容が把握しづらくなっています。普段の学習でも、この点に留意して、問題文の要点を素早く把握するように注意しましょう。

　第22回試験から、社会福祉士試験、介護福祉士試験などの問題作成機関である社会福祉振興・試験センターが問題を作成しています。その影響からか、それ以前の問題に比べて問題文が長文化しています。当然、落とし穴も多く隠されていることになりますから、解答する際にアンダーラインを引いて問題文を分解するなどの工夫も一つの方法と言えます。

　試験は、長寿社会開発センターが発行する『<u>介護支援専門員基本テキスト</u>』に即して出題されており、本書は令和3年に発行された基本テキスト<u>（九訂版）</u>に基づいています。基本テキストは3年ごとの介護保険制度改正に合わせて刊行されていますが、次期改訂版は、長寿社会開発センターから令和6年6月ごろに発行される予定です。

学習の進め方

　介護支援専門員の試験範囲は膨大で、制度の詳細まで問われます。ただし、初めから基本テキストの細かな事項まで覚えようとするのではなく、まず制度の全体像を把握しましょう。全体像がつかめたら詳細部分まで学習を深めましょう。制度の基本的な考え方を把握しておけば、万一、学習していなかった問題に遭遇しても、ある程度まで判断できるようになります。

●介護支援分野

　この分野では法令に基づく問題が多く、運営基準の細かい部分まで問われます。しかし、そうした枝葉末節にとらわれると混乱してしまいます。第26回試験では、この分野の合格基準点は17点と昨年からは1点下がりましたが、比較的高得点が要求されています。一見して常識的な問題のように見えても、いざ、正しい選択肢を選び始めると、迷ってしまうような問題が配置されていて、受験生を悩ませます。深みにはまる前に、いったん仕切り直しをして次の問題を解くということも一つの対策でしょう。介護保険制度は体系的に理解しましょう。試験は、複数の選択肢を選ぶ問題です。きちんとした理解に基づかないあいまいな記憶では、かえって混乱してしまいます。

回り道のようでも、まず、理解することに重点を置いて、記憶は次の段階で行いましょう。基本テキストをしっかり読み込んで、問題集を何回も繰り返し解くことで、あいまいだった記憶もしっかり定着してきます。

●保健医療サービスの知識等

　冒頭の問題から「指輪っかテスト」、「サルコペニア」といった言葉が登場したことに驚かれた受験生も多いかと思います。次の選択肢の「フレイル」はもちろん、「ロコモティブシンドローム」も、すべて基本テキストにある言葉です。やはり基本テキストの学習は怠りなくしておくことが必須といえます。この分野では、医学的知識だけでなく、医療に関連させた介護報酬に関する問題も出題されていますので、注意してください。

●福祉サービスの知識等

　定番ともいえるコミュニケーション技術、ソーシャルワークの問題からはじまり、訪問介護、訪問入浴介護、通所介護、短期入所生活介護…といった、介護保険制度に続き、成年後見制度、高齢者虐待防止法、生活保護制度と、これも定番ともいえる問題が続きました。問われるポイントはほぼ決まっていますので、基本テキストでしっかり知識を確認しておくことが必須です。

試験本番での注意

●マークの仕方、消し方に注意しよう

　基本的なことですが、マークシートではマークの仕方に注意しましょう。解答用紙は機械で読み取りを行います。塗りつぶした部分が指定された枠からはみだしたり、枠内であっても小さくて余白があったり、塗りつぶした色が薄いと不正解となる場合があります。平成25年10月に行われた第16回試験では、山形県で合格発表後に3人が追加合格となる事態が起こりました。これは、マークした後に消しゴムで消した箇所を機械が誤って読み取ったというものです。消しゴムでの消し方にも注意が必要です。

●筆記用具は書きやすいものを用意する

　筆記用具については、多くはHBなどの黒鉛筆またはシャープペンシルとプラスチック消しゴムが指定されているようですが、鉛筆は1本ではなく必ず何本かの予備を用意しておきましょう。余分にあって困るというものではありませんから、消しゴムも不安であれば複数個持参した方がいいでしょう。

　試験本番では、机の上に置くのは筆記具だけという状態になりますから、鉛筆が転がらないようにキャップを差しておくといいでしょう。

●解答の選択数に注意する

　出題は五肢複択方式、解答はマークシート方式です。問題文で「3つ選べ」とされた問題では、必ず3つを選ばなければなりません。解答が2つ以下だったり、4つ以上だった場合には、正解が含まれていても、その問題そのものが不正解とみなされます。平成21年度試験（問題21）では、試験後に正解肢が追加されて、2つを選ぶ問題で3つが正しい選択肢となりましたが、3つすべてを選んだ場合は正解とはなりませんでした。

なお、試験で、どうしても分からない問題があった場合には、無解答のままにしないで必ずマーク（解答）をしておきましょう。マークシート方式は、解答欄の途中で間違った箇所に記入すると間違いに気付きにくく、後からの修正も大変です。記入時には、問題番号を確認しながら<u>マークの箇所がずれないように注意をしましょう</u>。得意な分野から解答する場合には、とくに記入欄にズレがないように注意をしてください。

　名前や受験番号の記入欄への記入も忘れないようにしましょう。また、<u>問題用紙が配られたら、印刷ミスがないかチェック</u>します。

●試験時間の配分

　時間配分も大事です。受験会場への携帯電話の持込みは禁止されています。受験会場の時計は見にくい場合がありますので、禁止されていなければ、<u>腕時計を持参しましょう</u>。時間が余った場合は必ず見直しをしましょう。

　※携帯電話を時計代わりに使うことは禁止されています。

受験にあたっての注意事項（例）

（1）試験室における注意事項

①受験者は、必ず受験票を持参し、午前9時から午前9時30分までに試験室に入室してください。9時30分から試験開始時刻まで、試験監督員より注意事項等の説明がありますので、お手洗い等は済ませた上で着席してください。

②受験番号の表示を確認し、着席してください。着席後は、机の上に受験票を置き、受験番号を明示してください。

③筆記用具は、HB以上の濃さの鉛筆及び消しゴムを必ず用意してください。

④試験会場への携帯電話等の通信機器の持込みは禁止します。

⑤空調設備等の関係上、個々の状態に合わせた温度調節はできません。各自で調節ができるように、必要な方は上着等を用意してください。なお、試験中は、ひざかけ等ひざの上に物を置くことは認められません。

⑥受験に際して不正行為を行った者及び試験室内の秩序を乱す者に対しては、退室を命じるとともに受験を無効とする場合があります。

⑦試験開始後30分を超えて遅刻した場合は、原則として試験を受けることができません。

（2）その他の注意事項

①試験会場の下見、試験会場への電話等による問合せは絶対に行わないでください。

②試験会場は、午前9時までは入場できません。

③試験会場は禁煙です。

④試験会場及びその周辺には、駐車・駐輪（自転車・バイク）はできません。路上駐車・駐輪は周辺住民の迷惑となるほか、警察署からも固く禁じられています。必ず電車・バス等の公共交通機関を利用してください。交通渋滞をきたしますので、自家用車での送迎もご遠慮ください。

⑤試験当日は、同じ試験会場で他の試験が実施されている場合もありますので、注意してください。

注：この注意事項は、実際の受験案内を基に作成した例示です。受験に際しては、受験地の試験案内に従ってください。

ケアマネ過去7年
本試験問題集

CONTENTS

ケアマネジャー試験の傾向と対策…………… 2
2024年度受験案内……………………………… 6
本書の使い方…………………………………… 10

令和 5 年度(第 26 回)試験問題…………… 11
令和 4 年度(第 25 回)試験問題…………… 37
令和 3 年度(第 24 回)試験問題…………… 63
令和 2 年度(第 23 回)試験問題…………… 89
令和 元 年度(第 22 回)試験問題………… 115
平成 30 年度(第 21 回)試験問題………… 141
平成 29 年度(第 20 回)試験問題………… 167

●別冊(解答・解説)

令和 5 年度(第 26 回)試験問題の解答・解説…………… 2
令和 4 年度(第 25 回)試験問題の解答・解説…………… 24
令和 3 年度(第 24 回)試験問題の解答・解説………… 42
令和 2 年度(第 23 回)試験問題の解答・解説………… 58
令和 元 年度(第 22 回)試験問題の解答・解説………… 80
平成 30 年度(第 21 回)試験問題の解答・解説……… 100
平成 29 年度(第 20 回)試験問題の解答・解説……… 120
解答用紙 ………………………………………………… 141

※別冊は取り外してお使いください。

2024年度受験案内

●介護支援専門員（ケアマネジャー）とは

　介護支援専門員とは、介護保険法に基づき平成12年4月からスタートした公的資格であり、ケアマネジャーとも呼ばれています。その主な業務は、要介護者や要支援者、また、その家族からの相談に応じて要介護者等が心身の状況に応じてそれぞれ適切なサービスを利用できるように支援するものです。ケアマネジャーは、サービス事業者などとの連絡調整を行い、要介護者のケアプランを作成する重要な業務も担います。

　介護支援専門員の業務に従事するためには、毎年1回都道府県が実施する介護支援専門員実務研修受講試験に合格して実務研修を修了後、介護支援専門員資格登録簿に登録を行うことが必要です。

●介護支援専門員実務研修受講試験

（1）受験地

　介護支援専門員の試験は都道府県単位で行われるため、受験場所には勤務地での受験と住所地での受験があります。

勤務地受験	申込日現在、受験資格に該当する業務に従事している場合は、その勤務先のある都道府県での受験
住所地受験	申込日現在、無職又は受験資格に該当する業務に従事していない場合は、住所地のある都道府県での受験

注：該当業務の勤務地と住所地の都道府県が異なる場合は勤務地で、勤務地が複数ある場合は、主たる勤務地の都道府県での受験となります。また、受験申込期間は都道府県によって異なります。必ず、受験地の試験案内等で確認をしてください。

（2）受験申込及び問合せ先

　介護支援専門員実務研修受講試験は、全国の都道府県単位で行われます。受験申し込み・問合せは、各都道府県の福祉、保健、介護保険担当部署や社会福祉協議会などに問合せをしてください。

（3）受験資格

　受験資格には、医療・介護などの業務での実務経験年数が求められます。実務経験年数とは、要援護者に対して行う直接対人援助業務に従事した期間であり、ボランティア等で従事した期間も該当する場合があります。

　ただし、有資格者であっても実務経験がなければ受験資格には該当しません。詳細は、必ず受験地の都道府県で確認をしてくだい。

受験資格と必要な実務経験年数（概要）

区分	資格・業務内容	通算実務経験年数
A	医師、歯科医師、薬剤師、保健師、助産師、看護師、准看護師、理学療法士、作業療法士、社会福祉士、介護福祉士、視能訓練士、義肢装具士、歯科衛生士、言語聴覚士、あん摩マッサージ指圧師、はり師、きゅう師、柔道整復師、栄養士又は管理栄養士、精神保健福祉士	実務経験年数が通算して5年以上であり、かつ、当該業務に従事した日数が900日以上
B	生活相談員、支援相談員、相談支援専門員、主任相談支援員など、それぞれ定められた一定の施設、事業において要援護者に対する直接的な対人援助業務を本来業務として明確に位置づけられている資格であること。	

注：受験資格は平成27年度試験から上記のように見直しがされました。さらに、平成30年度からは経過措置がなくなり、実務経験証明書に代えて過去の受験票を提出することもできなくなりました。

　上記の受験資格はあくまでも概要です。試験の詳細は、必ず、受験地の試験案内等で確認をしてください。

（4）試験日程

試　験　日	年1回10月に実施、令和5年度は10月8日（日）に実施
試　験　地	全国都道府県単位に実施
合格発表	11月下旬～12月上旬に発表、令和5年度は12月4日（月）に発表

（5）試験範囲等

　出題は五肢複択方式で、解答はマークシート方式で行われます。

　試験時間は120分（AM10：00～12：00）です。ただし、点字、弱視等受験者には試験時間が延長されます（解答免除の制度は、第18回試験から廃止されました）。

出題分野	出題区分	問題番号（問題数）	配点
介護支援分野	介護保険制度の基礎知識 要介護認定等の基礎知識 居宅・施設サービス計画の基礎知識等	1～25（25問）	25点
保健医療福祉サービス分野	保健医療サービスの知識等	26～45（20問）	20点
	福祉サービスの知識等	46～60（15問）	15点
合　計		60問	60点

注：この受験案内は令和5年度試験案内を参考に作成したものです。令和6年度（2024年度）試験の詳細は、2024年5月下旬頃に発表される予定の受験要項を参照してください。

（6）解答免除の廃止

　平成26年度（第17回）の試験までは、有する国家資格によって解答免除を受けられる仕組みがありましたが、この「解答免除」は、平成27年度の試験から廃止されました。「解答免除」の廃止によって、すべての受験者は60問の全出題問題を解答することになりました。

（7）受験申込に際しての必要書類等

　受験申込時の必要書類は受験資格等により異なります。下記の書類は代表的なもののみを紹介しています。また、<u>受験手数料は受験地により異なります。いずれも、必ず受験地の受験案内等で確認をしてください。</u>

・受験申込書（顔写真貼付）
・受験手数料　例（令和5年度）：東京12,400円、大阪13,400円（別途振込手数料）
・実務経験証明書又は実務経験見込証明書

（8）合格基準点

　介護支援専門員実務研修受講試験では合格基準が発表されています。合格基準は、試験科目のそれぞれの分野で「総得点の70％程度を基準として、問題の難易度で補正した点数」とされています。合格するには、試験のいずれの分野でも正答点数が定められた、この合格基準点を超えていなければなりません。合格基準点は、毎回試験の結果に基づいて定められています。

これまでの試験の合格基準点

試験回 （試験年度）	介護支援 分野 （25問）	保健医療福祉サービス分野				
		免除なし （35問）	医師等（免除 区分1） （15問）	看護師等（免 除区分2） （20問）	福祉士等（免除 区分3） （20問）	看護師等＋福祉 士（免除区分2 ＋3（5問）
第13回（2010年）	14点	25点	12点	15点	15点	4点
第14回（2011年）	15点	23点	13点	14点	11点	2点
第15回（2012年）	15点	22点	12点	14点	12点	3点
第16回（2013年）	15点	26点	12点	14点	15点	3点
第17回（2014年）	14点	25点	13点	16点	13点	3点
第18回（2015年）	13点	25点				
第19回（2016年）	13点	22点				
第20回（2017年）	15点	23点				
第21回（2018年）	13点	22点		（解答免除は第18回試験から廃止されました）		
第22回（2019年）	15点	24点				
第23回（2020年）	13点	22点				
第24回（2021年）	14点	25点				
第25回（2022年）	18点	26点				
第26回（2023年）	17点	24点				

（9）これまでの試験結果と合格率（全国計）

	受験者数	合格者数	合格率
第13回（2010年）	139,959人	28,703人	20.5%
第14回（2011年）	145,529人	22,332人	15.3%
第15回（2012年）	146,586人	27,905人	19.0%
第16回（2013年）	144,397人	22,322人	15.5%
第17回（2014年）	174,974人	33,539人	19.2%
第18回（2015年）	134,884人	20,923人	15.5%
第19回（2016年）	124,585人	16,280人	13.1%
第20回（2017年）	131,560人	28,233人	21.5%
第21回（2018年）	49,333人	4,990人	10.1%
第22回（2019年）	41,049人	8,018人	19.5%
第23回（2020年）	46,415人	8,200人	17.7%
第24回（2021年）	54,298人	12,667人	23.3%
第25回（2022年）	54,406人	10,328人	19.0%
第26回（2023年）	56,532人	11,841人	20.9%

注：第26回試験については、本書編集時点では厚生労働省の発表が行われなかったため、編集部で独自に集計を行った数値である。

（10）欠格事由（介護支援専門員資格登録簿に登録できない場合）

①心身の故障により介護支援専門員の業務を適正に行うことができない者として厚生労働省令で定める者

②禁錮以上の刑に処せられ、その執行を終わり、又は執行を受けることがなくなるまでの者

③介護保険法その他国民の保健医療若しくは福祉に関する法律で政令に定めるものの規定により罰金の刑に処せられ、その執行を終わり、又は執行を受けることがなくなるまでの者

④登録の申請前5年以内に居宅サービス等に関し不正又は著しく不当な行為をした者

⑤介護保険法第69条の38第3項の規定による禁止の処分を受け、その禁止の期間中に法第69条の6第1項第1号の規定によりその登録が消除され、まだその期間が経過しない者

⑥介護保険法第69条の39の規定による登録の消除の処分を受け、その処分の日から起算して5年を経過しない者

⑦介護保険法第69条の39の規定による登録の消除の処分に係る行政手続法（平成5年法律第88号）第15条の規定による通知があった日から当該処分をする日又は処分をしないことを決定する日までの間に登録の消除の申請をした者（登録の消除の申請について相当の理由がある者を除く。）であって、当該登録が消除された日から起算して5年を経過しない者

本書の使い方

●試験問題

　令和5年度から平成29年度の介護支援専門員実務研修受講試験において出題された問題を、できる限り忠実に収録しました。漢字のふりがなについても出題時の問題を再現してあります。したがって、年度により、用字用語に違いがあります。

> 問題文冒頭の★は、問題の内容に法改正等が行われた、あるいは行われることなどを示しています。詳細は別冊の該当問題の解説に★を示してあります。

●解答・解説

　参考となる事項を図表にまとめて、別冊の解説だけでも学習に利用できるようにしました。

> ☞は参考条文、または『九訂 介護支援専門員基本テキスト』（令和3年6月・長寿社会開発センター発行）の参考ページを示します（⬆は上巻、⬇は下巻を示しています）。
> 注：次期改訂版は長寿社会開発センターから令和6年6月ごろに発行される予定です。

●解答用紙

　マークシートの解答用紙を巻末に掲載しました。切り離して使用してください。コピーをしておけば繰り返して利用することができます。実際の試験に向けて、マークシートの記入に慣れておきましょう。
　掲載した解答用紙は例示です。

令和5年度（第26回）

介護支援専門員
実務研修受講試験問題

注意事項

1　文中の「市町村」は、「市町村及び特別区」の意味となります。

2　本問題の選択肢のうち以下の厚生労働省令で定める事項に関するものは、当該省令の定める内容によります。

・指定居宅サービス等の事業の人員、設備及び運営に関する基準（平成11年厚生省令第37号）

・指定介護予防サービス等の事業の人員、設備及び運営並びに指定介護予防サービス等に係る介護予防のための効果的な支援の方法に関する基準（平成18年厚生労働省令第35号）

・指定地域密着型サービスの事業の人員、設備及び運営に関する基準（平成18年厚生労働省令第34号）

・指定地域密着型介護予防サービスの事業の人員、設備及び運営並びに指定地域密着型介護予防サービスに係る介護予防のための効果的な支援の方法に関する基準（平成18年厚生労働省令第36号）

・指定居宅介護支援等の事業の人員及び運営に関する基準（平成11年厚生省令第38号）

・指定介護予防支援等の事業の人員及び運営並びに指定介護予防支援等に係る介護予防のための効果的な支援の方法に関する基準（平成18年厚生労働省令第37号）

・指定介護老人福祉施設の人員、設備及び運営に関する基準（平成11年厚生省令第39号）

・介護老人保健施設の人員、施設及び設備並びに運営に関する基準（平成11年厚生省令第40号）

・介護医療院の人員、施設及び設備並びに運営に関する基準（平成30年厚生労働省令第5号）

3　「障害者総合支援法」は、「障害者の日常生活及び社会生活を総合的に支援するための法律（平成17年法律第123号）」のことをいいます。

4　「高齢者虐待防止法」は、「高齢者虐待の防止、高齢者に対する支援等に関する法律（平成17年法律第124号）」のことをいいます。

●介護支援分野

問題 1　高齢化について正しいものはどれか。2つ選べ。

1　2025（令和7）年には、いわゆる団塊の世代が85歳に到達する。

2　2021（令和3）年国民生活基礎調査によると、65歳以上の者のいる世帯では「三世代世帯」の割合が一番多い。

3　国立社会保障・人口問題研究所の「日本の世帯数の将来推計（全国推計）」（平成30年推計）によると、世帯主が65歳以上の世帯数は2040（令和22）年まで増加し続ける。

4　国立社会保障・人口問題研究所の「日本の将来推計人口」（平成29年推計）によると、前期高齢者の人口は、2015（平成27）年と比べて2045（令和27）年では倍増する。

5　2019（令和元）年度末における85歳以上の介護保険の被保険者に占める要介護又は要支援と認定された者の割合は、50％を超えている。

問題 2　地域福祉や地域共生社会について正しいものはどれか。3つ選べ。

1　市町村は、包括的な支援体制を整備するため重層的支援体制整備事業を実施しなければならない。

2　市町村は、市町村地域福祉計画を策定するよう努めるものとする。

3　地域共生社会とは、子供・高齢者・障害者などすべての人々が地域、暮らし、生きがいをともに創り、高め合うことができる社会のことである。

4　介護保険法に基づく地域支援事業等を提供する事業者が解決が困難な地域生活課題を把握したときは、その事業者が自ら課題を解決しなければならない。

5　高齢者と障害児・者が同一の事業所でサービスを受けやすくするための共生型サービスは、介護保険制度と障害福祉制度の両方に位置付けられている。

問題 3 社会保険について正しいものはどれか。**２つ選べ。**

1 雇用保険は、含まれない。
2 自営業者は、介護保険の披保険者にならない。
3 医療保険は、労働者災害補償保険法の業務災害以外の疾病、負傷等を保険事故とする。
4 年金保険は、基本的に任意加入である。
5 財源は、加入者や事業主が払う保険料が中心であるが、国・地方公共団体や利用者も負担している。

問題 4 介護保険法第２条に示されている保険給付の基本的考え方として正しいものはどれか。**３つ選べ。**

1 要介護状態等の軽減又は悪化の防止に資するよう行われなければならない。
2 被保険者の置かれている環境に配慮せず提供されなければならない。
3 可能な限り、被保険者の有する能力に応じ自立した日常生活を営むことができるように配慮されなければならない。
4 医療との連携に十分配慮して行われなければならない。
5 介護支援専門員の選択に基づき、サービス提供が行われなければならない。

問題 5 介護保険制度における住所地特例の適用があるものはどれか。**３つ選べ。**

1 介護老人福祉施設
2 地域密着型介護老人福祉施設
3 有料老人ホーム
4 介護老人保健施設
5 認知症対応型共同生活介護

問題 6 65 歳以上の者であって、介護保険の被保険者とならないものは
どれか。**2つ選べ。**

1 老人福祉法に規定する養護老人ホームの入所者
2 児童福祉法に規定する医療型障害児入所施設の入所者
3 生活保護法に規定する更生施設の入所者
4 生活保護法に規定する救護施設の入所者
5 児童福祉法に規定する母子生活支援施設の入所者

問題 7 介護保険と他制度との関係について正しいものはどれか。**3つ
選べ。**

1 労働者災害補償保険法の療養給付は、介護保険給付に優先する。
2 労働者災害補償保険法の介護補償給付は、介護保険の給付に相当する給
付が受けられる限りにおいて、介護保険に優先する。
3 介護保険の訪問看護は、原則として、医療保険の訪問看護に優先する。
4 生活保護の被保護者は、介護保険給付を受給できない。
5 障害者総合支援法の給付を受けている障害者は、要介護認定を受けるこ
とができない。

問題 8 介護保険法において現物給付化されている保険給付として正し
いものはどれか。**2つ選べ。**

1 居宅介護サービス計画費の支給
2 特定入所者介護サービス費の支給
3 居宅介護福祉用具購入費の支給
4 高額介護サービス費の支給
5 高額医療合算介護サービス費の支給

問題 9 介護保険法に定める指定居宅サービス事業者の責務として正しいものはどれか。**3つ選べ。**

1 医師の診断書に基づき居宅サービス計画を作成しなければならない。

2 要介護者のため忠実に職務を遂行しなければならない。

3 自らサービスの質の評価を行うこと等により常に利用者の立場に立ってサービスを提供するように努めなければならない。

4 利用者が居宅において心身ともに健やかに養護されるよう、利用者の保護者を支援しなければならない。

5 法令遵守に係る義務の履行が確保されるよう、業務管理体制を整備しなければならない。

問題10 介護保険法に規定する介護保険等関連情報の調査及び分析について正しいものはどれか。**3つ選べ。**

1 市町村は、介護保険等関連情報を分析した上で、その分析の結果を勘案して、市町村介護保険事業計画を作成するよう努めるものとする。

2 都道府県は、都道府県介護保険事業支援計画を作成するに当たって、介護保険等関連情報を分析する必要はない。

3 都道府県は、介護サービス事業者に対し、介護給付等に要する費用の額に関する地域別、年齢別又は要介護認定及び要支援認定別の状況に関する情報を提供しなければならない。

4 厚生労働大臣は、被保険者の要介護認定及び要支援認定における調査に関する状況について調査及び分析を行い、その結果を公表するものとする。

5 厚生労働大臣は、特定介護予防・日常生活支援総合事業を行う者に対し、介護保険等関連情報を提供するよう求めることができる。

問題11 地域における医療及び介護の総合的な確保の促進に関する法律に規定する基金（地域医療介護総合確保基金）について正しいものはどれか。**3つ選べ。**

1 医療及び介護の総合的な確保に関する目標を達成するために必要な事業に要する費用を支弁するため、都道府県が設ける。

2 公的介護施設等の整備に関する事業は、支弁の対象とならない。

3 医療従事者の確保に関する事業は、支弁の対象となる。

4 介護従事者の確保に関する事業は、支弁の対象となる。

5 国が負担する費用の財源は、所得税及び法人税である。

問題12 社会保険診療報酬支払基金の介護保険関係業務として正しいものはどれか。**2つ選べ。**

1 医療保険者から介護給付費・地域支援事業支援納付金を徴収する。

2 第1号被保険者の保険料に係る特別徴収を行う。

3 都道府県に対し介護給付費交付金を交付する。

4 市町村に対し地域支援事業支援交付金を交付する。

5 介護保険サービスに関する苦情への対応を行う。

問題13 地域支援事業の包括的支援事業として正しいものはどれか。**2つ選べ。**

1 家族介護支援事業

2 一般介護予防事業

3 在宅医療・介護連携推進事業

4 保健福祉事業

5 生活支援体制整備事業

問題14 地域ケア会議の機能として正しいものはどれか。**3つ選べ。**

1 個別課題の解決
2 地域づくり・資源開発
3 政策の形成
4 地域包括支援センターから提出された事業計画書の評価
5 日常生活自立支援事業の生活支援員の指名

問題15 介護サービス情報の公表制度において、介護サービスの提供開始時に事業者が都道府県知事へ報告すべき情報として規定されているものはどれか。**3つ選べ。**

1 従業者の個人情報保護等のために講じる措置
2 従業者の教育訓練の実施状況
3 年代別の従業者の数
4 従業者の労働時間
5 従業者の健康診断の実施状況

問題16 介護保険審査会への審査請求が認められるものとして正しいものはどれか。**2つ選べ。**

1 介護支援専門員の資格に関する処分
2 指定居宅サービス事業者の指定の取消しに関する処分
3 財政安定化基金拠出金への拠出額に関する処分
4 要介護認定に関する処分
5 被保険者証の交付の請求に関する処分

問題17 介護保険法における消滅時効について正しいものはどれか。**3つ選べ。**

1 償還払い方式による介護給付費の請求権の時効は、10年である。
2 法定代理受領方式による介護給付費の請求権の時効は、2年である。
3 滞納した介護保険料の徴収権が時効によって消滅した場合には、保険給付の減額対象とならない。
4 介護保険料の督促は、時効の更新の効力を生ずる。
5 介護保険審査会への審査請求は、時効の更新に関しては、裁判上の請求とみなされる。

問題18 要介護認定の申請について正しいものはどれか。**2つ選べ。**

1 被保険者は、介護認定審査会に申請しなければならない。
2 地域包括支援センターは、申請に関する手続を代行することができる。
3 介護保険施設は、入所者の更新認定の申請に限って代行することができる。
4 要介護状態区分の変更申請には、医師の診断書を添付しなければならない。
5 更新認定の申請は、有効期間満了の日の60日前から行うことができる。

問題19 要介護認定について正しいものはどれか。**2つ選べ。**

1 認定調査は申請者と面接して行わなければならないと、介護保険法に規定されている。
2 申請者が遠隔地に居住する場合には、認定調査を他の市町村に嘱託することができる。
3 新規認定の調査は、指定市町村事務受託法人に委託することができない。
4 一次判定は、認定調査票の基本調査の結果及び特記事項と主治医意見書に基づいて行う。
5 審査及び判定の基準は、市町村が定める。

問題20 指定居宅介護支援について正しいものはどれか。**3つ選べ。**

1 介護支援専門員は、居宅サービス計画書の作成に当たっては、地域の住民による自発的な活動によるサービス等の利用も含めて居宅サービス計画上に位置付けるよう努めなければならない。

2 事業者は、利用者の人権の擁護、虐待の防止等のため必要な体制の整備を行わなければならない。

3 指定居宅介護支援の提供に当たっては、公正中立に行われなければならない。

4 介護支援専門員の連絡調整の対象は、指定居宅サービス事業者に限定される。

5 事業者の連携の対象には、障害者総合支援法の指定特定相談支援事業者は含まれない。

問題21 居宅サービス計画の作成について適切なものはどれか。**3つ選べ。**

1 課題分析の結果は、居宅サービス計画書に記載しない。

2 総合的な援助の方針は、利用者及び家族を含むケアチームが確認、検討の上、居宅サービス計画書に記載する。

3 居宅サービス計画の長期目標は、基本的に個々の解決すべき課題に対応して設定するものである。

4 週間サービス計画表には、提供されるサービス以外に主な日常生活上の活動も記載する。

5 サービス担当者会議の要点には、出席できないサービス担当者に対して行った照会の内容について記載しなくてよい。

問題22 指定介護老人福祉施設の施設サービス計画について正しいものはどれか。**２つ選べ。**

1　モニタリングは、少なくとも月に１回行わなければならない。
2　アセスメントは、入所者及びその家族に面接して行わなければならない。
3　計画の交付は、家族に行えばよい。
4　地域の住民による自発的な活動によるサービス等の利用も含めて位置付けるよう努めなければならない。
5　介護支援専門員以外の者も作成できる。

問題23 Ａさん（72歳、男性、要介護２、認知症高齢者の日常生活自立度 IIa）は、妻（63歳）と二人暮らしで、小規模多機能型居宅介護事業所に登録し、週２回の通いサービスと週３回の訪問サービスを利用している。Ａさんは、若い頃より散歩が趣味であったが、最近、散歩に出かけると自宅に戻れなくなることが増え、警察に保護されることがあった。妻は日中就労（週５日）のため、見守ることができずに困っている。この時点における計画作成担当者である介護支援専門員の対応として、より適切なものはどれか。**３つ選べ。**

1　徘徊感知機器の情報を収集し、Ａさんと妻に情報提供を行う。
2　Ａさんや妻の同意を得ないで、Ａさんの立ち寄りそうな店舗などに、Ａさんの写真と妻の携帯電話番号を掲示してもらう。
3　Ａさんの心身の状況や自宅周辺の環境をアセスメントし、自宅に戻れなかった理由を探る。
4　通いサービスの利用日以外は外出をしないように、Ａさんを説得する。
5　近隣住民等による見守り体制が取れるかどうか民生委員に相談する。

問題24 Ａさん（80歳、女性）は、最近、閉じこもりがちになり、体力が低下してきた。同居する娘は心配になって市役所に相談し、要支援１の認定を受けた。地域包括支援センターから委託を受けて、介護支援専門員が訪問したところ、娘は「母にはいつまでも元気でいてもらいたいが特に希望するサービスはない」と言う。介護支援専門員の対応として、より適切なものはどれか。**２つ選べ。**

1　特に希望するサービスがないので、今のところ支援の必要がないと考え、しばらく様子を見るよう娘に伝える。

2　指定訪問介護の生活援助を紹介する。

3　指定認知症対応型共同生活介護を紹介する。

4　Ａさんの社会参加の状況や対人関係を把握する。

5　地域ケア会議などにおいて生活機能の改善のために必要な支援を検討する。

問題25 特別養護老人ホームに入所しているＡさん（80歳、女性、要介護4）は、がんの末期で余命１か月程度と医師から告げられている。Ａさんは自宅で最期を迎えたいと希望している。自宅で一人暮らしをしている夫は、Ａさんの希望に沿いたいと考えているが、自宅での介護や看取りに不安を抱いている。Ａさんの居宅介護支援の依頼を受けた介護支援専門員がＡさんや夫との面談を進めるに当たっての対応として、より適切なものはどれか。**３つ選べ。**

1　夫が何を不安に感じているのかを聴き取る。

2　施設の嘱託医に居宅療養管理指導を依頼する。

3　夫の負担を考慮し、施設での看取りを依頼する。

4　Ａさんが自宅でどのように過ごしたいのかを聴き取る。

5　Ａさんの自宅がある地域で看取りに対応している診療所の情報を収集する。

●保健医療サービスの知識等

問題26 次の記述のうち適切なものはどれか。**3つ選べ。**

1 「指輪っかテスト」は、サルコペニア（筋肉減弱症）の簡便な評価法である。
2 フレイルとは、健康な状態と介護を要する状態の中間的な状態である。
3 ロコモティブシンドロームとは、認知機能の低下によって起こるフレイルである。
4 要支援と認定された者では、介護が必要となった原因の第1位は認知症である。
5 配偶者との死別による心理的苦痛を和らげるには、ソーシャルサポートが有効である。

問題27 次の記述のうち正しいものはどれか。**3つ選べ。**

1 脈拍数と心拍数は、常に一致する。
2 高体温とは、体温が36.5度以上である場合をいう。
3 一般的に動脈壁にかかる圧力を血圧という。
4 血圧には日内変動がある。
5 ジャパン・コーマ・スケール（JCS）は、意識レベルの評価に用いられる。

問題28 検査について適切なものはどれか。**3つ選べ。**

1 腹囲が男性85cm以上、女性90cm以上の場合は、メタボリックシンドロームの診断において腹部型の肥満とされる。
2 AST（GOT）は、肝臓以外の臓器の疾患でも上昇する。
3 ヘモグロビンAlcは、採血時の血糖レベルを評価するのに適している。
4 尿検査は、尿路感染症の診断に有効である。
5 CRP（C反応性たんぱく質）は、体内で炎症が起きているときに低下する。

問題29 褥瘡について適切なものはどれか。**3つ選べ。**

1 しびれや麻痺は、原因となる。
2 細菌感染の原因となる。
3 寝たきりになると腹部にできやすい。
4 予防方法の一つに、栄養管理がある。
5 寝返りができない人に、体位変換は不要である。

問題30 リハビリテーションについて適切なものはどれか。**3つ選べ。**

1 多職種が連携して行う。
2 高齢者のケアは、リハビリテーション後置主義にのっとっている。
3 運動に伴って低血糖発作が起こることがある。
4 急性期病床は、急性期リハビリテーションの提供の場である。
5 回復が見込めない要介護高齢者に対しては、実施しない。

問題31　認知症について適切なものはどれか。**3つ選べ。**

1　認知症施策推進大綱においては、発症を遅らせることを目指している。
2　運動不足の改善は、認知症の予防につながらない。
3　自分の意思で決定できるように支援することが大切である。
4　MCI（軽度認知障害）は、すべて認知症に移行する。
5　前頭側頭型認知症の症状の一つとして、物品の名前が出てこない意味性認知症の症状がある。

問題32　次の記述のうち、より適切なものはどれか。**3つ選べ。**

1　高齢者は、急激な環境の変化があっても、環境への適応力は高い。
2　せん妄の有病率は、年齢とともに上昇する。
3　せん妄については、その発症に至ったきっかけで除去可能な要因がないか検討する。
4　身体疾患の治療薬の中には、うつなどの精神症状を引き起こすものがある。
5　統合失調症の陰性症状とは、妄想や幻覚をいう。

問題33　傷病に関する次の記述のうち、より適切なものはどれか。**3つ選べ。**

1　診察や検査は、医師の負担が少ないものから行う。
2　診断は、医師又は歯科医師が行う。
3　患者は、自分の傷病の内容を知り、どのような治療を受けるか、自己決定する権利を有している。
4　予後に関する説明では、患者の理解力なども考慮し、必要に応じて家族の立ちあいを求める。
5　介護サービスの選択を助言するに当たり、予後は考慮しなくてよい。

問題34 次の記述のうち適切なものはどれか。**3つ選べ。**

1　介護支援専門員は、利用者の入院時に、退院後の利用者・家族の生活について医療機関に伝えることが重要である。
2　退院後の居宅サービス計画の立案に役立つ情報には、入院期間中に介護支援専門員に共有される情報が含まれる。
3　退院前カンファレンスに家族が参加する場合もある。
4　退院後の訪問看護は、介護支援専門員が指示する。
5　退院当日は、介護保険サービスを利用できない。

問題35 高齢者の栄養・食生活について適切なものはどれか。**3つ選べ。**

1　低栄養状態では、筋力の低下により転倒しやすい。
2　男性では、加齢とともに低栄養傾向の者の割合は減少する。
3　骨粗鬆症予防には、アルコールを摂取することが大切である。
4　使用している薬剤によっては、摂取してはならない食品がある。
5　一方的な指導ではなく、双方向的なコミュニケーションを重視した相談の場を設ける。

問題36 次の記述のうち適切なものはどれか。**2つ選べ。**

1　重症の糖尿病性ケトアシドーシスの患者では、異常な呼吸がみられることがある。
2　起座呼吸は、気管支喘息の患者にもみられる。
3　高齢者の肺活量の低下の一因として、肺の残気量の低下がある。
4　在宅酸素療法において、携帯用酸素ボンベの使用に慣れれば、介護支援専門員の判断で酸素流量を設定してよい。
5　簡易酸素マスクで酸素流量が不足する場合は、鼻カニューレに交換する。

問題37 感染症と主な感染経路の組合せについて、より適切なものはどれか。**3つ選べ。**

1 季節性インフルエンザ —— 飛沫感染
2 腸管出血性大腸菌感染症 —— 接触感染
3 結核 —— 空気感染
4 疥癬 —— 飛沫感染
5 MRSA（メチシリン耐性黄色ブドウ球菌）感染症 —— 空気感染

問題38 高齢者に起こりやすい急変や急変時の対応について適切なものはどれか。**3つ選べ。**

1 衣類の下の皮膚をやけどしたときは、衣類を脱がしてから冷やすようにする。
2 異物をのどに詰まらせたときは、前かがみにさせて背中を強く叩くと排出することがある。
3 心肺蘇生時の胸骨圧迫は、1分間に60回を目安に行う。
4 寝たきりの高齢者が嘔吐した場合には、側臥位にする方がよい。
5 せん妄の原因の一つに薬剤の投与がある。

問題39 次の記述のうち適切なものはどれか。**3つ選べ。**

1 筋力トレーニングは、糖尿病の予防につながる。
2 大きな負荷で行う筋力トレーニングは、息を止めて行うと安全である。
3 冬の寒い時期の運動中は、汗をかかなくても水分補給が必要である。
4 疾病によるたんぱく質摂取に制限のない高齢者では、その摂取の目標量は1日30gである。
5 喫煙は、脳卒中のリスク因子である。

問題40 ターミナルケアについて、より適切なものはどれか。**3つ選べ。**

1 人生の最終段階を穏やかに過ごすことができる環境の整備は、法律に基づく政府の努力義務とされている。
2 介護保険の特定施設は、看取りの場となり得る。
3 看護師は、死亡診断書を作成することができる。
4 痛みの訴えは、身体的な要因によるものであるため、医療処置で対応できる。
5 グリーフケアとは、遺族の悲嘆への配慮や対応を行うことである。

問題41 指定通所リハビリテーションについて正しいものはどれか。**3つ選べ。**

1 要介護認定を受けた若年性認知症患者は、利用できる。
2 通所リハビリテーション計画は、介護支援専門員が作成しなければならない。
3 介護職員は、リハビリテーション会議の構成員になれない。
4 介護老人保健施設は、提供することができる。
5 心身機能の維持回復を図り、日常生活の自立を助けるために行われる。

問題42 指定短期入所療養介護について正しいものはどれか。**2つ選べ。**

1 検査、投薬、注射、処置等は、利用者の病状に照らして妥当適切に行うものとされている。
2 おむつ代は、利用者が負担するものとされている。
3 胃ろうがある場合には、利用できない。
4 日帰りの利用はできない。
5 短期入所療養介護計画は、既に居宅サービス計画が作成されている場合は、当該計画の内容に沿って作成しなければならない。

問題43 指定看護小規模多機能型居宅介護について正しいものはどれか。3つ選べ。

1 居宅で生活している要支援者も利用できる。
2 看護小規模多機能型居宅介護計画の作成に当たっては、利用者の多様な活動が確保されるものとなるように努めなければならない。
3 看護サービスの提供開始時は、主治の医師による指示を口頭で受けなければならない。
4 サテライト型指定看護小規模多機能型居宅介護事業所の登録定員は、18人以下である。
5 看護小規模多機能型居宅介護費は、月単位で設定されている。

問題44 介護老人保健施設について正しいものはどれか。3つ選べ。

1 入所者は、病状が安定し入院治療の必要がない要介護3以上の認定を受けた者である。
2 保健医療サービス又は福祉サービスを提供する者との密接な連携に努めなければならない。
3 口腔衛生の管理体制を整備し、各入所者の状態に応じた口腔衛生の管理を計画的に行わなければならない。
4 理学療法士、作業療法士又は言語聴覚士を置かなければならない。
5 看取り等を行う際のターミナルケア加算は、算定できない。

問題45 介護医療院について適切なものはどれか。2つ選べ。

1 住まいと生活を医療が支える新たなモデルとして創設された。
2 開設者は、医療法人でなければならない。
3 療養床には、Ⅰ型療養床とⅡ型療養床がある。
4 併設型小規模介護医療院の入所定員は、25人以下である。
5 療養室入所者1人当たりの床面積は、5.0m^{2}以上とされている。

●福祉サービスの知識等

問題46 面接場面におけるコミュニケーション技術について、より適切なものはどれか。**3つ選べ。**

1 面接を行う部屋の雰囲気や相談援助者の服装などの外的条件は、円滑なコミュニケーションのために重要である。

2 相談援助者とクライエントの双方が事態を明確にしていくことが必要である。

3 クライエントが長く沈黙している場合には、話し始めるまで待たなければならない。

4 面接の焦点を的確に定めることは、面接を効果的に実施する上で重要である。

5 傾聴とは、クライエントの支援計画を立てることである。

問題47 ソーシャルワークに関する次の記述のうち、より適切なものはどれか。**2つ選べ。**

1 個人の問題解決力や対処能力を強化する役割がある。

2 支援の終結と事後評価の後のアフターケアが含まれる。

3 ラポールとは、特定領域の専門家から助言・指導を受けることである。

4 アドボカシーとは、クライエントが相談した機関では必要な援助ができないとき、他機関へ紹介することである。

5 送致とは、自己の権利を表明することが困難なクライエントに代わり、援助者が代理としてその権利獲得を行うことである。

問題48 ソーシャルワークにおける相談援助者の基本姿勢として、より適切なものはどれか。**3つ選べ。**

1 統制された情緒的関与とは、個々の人間の状況は独自なものであり、一つとして同じ問題はないと捉え、支援することである。

2 サービスについて様々な情報提供を行い、利用するサービスや事業者をクライエントが決定できるようにする。

3 非審判的態度で関わる必要がある。

4 クライエントを画一的に分類して、援助計画を立てることが必要である。

5 意図的な感情表出とは、クライエントが感情を自由に表現できるように、意識してクライエントに接することである。

問題49 ソーシャルワークにおける集団援助について、より適切なものはどれか。**2つ選べ。**

1 グループで生じるメンバーの相互作用を意図的に活用する。

2 プログラム活動は、ソーシャルワーカーの興味や関心事から開始して、そのリーダーシップの下で展開する。

3 メンバーの個別課題と結びつけて支援するよりも、メンバーに共通する課題の解決を優先する。

4 他のメンバーの行動を観察することは、自分の問題について新たな見方を獲得する機会にはならない。

5 生きがいを喪失しているような心理的ニーズの高い高齢者に対しては、セルフヘルプグループのミーティングを活用することも効果的である。

問題50 介護保険における訪問介護について正しいものはどれか。**3つ選べ。**

1　掃除の際に特別な手間をかけて行う床のワックスがけは、生活援助として算定できる。

2　手助けや声かけ及び見守りしながら、利用者と一緒に行うシーツ交換は、身体介護として算定できる。

3　夏服と冬服を入れ替えるなどの衣類の整理は、生活援助として算定できる。

4　訪問介護員が車いす等での移動介助を行って店に行き、利用者本人が自ら品物を選べるようにする援助は、身体介護として算定できる。

5　安否確認を主たる目的とする訪問は、生活援助として算定できる。

問題51 介護保険における訪問入浴介護について正しいものはどれか。**2つ選べ。**

1　訪問入浴介護従業者として、看護職員又は介護職員のうち1人以上は、常勤でなければならない。

2　指定訪問入浴介護事業者は、機能訓練指導員を配置しなければならない。

3　サービスの提供の責任者は、看護職員でなければならない。

4　サービスの提供方法等の説明には、入浴方法等の内容、作業手順、入浴後の留意点などが含まれる。

5　指定訪問入浴介護事業者は、協力医療機関を事業の通常の実施地域内と実施地域外に、それぞれ定めなければならない。

問題52 介護保険における通所介護について正しいものはどれか。**2つ選べ。**

1 管理者は、社会福祉主事任用資格を有するものでなければならない。

2 看護職員は、看護職員としての業務に従事していない時間帯において、機能訓練指導員として勤務することができる。

3 外部のリハビリテーション専門職が事業所を訪問せず、テレビ電話を用いて利用者の状態を把握することは認められていない。

4 生活相談員の確保すべき勤務延時間数には、利用者の地域生活を支える取組のために必要な時間を含めることはできない。

5 指定通所介護事業者は、非常災害に関し定期的に避難、救出その他必要な訓練を行わなければならない。

問題53 介護保険における短期入所生活介護について正しいものはどれか。**3つ選べ。**

1 指定短期入所生活介護は、利用者の家族の身体的及び精神的負担の軽減を図るものでなければならない。

2 指定短期入所生活介護事業所に介護支援専門員の資格を有する者がいる場合、その者が短期入所生活介護計画のとりまとめを行うことが望ましい。

3 夕食時間は、午後5時以前が望ましい。

4 食事の提供に関する業務は、指定短期入所生活介護事業者自らが行うことが望ましい。

5 いかなる場合も、利用定員を超えてサービスを行うことは認められない。

問題54 介護保険における住宅改修について正しいものはどれか。**3つ選べ。**

1 同一の住宅に複数の被保険者が居住する場合においては、住宅改修費の支給限度額の管理は被保険者ごとに行われる。

2 リフト等動力により段差を解消する機器を設置する工事は、住宅改修費の支給対象となる。

3 洋式便器等への便器の取替えには、既存の便器の位置や向きを変更する場合も含まれる。

4 浴室内すのこを置くことによる段差の解消は、住宅改修費の支給対象となる。

5 手すりの取付けのための壁の下地補強は、住宅改修費の支給対象となる。

問題55 介護保険における小規模多機能型居宅介護について正しいものはどれか。**3つ選べ。**

1 サテライト型ではない指定小規模多機能型居宅介護事業所の管理者は、介護支援専門員に小規模多機能型居宅介護計画の作成を担当させるものとする。

2 養護老人ホームの入所者が、指定小規模多機能型居宅介護を利用することは想定されていない。

3 登録定員は、12人以下としなければならない。

4 おおむね6月に1回以上、運営推進会議に活動状況を報告し、評価を受けなければならない。

5 指定小規模多機能型居宅介護事業所は、住宅地又は住宅地と同程度に利用者の家族や地域住民との交流の機会が確保される地域にあるようにしなければならない。

問題56 介護保険における認知症対応型通所介護について正しいものは
どれか。**3つ選べ。**

1 共用型指定認知症対応型通所介護の利用定員は、1施設1日当たり12
人以下としなければならない。

2 サービスの提供方法等の説明には、利用日の行事及び日課等も含まれる。

3 認知症の原因となる疾患が急性の状態にある者は、対象とはならない。

4 単独型・併設型指定認知症対応型通所介護の場合、生活相談員、看護職
員又は介護職員のうち2人以上は、常勤でなければならない。

5 あん摩マッサージ指圧師は、単独型・併設型指定認知症対応型通所介護
事業所の機能訓練指導員になることができる。

問題57 指定介護老人福祉施設について正しいものはどれか。**3つ選べ。**

1 可能な限り、居宅での生活への復帰を念頭に置いて、入所者がその有す
る能力に応じ自立した日常生活を営むことができるようにすることを目指
さなければならない。

2 家庭的な雰囲気を保つため、廊下幅は1.6m以下としなければならない。

3 入所者が可能な限り離床して、食堂で食事を摂るよう支援しなければな
らない。

4 常勤の生活相談員を配置しなければならない。

5 食事の提供又は機能訓練に支障がない広さがあっても、食堂と機能訓練
室を同一の場所とすることはできない。

問題58 成年後見制度について正しいものはどれか。**3つ選べ。**

1 成年後見人の職務には、身上保護（身上監護）と財産管理が含まれる。
2 後見開始の申立は、本人の所在地を管轄する地方裁判所に対し行わなければならない。
3 成年後見制度の利用の促進に関する法律では、国の責務が定められている。
4 法定後見制度は、本人の判断能力の程度に応じて、後見と補助の2類型に分かれている。
5 成年後見制度利用促進基本計画では、権利擁護支援の地域連携ネットワークづくりが必要とされている。

問題59 高齢者虐待防止法について正しいものはどれか。**3つ選べ。**

1 「高齢者」とは、75歳以上の者をいう。
2 養護者が高齢者本人の財産を不当に処分することは、経済的虐待に該当する。
3 養護者が高齢者に対して著しく拒絶的な対応をすることは、心理的虐待に該当しない。
4 養介護施設には、介護老人保健施設も含まれる。
5 都道府県知事は、毎年度、養介護施設従事者等による高齢者虐待の状況等について公表するものとする。

問題60 生活保護制度について正しいものはどれか。**3つ選べ。**

1 保護は、要保護者の年齢別、性別、健康状態等を考慮して行うものとする。

2 実施機関は、都道府県知事、市長及び福祉事務所を管理する町村長である。

3 生活保護費は、最低生活費に被保護者の収入額を加算して支給される。

4 福祉用具の利用は、生活扶助の対象である。

5 生活保護の申請は、要保護者、その扶養義務者又はその他の同居の親族が行うことができる。

令和4年度（第25回）

介護支援専門員
実務研修受講試験問題

注 意 事 項

1 　文中の「市町村」は、「市町村及び特別区」の意味となります。

2 　本問題の選択肢のうち以下の厚生労働省令で定める事項に関するものは、当該省令の定める内容によります。

・指定居宅サービス等の事業の人員、設備及び運営に関する基準（平成11年厚生省令第37号）

・指定介護予防サービス等の事業の人員、設備及び運営並びに指定介護予防サービス等に係る介護予防のための効果的な支援の方法に関する基準（平成18年厚生労働省令第35号）

・指定地域密着型サービスの事業の人員、設備及び運営に関する基準（平成18年厚生労働省令第34号）

・指定地域密着型介護予防サービスの事業の人員、設備及び運営並びに指定地域密着型介護予防サービスに係る介護予防のための効果的な支援の方法に関する基準（平成18年厚生労働省令第36号）

・指定居宅介護支援等の事業の人員及び運営に関する基準（平成11年厚生省令第38号）

・指定介護予防支援等の事業の人員及び運営並びに指定介護予防支援等に係る介護予防のための効果的な支援の方法に関する基準（平成18年厚生労働省令第37号）

・指定介護老人福祉施設の人員、設備及び運営に関する基準（平成11年厚生省令第39号）

・介護老人保健施設の人員、施設及び設備並びに運営に関する基準（平成11年厚生省令第40号）

・介護医療院の人員、施設及び設備並びに運営に関する基準（平成30年厚生労働省令第5号）

3 　「障害者総合支援法」は、「障害者の日常生活及び社会生活を総合的に支援するための法律（平成17年法律第123号）」のことをいいます。

●介護支援分野

問題 1　介護保険制度の考え方として適切なものはどれか。**3つ選べ。**

1　要介護者の尊厳を保持し、自立した日常生活を営むことを目指す。
2　高齢者の介護を社会全体で支える。
3　認知症高齢者の施設入所を促進する。
4　要介護者へのサービスを画一的な内容にする。
5　保険給付は、多様な事業者又は施設から、総合的かつ効率的にサービス
　が提供されるよう配慮する。

問題 2　社会福祉法における「重層的支援体制整備事業」について正し
　　　　いものはどれか。**3つ選べ。**

1　都道府県が行う。
2　地域生活課題を抱える地域住民の社会参加のための支援が含まれる。
3　地域づくりに向けた支援が含まれる。
4　地域生活課題を抱える地域住民の家族に対する包括的な相談支援が含ま
　れる。
5　介護保険の居宅介護支援が含まれる。

問題 3 介護保険法第 5 条に規定されている「国及び地方公共団体の責務」として正しいものはどれか。**3 つ選べ。**

1 　国は、保健医療サービス及び福祉サービスを提供する体制の確保に関する施策を講じなければならない。
2 　国及び地方公共団体は、障害者その他の者の福祉に関する施策との有機的な連携を図るよう努めなければならない。
3 　都道府県は、介護保険事業の運営が健全かつ円滑に行われるように、必要な助言及び適切な援助をしなければならない。
4 　市町村は、要介護者等の医療に要する費用の適正化を図るための施策を実施しなければならない。
5 　市町村は、地域において医療及び介護が総合的に確保されるよう指針を定めなければならない。

問題 4 2019（令和元）年度の第 1 号被保険者の状況について正しいものはどれか。**2 つ選べ。**

1 　前期高齢者数は、後期高齢者数の 3 倍を超えている。
2 　3,000 万人を超えている。
3 　要介護及び要支援の認定者が占める割合は、40％を超えている。
4 　要介護及び要支援の認定者のうち、要介護 3 以上の者が占める割合は、50％を超えている。
5 　保険給付費のうち、居宅サービス及び地域密着型サービスが占める割合は、50％を超えている。

問題 5 介護保険の被保険者資格の取得及び喪失について正しいものはどれか。**2つ選べ。**

1　医療保険加入者が 40 歳に達したとき、住所を有する市町村の被保険者資格を取得する。
2　第 1 号被保険者が生活保護の被保護者となった場合は、被保険者資格を喪失する。
3　入所前の住所地とは別の市町村に所在する養護老人ホームに措置入所した者は、その養護老人ホームが所在する市町村の被保険者となる。
4　居住する市町村から転出した場合は、その翌日から、転出先の市町村の被保険者となる。
5　被保険者が死亡した場合は、その翌日から、被保険者資格を喪失する。

問題 6 介護支援専門員について正しいものはどれか。**3つ選べ。**

1　登録を受けている者が死亡した場合には、その相続人はその旨を届け出なければならない。
2　登録の申請の 10 年前に居宅サービスにおいて不正な行為をした者は、登録を受けることができない。
3　都道府県知事は、信用を傷つけるような行為をした介護支援専門員の登録を消除することができる。
4　介護支援専門員証の交付を受けていなくても、業務に従事することができる。
5　更新研修を受けた者は、介護支援専門員証の有効期間を更新することができる。

問題 7 介護保険施設について正しいものはどれか。**2つ選べ。**

1　介護老人福祉施設の入所定員は、50人以上でなければならない。
2　介護老人保健施設の管理者となる医師は、都道府県知事の承認を受けなければならない。
3　2024（令和6）年3月31日までは、新たに指定介護療養型医療施設の指定を受けることができる。
4　入所者ごとに施設サービス計画を作成しなければならない。
5　地域密着型介護老人福祉施設は、含まれる。

問題 8 要介護認定の仕組みについて正しいものはどれか。**3つ選べ。**

1　介護保険の被保険者証が交付されていない第2号被保険者が申請するときは、医療保険被保険者証等を提示する。
2　市町村は新規認定の調査について、指定市町村事務受託法人に委託することができる。
3　主治医がいない場合には、介護認定審査会が指定する医師が主治医意見書を作成する。
4　要介護者が他市町村に所在する介護老人福祉施設に入所する場合には、その施設所在地の市町村の認定を改めて受ける必要はない。
5　介護保険料を滞納している者は、認定を受けることができない。

問題 9 介護保険財政について正しいものはどれか。**3つ選べ。**

1　国は、介護給付及び予防給付に要する費用の30％を負担する。
2　国は、介護保険の財政の調整を行うため、市町村に対して調整交付金を交付する。
3　都道府県は、介護保険事業に要する費用に充てるため、保険料を徴収しなければならない。
4　地域支援事業支援交付金は、社会保険診療報酬支払基金が医療保険者から徴収する納付金をもって充てる。
5　第1号被保険者の保険料の賦課期日は、当該年度の初日である。

問題10 介護保険における第1号被保険者の保険料について正しいものはどれか。**3つ選べ。**

1 政令で定める基準に従い市町村が条例で定める。

2 保険料率は、おおむね5年を通じ財政の均衡を保つことができるものでなければならない。

3 普通徴収の方法によって徴収する保険料については、世帯主に連帯納付義務がある。

4 普通徴収の方法によって徴収する保険料の納期は、政令で定める。

5 条例で定めるところにより、特別の理由がある者に対し、保険料を減免し、又はその徴収を猶予することができる。

問題11 介護予防・生活支援サービス事業について正しいものはどれか。**2つ選べ。**

1 居宅要支援被保険者は、利用できる。

2 利用者の負担額は、都道府県が設定する。

3 住所地特例適用被保険者に係る費用は、施設所在地の市町村が負担する。

4 介護老人保健施設の入所者は、利用できない。

5 第2号被保険者は、利用できない。

問題12 包括的支援事業の各事業において配置することとされている者として正しいものはどれか。**3つ選べ。**

1 生活支援コーディネーター（地域支え合い推進員）
2 介護サービス相談員
3 認知症地域支援推進員
4 チームオレンジコーディネーター
5 福祉用具専門相談員

問題13 介護保険法で定める国民健康保険団体連合会が行う業務として正しいものはどれか。**3つ選べ。**

1 介護給付費交付金の交付
2 市町村から委託を受けて行う介護予防・日常生活支援総合事業に関する費用の審査及び支払
3 介護給付費等審査委員会の設置
4 指定居宅介護支援事業所への強制権限を伴う立入検査
5 市町村から委託を受けて行う第三者行為求償事務

問題14 介護サービス情報の公表制度について正しいものはどれか。**3つ選べ。**

1 原則として、介護サービス事業者は、毎年、介護サービス情報を報告する。
2 指定居宅介護支援事業者は、介護サービス情報をその事業所の所在地の市町村長に報告する。
3 介護サービス情報の公表は、事業所又は施設の所在地の国民健康保険団体連合会が行う。
4 職種別の従業者の数は、公表すべき事項に含まれる。
5 指定居宅サービス事業者が報告内容の是正命令に従わないときには、指定を取り消されることがある。

問題15 介護サービスに関する苦情処理について正しいものはどれか。**3つ選べ。**

1 利用者が国民健康保険団体連合会に苦情を申し立てる場合、指定居宅介護支援事業者は、利用者に対して必要な援助を行わなくてもよい。
2 国民健康保険団体連合会は、都道府県から委託を受けて苦情処理を行う。
3 国民健康保険団体連合会は、事業者に対する必要な指導及び助言を行う。
4 指定訪問看護事業者は、受け付けた苦情の内容等を記録しなければならない。
5 指定訪問介護事業者は、苦情受付窓口の設置等の必要な措置を講じなければならない。

問題16 要介護認定に係る主治医意見書における「認知症の中核症状」の項目として正しいものはどれか。**2つ選べ。**

1 自分の意思の伝達能力
2 徘徊
3 幻視・幻聴
4 短期記憶
5 妄想

問題17 介護保険における特定疾病として正しいものはどれか。**3つ選べ。**

1 関節リウマチ
2 慢性肝疾患
3 潰瘍性大腸炎
4 脳血管疾患
5 骨折を伴う骨粗鬆症

問題18 要介護認定について正しいものはどれか。**2つ選べ。**

1 要介護認定等基準時間は、実際の介護時間とは異なる。
2 要介護認定等基準時間は、同居家族の有無によって異なる。
3 要介護認定等基準時間の算出根拠は、1分間タイムスタディである。
4 指定居宅介護支援事業者は、新規認定の調査を行える。
5 認定調査票の特記事項は、一次判定で使用する。

問題19 指定居宅介護支援等の事業の人員及び運営に関する基準第13条の具体的取扱方針のうち、介護支援専門員に係るものとして正しいものはどれか。**3つ選べ。**

1 利用者の心身又は家族の状況等に応じ、継続的かつ計画的に指定居宅サービス等の利用が行われるようにしなければならない。
2 その地域における指定居宅サービス事業者等に関するサービスの内容、利用料等の情報を適正に利用者又はその家族に対して提供するものとする。
3 居宅サービス計画の原案の内容について利用者やその家族に対して説明し、口頭で利用者の同意を得るものとする。
4 作成した居宅サービス計画は、利用者から求めがなければ、利用者に交付しなくてもよい。
5 介護保険施設等から退院又は退所しようとする要介護者から依頼があった場合には、あらかじめ、居宅サービス計画の作成等の援助を行うものとする。

問題20 指定居宅介護支援事業者の記録の整備について正しいものはどれか。**3つ選べ。**

1 居宅介護支援台帳は、書面による記録と電磁的記録の両方を整備しなければならない。
2 事故の状況及び事故に際して採った処置についての記録を整備しなければならない。
3 従業者に関する記録を整備しておかなければならない。
4 会計に関する記録を整備しておかなければならない。
5 サービス担当者会議等の記録は、その完結の日から5年間保存しなければならない。

問題21 指定居宅介護支援に係るモニタリングについて正しいものはどれか。**3つ選べ。**

1 利用者についての継続的なアセスメントは、含まれる。
2 目標の達成度の把握は、含まれる。
3 指定居宅サービス事業者等との連絡を継続的に行う。
4 少なくとも1月に1回、主治の医師に意見を求めなければならない。
5 地域ケア会議に結果を提出しなければならない。

問題22 介護予防サービス計画について正しいものはどれか。**3つ選べ。**

1 地域の住民による自発的な活動によるサービス等の利用も含めて位置付けるよう努めなければならない。
2 計画に位置付けた指定介護予防サービス事業者から、利用者の状態等に関する報告を少なくとも3月に1回、聴取しなければならない。
3 介護予防福祉用具貸与を位置付ける場合には、貸与が必要な理由を記載しなければならない。
4 計画に位置付けた期間が終了するときは、当該計画の目標の達成状況について評価しなければならない。
5 介護予防通所リハビリテーションを位置付ける場合には、理学療法士の指示が必要である。

問題23 Aさん（58歳、男性）は、会社の管理職をしていたが、仕事中に突然怒り出すことが多くなり、受診の結果、若年性認知症と診断された。Aさんは、まだ働けるという認識はあったが、退職せざるを得なくなった。夫婦二人暮らしで、妻（55歳）はパートで働いている。Aさんは要介護1の認定を受け、通所介護を週2回利用することとなった。サービス利用開始1か月後に介護支援専門員がAさん夫婦と面談したところ、Aさんは、高齢者ばかりの環境に馴染めないことと、妻のために我慢して通っていることが分かった。介護支援専門員の対応として、より適切なものはどれか。**3つ選べ。**

1 妻からAさんに我慢して通所介護に通うよう説得してもらう。

2 通所介護の場でAさんが役割を実感できるように、通所介護事業所に通所介護計画を再検討してもらう。

3 地域の中でAさんが参加したいと思うような活動や場所を探す。

4 通所介護の利用をやめて、Aさんが一人で自宅で過ごすことを夫婦に勧める。

5 若年性認知症に対応する社会資源開発を地域ケア会議で提案する。

問題24 Aさん（80歳、女性、要介護2）は、長女（50歳、障害支援区分3）との二人暮らしである。Aさんは、変形性股関節症の悪化に伴い、自宅の浴槽で入浴することが難しくなり、通所介護での入浴を希望している。しかし、長女はAさんの姿が見えなくなると不穏になるので、「長女を一人にするのが不安だ」とAさんから介護支援専門員に相談があった。この時点における介護支援専門員の対応として、より適切なものはどれか。**3つ選べ。**

1　Aさんと長女の同意を得て、長女を担当する相談支援専門員に現状を伝える。

2　浴室の改修のため、直ちに施工業者を訪問させる。

3　Aさんと長女が一緒に通所利用できる共生型サービス事業所の情報を収集する。

4　Aさんがすぐに入所できる特別養護老人ホームを探す。

5　Aさんの変形性股関節症の症状の改善の可能性について、本人の同意を得て主治医に意見を求める。

問題25 一人暮らしのAさん（84歳、男性、要介護1）は、訪問介護を週1回利用している。認知症と診断されており、片付けができなくなったことに加え、先日は外出先で道に迷って警察に保護された。遠方に住む妹からは、「迷惑をかけるようなら施設に入るよう説得してほしい」との要望があった。Aさんは、「このまま家で気楽に暮らし続けたいが、銀行手続等の金銭管理が不安なので、介護支援専門員に管理をお願いしたい」と話している。この時点における介護支援専門員の対応として、より適切なものはどれか。**3つ選べ。**

1　Aさんとの信頼関係を大切にするため、金銭管理を引き受ける。

2　Aさんと妹の同意を得て、民生委員にAさんの最近の状況を説明し、見守りに関する対応を相談する。

3　Aさんに日常生活自立支援事業についての情報提供を行う。

4　妹の要望に応え、施設サービスの利用手続を始める。

5　Aさんの認知症の状態や生活環境についての再アセスメントを行う。

●保健医療サービスの知識等

問題26　次の疾病の特徴として、より適切なものはどれか。**3つ選べ。**

1　狭心症では、前胸部の圧迫感が生じることはない。
2　心不全による呼吸困難時には、起座位にすると症状が改善することがある。
3　慢性腎不全では、水分やカリウムの摂取量に注意する必要がある。
4　高齢者の糖尿病では、口渇、多飲、多尿の症状が出現しにくい。
5　帯状疱疹は、細菌性感染症である。

問題27　高齢者の精神障害について、より適切なものはどれか。**2つ選べ。**

1　老年期うつ病では、妄想の症状が発現することはない。
2　老年期うつ病では、自死を図ることはない。
3　高齢者の妄想性障害への対応では、共感が大切な要素である。
4　神経症は、病気ではなく、気のもちようである。
5　アルコール依存症のケアには、自助グループなどの地域の社会資源の活用も有用である。

問題28　次の記述のうち適切なものはどれか。**3つ選べ。**

1　起立性低血圧は、降圧薬、利尿薬などの薬剤の使用も原因になる。
2　加齢とともに血管の弾力が失われるため、収縮期血圧が低くなる傾向がある。
3　橈骨動脈で脈が触れない場合には、頸動脈や股動脈で脈拍をみる。
4　重度の徐脈は、失神を伴うことがある。
5　昏睡とは、刺激がないと眠ってしまう状態である。

問題29 検査項目について適切なものはどれか。**3つ選べ。**

1 BMI（Body Mass Index）は、身長（m）を体重（kg）の2乗で除したものである。
2 血清アルブミンの値は、高齢者の長期にわたる栄養状態をみる指標として有用である。
3 AST（GOT）・ALT（GPT）の値は、肝・胆道疾患の指標となる。
4 血清クレアチニンの値は、腎機能の指標となる。
5 ヘモグロビンA1cの値は、過去1週間の平均的な血糖レベルを反映する。

問題30 次の記述のうち適切なものはどれか。**3つ選べ。**

1 介護を行うときには、利用者の残存能力をできる限り活かす。
2 入浴は、全身の保清を図り、血液循環や新陳代謝を促進する。
3 清拭をするときには、その部屋の温度を確認する。
4 尿失禁とは、尿を全部出しきれず、膀胱の中に尿が残ることをいう。
5 ボディメカニクスとは、起床、食事、排泄など、利用者の生活リズムを取り戻すことをいう。

問題31 次の記述のうち適切なものはどれか。**3つ選べ。**

1 味覚は、舌や口蓋等にある味蕾が刺激されて起こる。
2 誤嚥とは、飲食物や唾液、胃の内容物が気管内に入ることをいう。
3 薬のPTP包装シート（プラスチックにアルミなどを貼り付けたもの）を誤って飲み込んだ場合、排泄されるため心配はない。
4 認知症と口腔環境とは、無関係である。
5 口腔内・口腔周囲を動かすことは、オーラルフレイル予防につながる。

問題32 認知症について適切なものはどれか。**2つ選べ。**

1　BPSD（認知症の行動・心理症状）は、住環境などの環境因子の影響は受けない。
2　若年性認知症は、うつ病など、他の精神疾患と疑われることがある。
3　前頭側頭型認知症では、リアルな幻視やパーキンソニズムが特徴である。
4　パーソン・センタード・ケアは、介護者本位で効率よく行うケアである。
5　介護支援専門員が、利用者本人の同意を得て、心身の変化などを主治医に伝えることは、よりよい医療につながる。

問題33 リハビリテーションについて、より適切なものはどれか。**3つ選べ。**

1　代償的アプローチには、残存機能の活用が含まれる。
2　急性期リハビリテーションは、一般に、廃用症候群の予防と早期からのセルフケアの自立を目標とする。
3　回復期リハビリテーション病棟では、多職種による集中的なリハビリテーションが提供される。
4　終末期にある者は、対象とならない。
5　指定訪問リハビリテーションは、バス等の公共交通機関への乗降の支援を対象としない。

問題34 次の記述のうち適切なものはどれか。**3つ選べ。**

1　薬剤師は、薬剤を処方してはならない。
2　介護職員は、服薬介助を行ってはならない。
3　医療用医薬品と健康食品の併用による有害な相互作用の可能性について注意が必要である。
4　薬の変更や中止で重篤な症状が起こることはない。
5　内服薬は、通常、水又はぬるま湯で飲む。

問題35 次の記述のうち適切なものはどれか。**3つ選べ。**

1 居宅介護支援事業所から病院への情報提供のため、入院時情報提供書が使われることがある。
2 エビデンス・ベースド・メディスン（Evidence Based Medicine：EBM）は、根拠に基づく医療のことである。
3 介護支援専門員は、患者自身が治療法を選択する際に、第三者的な立場から助言してはならない。
4 介護支援専門員は、退院前カンファレンスに参加することが望ましい。
5 チームアプローチでは、住民によるボランティア活動を含まない。

問題36 高齢者の栄養・食生活について適切なものはどれか。**3つ選べ。**

1 必要な栄養を食事では摂りきれない場合でも、間食で補うことは適当でない。
2 咀嚼能力や唾液分泌の低下などから、摂食・嚥下障害を起こしやすい。
3 食事中に口から食べ物をこぼす場合、口腔・嚥下機能評価を行うとよい。
4 食べることを通じて尊厳ある自己実現を目指す。
5 食事支援では、介護する家族の状況を考える必要はない。

問題37 次の記述のうち適切なものはどれか。**3つ選べ。**

1 中心静脈栄養法では、静脈炎にならないように末梢静脈を用いる。
2 経鼻胃管の種類には、バルーン型とバンパー型がある。
3 血液透析のためのシャントは、動脈と静脈をつなぎ合わせた部位のことである。
4 ネブライザーは、気道を加湿して痰を出しやすくするために用いる機器である。
5 パルスオキシメーターは、血液中の酸素飽和度を測定する機器である。

問題38 次の記述のうち、より適切なものはどれか。**3つ選べ。**

1 手の甲の皮膚をつまみ上げて離したとき、すぐには戻らない場合は、脱水を疑う。

2 薬の服用時間における食間とは、食事中に服用することである。

3 言葉が出てこない、又はろれつが回らないという症状が突然生じた場合は、脳卒中の可能性がある。

4 転倒による頭部打撲後、すぐに意識障害が起こらなければ問題はない。

5 前立腺肥大症の場合、尿意を感じたら、早めにトイレに行くよう心がける。

問題39 次の記述のうち適切なものはどれか。**3つ選べ。**

1 健康日本21（第二次）では、健康寿命を延ばすことを目指している。

2 就労、ボランティアなどの社会参加は、フレイル予防に役立たない。

3 パーキンソン病の場合、転倒しやすいため、運動療法は禁忌である。

4 膝関節症による痛みや腫脹を抑えるには、定期的な運動が効果的である。

5 高齢者においては、無症状であっても骨粗鬆症の検査を受けることが推奨される。

問題40 臨死期について適切なものはどれか。**3つ選べ。**

1 家族に対して、今後予想される状況に即した病状説明が行われるよう配慮する。

2 在宅で看取る場合、呼吸停止の瞬間に、医師が立ち会う必要がある。

3 呼吸をするたびに、喉元でゴロゴロと音がする状態（死前喘鳴）になることがある。

4 臨終が近づき、応答がなくなった場合には、本人への語りかけをやめる。

5 死後のケアであるエンゼルケアは、身体を清潔にし、その人らしい外見に整えるためのものである。

問題41 訪問看護について正しいものはどれか。**3つ選べ。**

1 　急性増悪時に主治医から特別指示書が交付された場合、介護保険から給付が行われる。
2 　介護保険の指定訪問看護ステーションの管理者は、原則として、常勤の保健師又は看護師でなければならない。
3 　提供に当たっては、常に利用者の病状、心身の状況及びその置かれている環境の的確な把握に努める。
4 　保険医療機関の指定を受けている病院は、介護保険の指定訪問看護事業者とみなされる。
5 　24時間365日、サービスを提供しなければならない。

問題42 指定通所リハビリテーションについて正しいものはどれか。**3つ選べ。**

1 　利用者の生活機能の維持又は向上を目指し、心身の機能の維持回復を図るものでなければならない。
2 　介護老人福祉施設で提供される。
3 　事業所には、生活相談員を配置しなければならない。
4 　通所リハビリテーション計画は、医師及び理学療法士、作業療法士等の従業者が、共同して作成する。
5 　通所リハビリテーション計画の進捗状況を定期的に評価し、必要に応じて当該計画を見直す。

問題43 指定短期入所療養介護について正しいものはどれか。**3つ選べ。**

1 家族の身体的及び精神的な負担軽減を図るために利用できる。
2 看護、医学的管理の下における介護及び機能訓練その他必要な医療並びに日常生活上の世話を行う。
3 居宅サービス計画において、あらかじめ位置付けられていない場合には、利用することができない。
4 短期入所療養介護計画は、おおむね4日以上連続して利用する場合に作成する必要がある。
5 ターミナルケアは、行われない。

問題44 指定定期巡回・随時対応型訪問介護看護について正しいものはどれか。**3つ選べ。**

1 利用者が尊厳を保持し、可能な限りその居宅において、その有する能力に応じ自立した日常生活を営むことができるよう援助を行う。
2 要支援者も利用できる。
3 利用者の心身の状況にかかわらず、毎日、訪問しなければならない。
4 随時対応サービスについては、利用者のみならずその家族等からの在宅介護における相談等にも適切に対応する。
5 介護・医療連携推進会議は、おおむね6月に1回以上、開催しなければならない。

問題45 介護老人保健施設について正しいものはどれか。**2つ選べ。**

1 社会福祉法人は、開設できる。
2 ユニット型では、一のユニットの定員は、15人を超えることが認められている。
3 入所定員が100人以上の場合には、栄養士又は管理栄養士を置かなければならない。
4 処置室を設けなければならない。
5 全国では、全入所者のうち要介護4及び要介護5の者が占める割合は、80％以上である。

●福祉サービスの知識等

問題46 面接場面におけるコミュニケーション技術について、より適切なものはどれか。**3つ選べ。**

1 イラストや写真などの表現方法の利用は、クライエントを混乱させるので控える。
2 直面化とは、クライエントが否認していることによって生じている話の矛盾点を指摘することをいう。
3 援助者は、クライエントの主訴の把握に当たっては、言語的な手段だけでなく、非言語的な手段も用いることが望ましい。
4 共感とは、クライエントの言動に対して、援助者自身の過去の重要な人との関係を投影することをいう。
5 クローズドクエスチョンは、明確な回答を得たいときに用いる。

問題47 インテーク面接について、より適切なものはどれか。**3つ選べ。**

1 地域援助技術の一つである。
2 支援過程の後期に実施する面接である。
3 面接の終わりには、問題解決に向けて一定の方向性を確認することが重要である。
4 必ずしも1回で終了させる必要はない。
5 クライエントが訪れた支援機関の機能や提供可能なサービスを説明する。

問題48 ソーシャルワークに関する次の記述のうち、より適切なものは
どれか。**2つ選べ。**

1 クライエントの視点から、人生観や価値観等についての理解をより深め
ることが重要である。
2 家族や地域住民は、アウトリーチの対象に含まれない。
3 利用できる社会資源が不足している場合、新たな社会資源の開発が求め
られる。
4 不衛生な環境に居住している認知症高齢者が、サービスの利用を拒否し
たため、本人の意向に従い、支援を中止する。
5 「無断で家族に年金をすべて使われている」と高齢者からの訴えがあっ
たが、家族間の問題であるため、「支援できない」と本人に伝える。

問題49 ソーシャルワークにおける集団援助として、より適切なものは
どれか。**3つ選べ。**

1 地域包括支援センターの主任介護支援専門員による認知症高齢者の家族
を対象とした交流活動
2 民生委員による地域の認知症高齢者の見守り活動
3 医療機関で行われる、難病の当事者による分かち合いの場の体験
4 社会福祉協議会によるヤングケアラー支援のための地域ネットワークの
構築
5 養護老人ホームの生活相談員による入所者グループに対するプログラム
活動

問題50 介護保険における訪問介護について正しいものはどれか。**3つ選べ。**

1 訪問介護計画の作成は、管理者の業務として位置付けられている。

2 利用回数が少ない利用者であっても、訪問介護計画を作成しなければならない。

3 サービス提供責任者は、居宅介護支援事業者に対し、サービス提供に当たり把握した利用者の心身の状態及び生活の状況について必要な情報の提供を行うものとする。

4 指定訪問介護事業者は、利用者が不正な行為によって保険給付を受けたときは、遅滞なく、市町村に通知しなければならない。

5 指定訪問介護事業者は、法定代理受領サービスに該当しないサービスの利用料の支払を受けた場合には、サービス提供証明書を交付しなくてよい。

問題51 介護保険における通所介護について正しいものはどれか。**3つ選べ。**

1 利用者の社会的孤立感の解消を図ることは、指定通所介護の事業の基本方針に含まれている。

2 通所介護計画作成後に居宅サービス計画が作成された場合、その通所介護計画が居宅サービス計画に沿ったものであるか、確認する必要はない。

3 通所介護計画の目標及び内容については、利用者又は家族に説明を行うとともに、その実施状況や評価についても説明を行うものとする。

4 利用者は、利用日ごとに異なる提供時間数のサービスを受けることができる。

5 指定通所介護事業者は、指定通所介護事業所ごとに、経理を区分しなくてもよい。

問題52 介護保険における訪問入浴介護について正しいものはどれか。**2つ選べ。**

1 指定訪問入浴介護事業所ごとに、医師を1人以上置かなければならない。

2 管理者は、看護師又は准看護師でなければならない。

3 サービス提供時に使用する浴槽は、事業者が備えなければならない。

4 利用者が小規模多機能型居宅介護を利用している場合でも、訪問入浴介護費を算定できる。

5 事業者は、サービスの利用に当たっての留意事項を運営規程に定めておかなければならない。

問題53 介護保険における短期入所生活介護について正しいものはどれか。**2つ選べ。**

1 家族の冠婚葬祭や出張を理由とした利用はできない。

2 災害等のやむを得ない事情がある場合でも、利用定員を超えることは認められない。

3 短期入所生活介護計画の作成は、既に居宅サービス計画が作成されている場合には、当該計画の内容に沿って作成されなければならない。

4 一の居室の定員は、4人以下でなければならない。

5 居宅サービス計画上、区分支給限度基準額の範囲内であれば、利用できる日数に制限はない。

問題54 介護保険における福祉用具について正しいものはどれか。**3つ選べ。**

1 使用目的は、利用者の自立した日常生活の支援であり、介護者の負担軽減ではない。

2 貸与する際は、福祉用具専門相談員は、具体的なサービス内容等を記載した福祉用具貸与計画を作成しなければならない。

3 複数の福祉用具を貸与する場合には、通常の貸与価格から減額して貸与することができる。

4 入浴用いすなどの入浴補助用具は、特定福祉用具販売の対象となる。

5 取付工事の有無にかかわらず、手すりは福祉用具貸与の対象となる。

問題55 介護保険における小規模多機能型居宅介護について正しいものはどれか。**3つ選べ。**

1　通いサービス、宿泊サービスごとに、1日当たりの同時にサービス提供を受ける利用定員の上限が定められている。

2　一の宿泊室の定員は、利用者の処遇上必要と認められる場合は、2人とすることができる。

3　訪問サービスでは、身体介護の提供に限られる。

4　宿泊サービスでは、利用者1人につき1月当たりの日数の上限が定められている。

5　指定小規模多機能型居宅介護事業所の登録者に対しては、その事業所の介護支援専門員が、居宅サービス計画を作成しなければならない。

問題56 介護保険における認知症対応型共同生活介護について正しいものはどれか。**3つ選べ。**

1　入居の際には、主治の医師の診断書等により申込者が認知症である者であることの確認をしなければならない。

2　居間及び食堂は、同一の場所とすることができる。

3　管理者は、認知症である者の介護に3年以上従事した経験を有する者であって、所定の研修を修了しているものでなければならない。

4　事業者は、利用者の食材料費、理美容代、おむつ代を負担しなければならない。

5　各事業所に設けることができる共同生活住居の数は、1以上5以下である。

問題57 指定介護老人福祉施設について正しいものはどれか。**3つ選べ。**

1 明るく家庭的な雰囲気を有し、地域や家庭との結び付きを重視した運営を行うよう努めなければならない。
2 市町村長が指定する。
3 入所者の負担により、当該施設の従業者以外の者による介護を受けさせてはならない。
4 褥瘡の発生を予防するための体制を整備しなければならない。
5 入所者のためのレクリエーション行事を行うのであれば、教養娯楽設備等は備えなくてもよい。

令和4年度

問題58 生活保護制度について正しいものはどれか。**3つ選べ。**

1 被保護者の収入として認定されるものには、地代や家賃等の財産収入が含まれる。
2 要保護者が急迫した状況にあるときは、保護の申請がなくても、必要な保護を行うことができる。
3 介護施設入所者基本生活費は、介護扶助として支給される。
4 教育扶助は、原則として、現物給付によって行われる。
5 介護扶助は、介護保険制度の保険給付の対象となる介護サービスと同等のサービスを、要保護者に対し保障する。

問題59 成年後見制度について正しいものはどれか。**2つ選べ。**

1 任意後見制度では、判断能力を喪失した人に、保佐人や補助人をつけることができる。
2 都道府県知事は、65歳以上の者につき、その福祉を図るため特に必要があると認めるときは、後見開始の審判の請求をすることができる。
3 本人と任意後見受任者の同意があれば、公正証書以外の方法でも任意後見契約が成立する。
4 成年後見制度の利用の促進に関する法律に定められた基本理念には、成年被後見人等の意思決定の支援と身上の保護が適切に行われるべきことが含まれる。
5 成年被後見人の法律行為は、原則として、取り消すことができる。

問題60 障害者総合支援法について正しいものはどれか。**3つ選べ。**

1 その支援には、自立支援給付と地域生活支援事業が含まれる。
2 自立支援医療とは、育成医療、更生医療及び精神通院医療である。
3 補装具費の支給は、地域生活支援事業の一つである。
4 対象とする障害者には、難病の者も含まれる。
5 サービスの利用を希望する者は、都道府県に対して支給申請を行う。

令和3年度（第24回）

介護支援専門員
実務研修受講試験問題

注 意 事 項

1　文中の「市町村」は、「市町村及び特別区」の意味となります。

2　本問題の選択肢のうち以下の厚生労働省令で定める事項に関するものは、当該省令の定める内容によります。

・指定居宅サービス等の事業の人員、設備及び運営に関する基準（平成11年厚生省令第37号）

・指定介護予防サービス等の事業の人員、設備及び運営並びに指定介護予防サービス等に係る介護予防のための効果的な支援の方法に関する基準（平成18年厚生労働省令第35号）

・指定地域密着型サービスの事業の人員、設備及び運営に関する基準（平成18年厚生労働省令第34号）

・指定地域密着型介護予防サービスの事業の人員、設備及び運営並びに指定地域密着型介護予防サービスに係る介護予防のための効果的な支援の方法に関する基準（平成18年厚生労働省令第36号）

・指定居宅介護支援等の事業の人員及び運営に関する基準（平成11年厚生省令第38号）

・指定介護予防支援等の事業の人員及び運営並びに指定介護予防支援等に係る介護予防のための効果的な支援の方法に関する基準（平成18年厚生労働省令第37号）

・指定介護老人福祉施設の人員、設備及び運営に関する基準（平成11年厚生省令第39号）

・介護老人保健施設の人員、施設及び設備並びに運営に関する基準（平成11年厚生省令第40号）

・介護医療院の人員、施設及び設備並びに運営に関する基準（平成30年厚生労働省令第5号）

3　「障害者総合支援法」は、「障害者の日常生活及び社会生活を総合的に支援するための法律（平成17年法律第123号）」のことをいいます。

●介護支援分野

問題 1 2020（令和2）年の介護保険法改正について正しいものはどれか。**2つ選べ。**

1　国及び地方公共団体は、地域住民が相互に人格と個性を尊重し合いながら、参加し、共生する地域社会の実現に資するよう努めなければならないこととされた。

2　市町村は、地域ケア会議を置くように努めなければならないこととされた。

3　高齢者と障害児・者が同一の事業所でサービスを受けやすくするための共生型サービスが創設された。

4　厚生労働大臣は、要介護者等に提供されるサービスの内容について調査及び分析を行い、その結果を公表するよう努めるものとされた。

5　一定以上の所得がある第1号被保険者の介護給付及び予防給付の利用者負担割合が3割とされた。

問題 2 2018（平成30）年度の介護保険給付（介護給付及び予防給付）の状況として正しいものはどれか。**3つ選べ。**

1　給付費は、約14兆円となっている。

2　給付費は、前年度に比べて増加している。

3　居宅サービス、地域密着型サービス及び施設サービスのうち、施設サービスに係る給付費が最も多い。

4　地域密着型サービスに係る給付費は、居宅サービスに係る給付費よりも少ない。

5　第1号被保険者1人当たりの給付費は、平均約26万円である。

問題 3 社会保険方式の特徴として正しいものはどれか。3つ選べ。

1 国民の参加意識や権利意識を確保し、加入者に受給権を保障する仕組みである。
2 リスク分散の考え方に立つことで、社会保障の対象を一定の困窮者から国民全体に拡大した普遍的な制度となっている。
3 社会保険制度の財源は、原則として公費である。
4 保険料を納付しない者や制度への加入手続をとらない者は、給付を受けられないことがある。
5 給付は、受給者があらゆる資産を活用することを要件として行われる。

問題 4 介護保険の第2号被保険者について正しいものはどれか。2つ選べ。

1 第2号被保険者は、市町村の区域内に住所を有する40歳以上65歳未満の者すべてである。
2 第2号被保険者のうち保険給付の対象者は、特定疾病を原因として要支援・要介護状態になった者である。
3 第2号被保険者の保険料は、被保険者が住所を有する市町村が徴収する。
4 第2号被保険者の保険料は、地域支援事業のうちの任意事業の財源には充当されない。
5 第2号被保険者は、要介護3以上であっても、指定介護老人福祉施設には入所できない。

問題 5 「国民の努力及び義務」として介護保険法第4条に規定されているものはどれか。3つ選べ。

1 介護保険事業に要する費用を公平に負担する。
2 加齢に伴って生ずる心身の変化を自覚して常に健康の保持増進に努める。
3 可能な限り、住み慣れた地域でその有する能力に応じ自立した日常生活を営む。
4 要介護状態となった場合においても、その有する能力の維持向上に努める。
5 認知症に対する理解を深めるよう努める。

問題 6 介護保険法において市町村が条例で定めることとされている事項として正しいものはどれか。**3つ選べ。**

1 保健福祉事業
2 区分支給限度基準額の上乗せ
3 市町村特別給付
4 指定介護老人福祉施設に係る入所定員の人数
5 地域包括支援センターの職員の員数

問題 7 区分支給限度基準額が適用されるサービスとして正しいものはどれか。**3つ選べ。**

1 福祉用具貸与
2 小規模多機能型居宅介護
3 居宅療養管理指導
4 地域密着型介護老人福祉施設入所者生活介護
5 定期巡回・随時対応型訪問介護看護

問題 8 共生型サービスの指定の対象となる介護保険サービスとして正しいものはどれか。**3つ選べ。**

1 地域密着型通所介護
2 介護予防短期入所生活介護
3 通所リハビリテーション
4 訪問介護
5 定期巡回・随時対応型訪問介護看護

問題 9 都道府県知事が指定する事業者が行うサービスとして正しいものはどれか。**2つ選べ。**

1 特定福祉用具販売
2 認知症対応型共同生活介護
3 介護予防支援
4 介護予防短期入所療養介護
5 看護小規模多機能型居宅介護

問題10　介護支援専門員について正しいものはどれか。**3つ選べ。**

1　その業務を行うに当たり、関係者から請求があったときは、介護支援専門員証を提示しなければならない。
2　他の都道府県へ登録を移転する場合には、移転先の都道府県知事が実施する介護支援専門員実務研修を受講しなければならない。
3　介護支援専門員証の有効期間は、5年である。
4　その業務のために正当な理由がある場合に限り、その名義を他人に使用させることができる。
5　介護支援専門員であった者は、退職後においても、正当な理由なしに、その業務に関して知り得た人の秘密を漏らしてはならない。

問題11　財政安定化基金について正しいものはどれか。**2つ選べ。**

1　市町村は、財政安定化基金を設けるものとする。
2　その財源の負担割合は、国2分の1、都道府県4分の1、市町村4分の1である。
3　財政安定化基金から生ずる収入は、すべて財政安定化基金に充てなければならない。
4　その財源には、第2号被保険者の保険料も充当する。
5　給付費の増大により市町村の介護保険財政に不足が見込まれる場合には、必要な額を貸し付ける。

問題12　介護保険の費用の負担について正しいものはどれか。**3つ選べ。**

1　介護給付及び予防給付に要する費用の50%は、公費により賄われる。
2　施設等給付に係る都道府県の負担割合は、17.5%である。
3　調整交付金は、国が全額負担する。
4　普通調整交付金は、すべての市町村に一律に交付される。
5　特別調整交付金は、第1号被保険者総数に占める後期高齢者の加入割合などにより、市町村ごとに算定される。

問題13 介護保険法上、市町村介護保険事業計画において定めるべき事項として正しいものはどれか。**3つ選べ。**

1　介護保険施設等における生活環境の改善を図るための事業に関する事項
2　地域密着型介護老人福祉施設入所者生活介護に係る必要利用定員総数の見込み
3　介護給付等対象サービスの種類ごとの量の見込み
4　地域支援事業に関する過去の実績
5　介護給付等に要する費用の適正化に関し、市町村が取り組むべき施策に関する事項

問題14 介護予防・日常生活支援総合事業について正しいものはどれか。**3つ選べ。**

1　要支援者は、介護予防・生活支援サービス事業の対象となる。
2　要介護の第1号被保険者は、一般介護予防事業の対象となる。
3　介護方法の指導など要介護被保険者を現に介護する者の支援のための事業は、介護予防・生活支援サービス事業に含まれる。
4　地域支援事業の一部である。
5　包括的支援事業の一部である。

問題15 介護サービス情報の公表制度における居宅介護支援に係る公表項目として正しいものはどれか。**3つ選べ。**

1　サービス担当者会議の開催等の状況
2　入退院に当たっての支援のための取組の状況
3　ターミナルケアの質の確保のための取組の状況
4　利用者のプライバシーの保護のための取組の状況
5　身体的拘束等の排除のための取組の状況

問題16 要介護認定の認定調査について正しいものはどれか。**3つ選べ。**

1 認定調査は、介護保険法に基づき都道府県に委託することができる。

2 新規認定の調査は、市町村の担当職員が行う。

3 更新認定の調査は、介護支援専門員に委託することができる。

4 被保険者が正当な理由なく認定調査に応じない場合には、市町村は申請を却下することができる。

5 要介護認定の申請後、認定調査の前に受けた介護サービスは、保険給付の対象にならない。

問題17 要介護認定の更新認定について正しいものはどれか。**2つ選べ。**

1 更新認定の申請ができるのは、原則として、有効期間満了の日の30日前からである。

2 被保険者は、地域包括支援センターに更新認定の申請手続きを代わって行わせることができる。

3 更新認定の調査は、介護保険施設に委託できない。

4 更新認定の有効期間は、原則として、12月間である。

5 更新認定の効力は、更新のための認定調査を受けた日から生じる。

問題18 要介護認定について正しいものはどれか。**3つ選べ。**

1 一次判定は市町村が行い、二次判定は都道府県が行う。

2 介護認定審査会は、都道府県が定める基準に従い、審査判定を行う。

3 一次判定で非該当となった者についても、二次判定を行う。

4 第2号被保険者の二次判定では、要介護状態の原因である身体上又は精神上の障害が特定疾病によって生じたものかどうかも審査する。

5 介護認定審査会は、被保険者の要介護状態の軽減又は悪化の防止のために必要な療養について、市町村に意見を述べることができる。

問題19 指定居宅介護支援事業について正しいものはどれか。**2つ選べ。**

1 利用者の数が20人の場合には、常勤の介護支援専門員を1人以上置かなければならない。
2 通常の事業の実施地域を越えて、指定居宅介護支援を行ってはならない。
3 サービス担当者会議には、利用者及びその家族を必ず参加させなければならない。
4 提供した指定居宅介護支援の質の評価に関する事項を保険者に報告しなければならない。
5 サービス担当者会議において利用者の個人情報を用いる場合には、あらかじめ本人の同意を文書により得ておかなければならない。

問題20 指定居宅介護支援におけるアセスメントについて正しいものはどれか。**2つ選べ。**

1 利用者との初回面接から居宅サービス計画の作成・交付までの一連の流れを指す。
2 現在利用しているサービスの状況について、介護保険給付以外のものを含めて把握する。
3 いかなる場合であっても必ず利用者の居宅を訪問し、利用者及びその家族に面接して行わなければならない。
4 課題分析標準項目には、地域の社会資源に関する項目が含まれる。
5 アセスメントの結果の記録は、2年間保存しなければならない。

問題21 居宅サービス計画の作成について適切なものはどれか。**2つ選べ。**

1 地域におけるサービス提供体制にかかわらず、利用者が希望するサービスを最優先に位置付ける。
2 地域の住民による自発的な活動によるサービスは含めない。
3 生活全般の解決すべき課題を記載する。
4 被保険者証に認定審査会意見の記載がある場合には、これに沿って作成する。
5 利用者の選択を求めることなく、同一事業主体が提供する複数のサービスのみを組み合わせる。

問題22 施設サービス計画書の記載について適切なものはどれか。**3つ選べ。**

1 「目標」は、実際に解決が可能と見込まれるものでなくてはならない。
2 目標の「期間」については、「認定の有効期間」は考慮しない。
3 サービス実施の「頻度」には、週に1回、1日に1回のように一定期間内での回数、実施曜日等を記載する。
4 「利用者及び家族の生活に対する意向」には、利用者及びその家族の生活に対する意向が異なる場合には、利用者の意向のみを記載する。
5 「サービス内容」には、「短期目標」の達成に必要であって最適なサービス内容とその方針を記載する。

問題23 生活保護世帯のＡさん（78歳、要介護3）は、夫 (84歳、要支援2) との二人暮らしである。Ａさんは日常的に居宅サービスを利用しているが、夫自身は介護保険のサービスの利用を望んでいない。Ａさんから電話があり、「自宅での生活が厳しくなってきたので、二人で施設に入所したいのですが、福祉事務所のケースワーカーからは夫の介護度では二人一緒の入所はできないと言われてしまいました。どうしたらいいでしょうか」との相談があった。介護支援専門員の対応として、より適切なものはどれか。**3つ選べ。**

1　福祉事務所のケースワーカーに発言の意図を確認する。

2　直ちにＡさんへの居宅サービスの追加を調整する。

3　Ａさんとの面談日を調整する。

4　地域包括支援センターに、夫がサービスを利用するように説得を依頼する。

5　Ａさんが利用している居宅サービス事業所に連絡し、最近のＡさんの様子等に関する情報を収集する。

問題24 要介護 1 の認定を受けた一人暮らしの A さん（80 歳、女性）から依頼を受け、アセスメントのために訪問した。A さんの希望は、区分支給限度基準額の範囲内で、気の合う友人が利用する B デイサービスに一緒に通うこと、及び、腰や膝の痛みで掃除や買い物などが面倒になってきたのでなるべく多く訪問介護を使うことであり、アセスメントは必要ないと拒絶されてしまった。自立支援・重度化防止の観点に立った介護支援専門員の対応として、より適切なものはどれか。**2 つ選べ。**

1　十分なアセスメントなしではケアプランを作成できないので、ケアプランの依頼を断る。

2　A さんの希望どおり、B デイサービスを利用する目標を「友人と楽しく過ごすことができる」として、ケアプランを作成する。

3　B デイサービスの体験利用を提案するなど、アセスメントが行えるよう A さんとの関係性の構築に努める。

4　腰や膝の痛みについて主治の医師と相談して適切な対応を検討しようと A さんに提案する。

5　区分支給限度基準額の上限までのサービス利用が保険者に認められるよう、理由を一緒に考えたいと A さんに伝える。

問題25 夫（75 歳）と二人暮らしの A さん（72 歳、要介護 4，パーキンソン病）について、最近、夫が「妻は他人が来ると具合が悪いふりをする」と話しており、夫による介護の仕方が乱暴になってきているようで心配だとの報告が訪問介護事業所からあった。この場合の介護支援専門員の対応として、より適切なものはどれか。**3 つ選べ。**

1　改めて A さんの状態についてアセスメントを行う。

2　訪問診療を行う医師に、夫に対して A さんの病状についてより詳しく説明するように依頼する。

3　市町村に虐待案件として通報する。

4　夫の介護負担について具体的に夫から話を聞く。

5　夫が自宅で介護を続けるのは難しいので、A さんに施設入所を勧める。

●保健医療サービスの知識等

問題26 高齢者にみられる疾病・病態について適切なものはどれか。**3 つ選べ。**

1 薬疹は、薬剤服用後 1 ～ 2 か月で出ることが多い。
2 高齢者の肺炎は、再発・再燃を繰り返して難治化することがある。
3 白内障は、水晶体の混濁により視力低下をきたす。
4 脱水があっても、めまいやふらつきは生じない。
5 ナトリウムが欠乏していても、嘔気や頭痛などの自覚症状がないこともある。

問題27 バイタルサインについて正しいものはどれか。**3 つ選べ。**

1 バイタルサインとは、体温、脈拍、血圧、意識レベル及び呼吸である。
2 感染症に罹患しても、発熱がみられないことがある。
3 1 分当たりの心拍数 60 以上を頻脈という。
4 血圧は、160/100mmHg 未満を目指すことが推奨されている。
5 口すぼめ呼吸は、慢性閉塞性肺疾患（COPD）によくみられる。

問題28 次の記述のうち適切なものはどれか。**2 つ選べ。**

1 血清クレアチニン値は、高齢者の長期にわたる栄養状態をみる指標として用いる。
2 血清アルブミン値は、腎機能が悪化すると高値になる。
3 上腕や下腿の周囲長は、寝たきりなどで体重測定が難しい場合の低栄養の判定に使われる。
4 胸部 X 線検査は、心不全の診断にも有用である。
5 解熱せずに持続する発熱を、間欠熱という。

問題29 排泄について適切なものはどれか。**3つ選べ。**

1 排泄のアセスメントでは、排泄場所がトイレの場合には、居室、廊下、トイレの温度や明るさを確認する。
2 排泄のアセスメントでは、排便については、1週間の回数のみを確認すればよい。
3 強い尿意とともに尿が漏れることを、腹圧性尿失禁という。
4 排泄の介助に伴い、家族は腰痛や睡眠不足などの身体的影響を受けることがある。
5 食事内容の確認は、排泄のコントロールに必要である。

問題30 次の記述のうち適切なものはどれか。**3つ選べ。**

1 予定より早く目覚め、その後眠れなくなってしまうことを熟眠障害という。
2 唾液には、口腔内の自浄作用がある。
3 誤嚥性肺炎の発症を防ぐには、口腔内の環境を整えることが重要である。
4 本人から訴えがなくとも、義歯が合わないなど口腔に何らかの問題がある場合には、歯科受診を検討する。
5 ヒートショックとは、暑熱環境における身体適応の障害によって起こる病態である。

問題31 認知症のケアや支援について適切なものはどれか。**3つ選べ。**

1 認知症施策推進大綱では、医療従事者等の認知症対応力向上の促進を図ることとしている。
2 認知症疾患医療センターは、地域の介護関係者等への研修は行わない。
3 認知症ケアパスとは、認知症の人の状態に応じた適切な医療や介護サービスの提供の流れを示すものである。
4 認知症初期集中支援チームは、警察と介護事業者や地域の関係団体が協力して認知症の人を捜索する仕組みである。
5 認知症地域支援推進員は、認知症の人やその家族を支援する相談支援や支援体制を構築するための取組を行う。

令和3年度

問題32 高齢者の精神疾患について適切なものはどれか。**3つ選べ。**

1 精神症状は定型的でなく、訴えが多彩かつ曖昧なのが特徴である。
2 老年期の抑うつの背景要因としては、社会的役割の喪失などがある。
3 老年期うつ病は、1年後に半数以上が認知症に移行する。
4 アルコール依存症の患者数に占める高齢者の割合は、近年急速に減少している。
5 老年期のアルコール依存症には、若年発症型と老年発症型がある。

問題33 診察や治療について、より適切なものはどれか。**2つ選べ。**

1 医学的診断のプロセスでは、主訴の前に、家族歴や既往歴の聴取を行う。
2 診察や検査は、患者の身体的負担が小さいものから行うことが原則である。
3 治療は、診断に基づいて行うことが重要である。
4 最も治療効果の高い治療法を常に選択する。
5 介護支援専門員は、医学的な立場から治療法について助言すべきである。

問題34 高齢者にみられる疾病・病態について適切なものはどれか。**3つ選べ。**

1 誤嚥性肺炎の予防には、嚥下機能のみを維持すればよい。
2 大腿骨頸部骨折は、寝たきりの原因となりやすい。
3 薬の副作用によるふらつきにより、転倒を起こすことがある。
4 排泄物による皮膚の湿潤が加わることで、褥瘡が生じやすくなる。
5 褥瘡ができた直後から約1〜2か月の時期を急性期と呼ぶ。

問題35 栄養に関するアセスメントについて正しいものはどれか。3つ選べ。

1　高齢者は、若年者に比べてエネルギー摂取量が少ないことを当然の前提とする。
2　低栄養状態の徴候には、筋肉量の減少、血清たんぱく質の減少などがある。
3　低栄養状態は、フレイルや要介護状態の要因の一つである。
4　認知症高齢者については、異食、盗食などの摂食行動の有無を把握する。
5　高齢者の摂食・嚥下障害は、栄養過多を引き起こすおそれがある。

問題36 感染予防について、より適切なものはどれか。3つ選べ。

1　すべての人が感染症にかかっている可能性があると考え、感染予防に努める。
2　症状のある人だけマスクを着用して感染予防に努めればよい。
3　手洗いでは、指先、指の間、親指、手首を洗い忘れないようにすることが基本となる。
4　マスクや手袋、エプロンやガウンはできるだけ節約し、使い回すように心がける。
5　高齢者は、一般的に感染症に対する抵抗力が低下していることを前提とする。

問題37 在宅医療管理について正しいものはどれか。3つ選べ。

1　在宅中心静脈栄養法は、点滴栄養剤を中心静脈に直接入れる方法である。
2　在宅自己注射は、家族以外の訪問介護員も行うことができる。
3　経鼻胃管は、定期的に交換する必要はない。
4　悪性腫瘍疼痛管理では、身体的側面だけでなく、精神的側面からも考えることが重要である。
5　人工呼吸療法には、侵襲的、非侵襲的に行うものの2種類がある。

問題38 高齢者の病状・病態について適切なものはどれか。**3つ選べ。**

1 喘息や心不全による呼吸困難では、起座呼吸で症状が楽になることが多い。
2 心筋梗塞の症状には、必ず強い胸痛がみられる。
3 脚の骨折で多い部位は、骨幹部（骨の中央）である。
4 寝たきりの高齢者は、吐いたものが気管や肺に入り、誤嚥性肺炎を起こすことがある。
5 急激に浮腫が出現した場合には、心不全の増悪なども考えられる。

問題39 次の記述のうち適切なものはどれか。**3つ選べ。**

1 眼の疾患により、ふらつきを生じることはない。
2 高齢者では、若年者と異なり、薬の副作用は出ない。
3 骨粗鬆症は、骨折後に診断されることもある。
4 脳卒中は、再発すると後遺症が重くなることがある。
5 糖尿病の薬物療法を受けている患者が食事をとらない場合には、低血糖になる可能性もある。

問題40 高齢者の臨死期のケアについて、より適切なものはどれか。**3つ選べ。**

1 つじつまの合わないことを言う場合も、それを否定せずに対応する。
2 反応がないように見えても、いつもどおりの声かけをする。
3 息苦しさが楽になるように、常にベッドを平らにする。
4 口腔内の保湿や清潔を保つ。
5 急変時の対応は、そのときに考えればよい。

問題41 指定訪問看護について正しいものはどれか。**3つ選べ。**

1 高齢者が自立した日常生活を営むことができるよう、その療養生活を支援する。
2 訪問看護事業所には、言語聴覚士を配置することができる。
3 訪問看護では、薬剤の処方も行う。
4 訪問看護事業所は、介護老人保健施設の入所者にも訪問看護を提供できる。
5 訪問看護の提供に当たっては、家族に対しても適切な指導を行う。

問題42 指定訪問リハビリテーションについて適切なものはどれか。**3つ選べ。**

1 指定訪問介護事業等の従業者に対し、介護の工夫に関する指導を行うことができる。
2 リハビリテーション会議の構成員には、指定居宅サービスの担当者も含まれる。
3 介護報酬上、サービスの提供回数に限度はない。
4 訪問看護ステーションの理学療法士がサービスを提供した場合は、訪問リハビリテーションに分類される。
5 対象者は、通院でのリハビリテーションが困難な利用者である。

問題43　指定看護小規模多機能型居宅介護について正しいものはどれか。**3つ選べ。**

1　訪問看護及び小規模多機能型居宅介護の組合せによりサービスを提供する。
2　登録者の居宅サービス計画は、居宅介護支援事業所の介護支援専門員が作成する。
3　居宅サービス事業者その他保健医療サービス又は福祉サービスを提供する者との密接な連携に努めなければならない。
4　そのサービスを利用しない日に登録者が通所介護を利用した場合には、通所介護費を算定することができる。
5　利用者に対してターミナルケアを行うことができる。

問題44　介護老人保健施設について正しいものはどれか。**2つ選べ。**

1　入所者の在宅復帰を目指す。
2　入所者は、要介護者より要支援者が多い。
3　サテライト型小規模介護老人保健施設は、定員29人以下である。
4　施設内で提供される保健医療サービスで完結する施設サービス計画を立てる。
5　災害その他のやむを得ない事情がある場合でも、入所定員を超えて入所させてはならない。

問題45　介護医療院について正しいものはどれか。**2つ選べ。**

1　主として短期的な療養が必要である要介護者を対象とする。
2　その開設に当たっては、医療法に基づく都道府県知事の許可を受けなければならない。
3　2020（令和2）年3月末時点で全国で1,000施設以上ある。
4　ユニットケアを行うユニット型もある。
5　入所者のためのレクリエーション行事を行うよう努める。

●福祉サービスの知識等

問題46 面接場面におけるコミュニケーション技術について、より適切なものはどれか。**3つ選べ。**

1 「なぜ」で始まる質問は、クライエントの戸惑いが増幅することが多いので、注意が必要である。

2 オープンクエスチョンは、「はい」か「いいえ」で答えることができる質問である。

3 要約とは、クライエントの話をまとめて伝え返すことである。

4 時間の配分、情報のまとめ方など面接場面の構造的な配置に関わる技術は、コミュニケーション技術に含まれる。

5 初回面接では、チェックリストに従って次々と質問し、答えてもらうことが必要である。

問題47 ソーシャルワークの視点から、支援困難事例への対応として、より適切なものはどれか。**3つ選べ。**

1 支援困難事例は、専門職や関係機関が連携して支援することが望ましい。

2 物が散乱し、異臭がする家屋に住んでいる独居高齢者に対し、まずはごみを片付けることを目的に話をする。

3 近隣住民から「虐待されているかもしれない高齢者がいる」との訴えがあったので、直ちに警察へ通報する。

4 経済的困窮を理由にクライエントがサービスの中止を希望したが、できる限りサービスを継続できるような支援方法を検討する。

5 同居している精神障害がある家族とクライエントとの関係が悪化したため、その家族が障害者福祉などの制度を利用できるよう支援する。

問題48 ソーシャルワークに関する次の記述のうち、より適切なものは
どれか。**3つ**選べ。

1 インテークでは、クライエントの主訴と支援機関の役割が合致するかを
確認することが重要である。

2 アセスメントでは、解決する問題、クライエント、取り巻く環境及びそ
れらの相互関係を確定することが必要である。

3 支援計画では、長期、短期などと期間を分けずに目標を立てることが重
要である。

4 支援を終結する際は、終結に伴うクライエントの不安に配慮する必要が
ある。

5 支援の記録は、スーパービジョンに使用してはならない。

問題49 ソーシャルワークにおける地域援助技術として、より適切なも
のはどれか。**3つ**選べ。

1 生活支援コーディネーターによる地域住民に対する支え合い活動の組織
化

2 自治体職員による外国人に対する入院費用等の個別相談

3 老人クラブによる子どもに対する昔遊びなどを通じた世代間交流の促進

4 震災被災者に対する支援のためのNPOの組織化

5 社会福祉協議会による視覚障害者団体の会員に対するレクリエーション
活動

問題50 介護保険における訪問介護について正しいものはどれか。**2つ選べ。**

1　嚥下困難な利用者のための流動食の調理は、生活援助として算定できる。

2　利用者とその家族が通院で使用している自家用車の洗車は、生活援助として算定できる。

3　手助け及び見守りをしながら利用者と一緒に行う被服の補修は、身体介護として算定できる。

4　特別な手間をかけて行う正月料理の調理は、年に一度であれば、生活援助として算定できる。

5　専門的な判断や技術が必要でない場合における手足の爪切りは、身体介護として算定できる。

問題51 介護保険における通所介護について正しいものはどれか。**3つ選べ。**

1　送迎に要する時間は、通所介護費算定の基準となる所要時間には含まれない。

2　通所介護計画は、利用者が作成を希望しない場合には、作成しなくてもよい。

3　利用料以外の料金として、おむつ代の支払いを受けることができる。

4　利用者が当該事業所の設備を利用して宿泊する場合には、延長加算を算定できない。

5　災害等のやむを得ない事情により利用定員を超えてサービスを提供した場合には、所定単位数から減算される。

問題52 介護保険における訪問入浴介護について正しいものはどれか。**3つ選べ。**

1 訪問入浴介護費は、サービス提供時間によって2つに区分されている。

2 訪問入浴介護事業者は、利用者の選定により提供される特別な浴槽水等に係る費用を、通常の利用料以外の料金として受け取ることができる。

3 利用者の肌に直接触れるタオル等は、個人専用のものを使うなど安全清潔なものを使用する。

4 利用者の身体の状況等に支障を生ずるおそれがない場合には、主治の医師の意見を確認した上で、看護職員に代えて介護職員のみで実施することができる。

5 利用者の心身の状況から全身入浴が困難であって、利用者の希望により清拭のみを実施した場合には、全身入浴と同じ単位数を算定することができる。

問題53 介護保険における短期入所生活介護について正しいものはどれか。**2つ選べ。**

1 短期入所生活介護計画は、居宅サービス計画を作成した介護支援専門員が作成しなければならない。

2 短期入所生活介護計画は、利用期間にかかわらず作成しなければならない。

3 短期入所生活介護計画の内容については、利用者及びその家族に説明を行えば、利用者の同意を得る必要はない。

4 短期入所生活介護計画の記録は、その完結の日から2年間保存しなければならない。

5 利用者が連続して30日を超えて指定短期入所生活介護を受けている場合には、30日を超える日以降については短期入所生活介護費は算定できない。

問題54 介護保険における住宅改修について正しいものはどれか。**3つ選べ。**

1 取り付けに際し工事の必要のない、便器を囲んで据え置いて使用する手すりは、住宅改修費の支給対象にはならない。

2 浴室の段差解消に伴う給排水設備工事は、住宅改修費の支給対象にはならない。

3 非水洗和式便器から水洗洋式便器に取り替える場合は、水洗化工事の費用も住宅改修費の支給対象になる。

4 引き戸への取替えにあわせて自動ドアを設置した場合は、自動ドアの動力部分の設置は、住宅改修費の支給対象にはならない。

5 畳敷から板製床材への変更は、住宅改修費の支給対象になる。

問題55 介護保険における夜間対応型訪問介護について正しいものはどれか。**3つ選べ。**

1 既に居宅サービス計画が作成されている場合でも、夜間対応型訪問介護計画を作成する必要がある。

2 サービスの提供時間については、24時から8時までの間を最低限含む必要がある。

3 オペレーションセンターを設置している場合には、基本夜間対応型訪問介護費に加え、定期巡回サービス及び随時訪問サービスのそれぞれについて1回ごとに介護報酬を算定できる。

4 オペレーターは、定期巡回サービスを行う訪問介護員等に同行し、地域を巡回しながら利用者からの通報に対応することができる。

5 対象者は、一人暮らしの高齢者又は高齢者のみの世帯や中重度の者に限られる。

問題56 介護保険における認知症対応型通所介護について正しいものはどれか。**2つ選べ。**

1 生活相談員が認知症対応型通所介護計画を作成する。

2 栄養改善サービスを提供することができる。

3 若年性認知症の者は、要介護であっても対象とならない。

4 認知症対応型共同生活介護事業所の居間や食堂を活用して行うのは、併設型指定認知症対応型通所介護である。

5 認知症対応型通所介護計画に位置付けられ、効果的な機能訓練等のサービスが提供できる場合は、事業所の屋外でサービスを提供することができる。

問題57 指定介護老人福祉施設について正しいものはどれか。**3つ選べ。**

1 介護支援専門員は、入所者の処遇に支障がない場合であっても、他の職務と兼務しない常勤の者でなければならない。

2 管理者は、常勤の者でなければならないが、管理上支障がない場合には、同一敷地内にある他の事業所、施設等の職務に従事することができる。

3 居宅において日常生活を営むことができると認められる入所者に対し、円滑な退所のために必要な援助を行わなければならない。

4 入所者及びその家族から苦情を受け付けた場合でも、その内容等の記録は義務付けられていない。

5 入所者が病院等に入院する際に、おおむね3月以内に退院することが明らかに見込まれる場合には、原則として、退院後再び当該施設に円滑に入所できるようにしなければならない。

問題58 生活保護制度について正しいものはどれか。**3つ選べ。**

1 生活保護制度は、市町村の責任と裁量の下で行われる。
2 生活保護制度は、生活困窮に陥った原因にかかわらず、無差別平等に受けることができる。
3 医療扶助による医療の給付は、医療保護施設又は生活保護の指定医療機関に委託して行うことができる。
4 介護扶助には、要介護者に対する住宅改修は含まれない。
5 住宅扶助は、原則として、金銭給付で行われる。

問題59 生活困窮者自立支援法について適切なものはどれか。**3つ選べ。**

1 生活困窮者自立相談支援事業は、親に扶養されている成人の子も支援の対象としている。
2 生活困窮者自立相談支援事業の自立相談支援機関には、弁護士の配置が義務付けられている。
3 都道府県、市及び福祉事務所を設置する町村は、生活困窮者自立相談支援事業を行うものとされている。
4 生活困窮者自立相談支援事業は、社会福祉法人等に委託することはできない。
5 生活困窮者一時生活支援事業は、任意事業である。

問題60 成年後見制度について正しいものはどれか。**3つ**選べ。

1 親族も成年後見人になることができる。
2 市町村長は、四親等内の親族がいる場合には、後見開始の審判の請求をすることはできない。
3 その理念の一つとして、成年被後見人等の自発的意思の尊重がある。
4 成年後見人は、家庭裁判所の許可を得ずに、成年被後見人の居住用不動産を処分することができる。
5 後見開始の審判は、本人も請求することができる。

令和2年度（第23回）

介護支援専門員
実務研修受講試験問題

注　意　事　項

1　文中の「市町村」は、「市町村及び特別区」の意味となります。
2　本問題の選択肢のうち以下の厚生労働省令で定める事項に関するものは、当該省令の定める内容によります。
・指定居宅サービス等の事業の人員、設備及び運営に関する基準（平成11年厚生省令第37号）
・指定介護予防サービス等の事業の人員、設備及び運営並びに指定介護予防サービス等に係る介護予防のための効果的な支援の方法に関する基準（平成18年厚生労働省令第35号）
・指定地域密着型サービスの事業の人員、設備及び運営に関する基準（平成18年厚生労働省令第34号）
・指定地域密着型介護予防サービスの事業の人員、設備及び運営並びに指定地域密着型介護予防サービスに係る介護予防のための効果的な支援の方法に関する基準（平成18年厚生労働省令第36号）
・指定居宅介護支援等の事業の人員及び運営に関する基準（平成11年厚生省令第38号）
・指定介護予防支援等の事業の人員及び運営並びに指定介護予防支援等に係る介護予防のための効果的な支援の方法に関する基準（平成18年厚生労働省令第37号）
・指定介護老人福祉施設の人員、設備及び運営に関する基準（平成11年厚生省令第39号）
・介護老人保健施設の人員、施設及び設備並びに運営に関する基準（平成11年厚生省令第40号）
・介護医療院の人員、施設及び設備並びに運営に関する基準（平成30年厚生労働省令第5号）
3　「障害者総合支援法」は、「障害者の日常生活及び社会生活を総合的に支援するための法律（平成17年法律第123号）」のことをいいます。

●介護支援分野

問題 1
2017（平成29）年度末における全国の要介護（要支援）認定者数の状況として正しいものはどれか。**2つ選べ。**

1 要介護（要支援）認定者のうち、約1割が第2号被保険者である。

2 女性の要介護（要支援）認定者数は、男性の認定者数の約2倍である。

3 要介護（要支援）認定者数は、前年度末に比べ、第1号被保険者、第2号被保険者ともに増加している。

4 要介護（要支援）状態区分別でみると、認定者数が最も多いのは、要介護1である。

5 第1号被保険者に占める要介護（要支援）認定者の割合は、25％を超えている。

問題 2
要支援者が利用できるサービスとして正しいものはどれか。**3つ選べ。**

1 認知症対応型共同生活介護

2 認知症対応型通所介護

3 看護小規模多機能型居宅介護

4 地域密着型介護老人福祉施設入所者生活介護

5 小規模多機能型居宅介護

問題 3
近年の高齢者や介護に関する状況の説明として適切なものはどれか。**3つ選べ。**

1 介護を要する高齢者を高齢者が介護する「老老介護」が増加している。

2 80代の親と50代の子が、ひきこもりなどの困難を抱えつつ社会的に孤立している「8050問題」が顕在化している。

3 育児と介護を同時に行う、いわゆる「ダブルケア」が問題となっている。

4 介護職員の離職率の増加が、「介護離職」として問題となっている。

5 人口の半数以上を55歳以上の者が占める集落を「限界集落」という。

問題 4 介護保険制度における都道府県の事務として正しいものはどれか。**2つ選べ。**

1　財政安定化基金の設置
2　地域支援事業支援交付金の交付
3　第2号被保険者負担率の設定
4　介護保険審査会の設置
5　介護給付費等審査委員会の設置

問題 5 2017（平成29）年の介護保険制度改正について正しいものはどれか。**3つ選べ。**

1　改正の趣旨は、地域包括ケアシステムの強化である。
2　共生型居宅介護支援を創設した。
3　市町村介護保険事業計画に、自立支援、介護予防・重度化防止等への取組を記載することとした。
4　施設サービスとして、介護医療院サービスを追加した。
5　第1号被保険者の保険料に総報酬割を導入した。

問題 6 介護保険法第2条に示されている保険給付の基本的考え方として正しいものはどれか。**3つ選べ。**

1　要介護状態等の維持又は悪化の予防に資するよう行われる。
2　被保険者の選択に基づく。
3　総合的かつ効率的に提供されるよう配慮して行われなければならない。
4　快適な日常生活を営むことができるように配慮されなければならない。
5　被保険者の要介護状態等に関し、必要な保険給付を行う。

問題 7　介護サービスに係る利用者負担が高額となった場合の取扱いについて正しいものはどれか。**3つ選べ。**

1　高額介護サービス費の負担上限額は、被保険者の家計に与える影響を考慮して、段階的に設定されている。

2　高額介護サービス費の負担上限額を超えた利用料は、常に現物給付となるため、利用者が直接事業者に支払う必要はない。

3　高額介護サービス費は、世帯単位で算定される。

4　施設介護サービス費に係る利用者負担は、高額介護サービス費の対象となる。

5　高額医療合算介護サービス費は、医療保険から支給される。

問題 8　特定入所者介護サービス費の支給について正しいものはどれか。**3つ選べ。**

1　対象となる費用は、食費と居住費（滞在費）である。

2　負担限度額は、所得の状況その他の事情を勘案して設定される。

3　対象となるサービスには、地域密着型介護老人福祉施設入所者生活介護は含まれない。

4　対象となるサービスには、特定施設入居者生活介護は含まれない。

5　対象者には、生活保護受給者は含まれない。

問題 9　定率の利用者負担を市町村が減免する場合として正しいものはどれか。**2つ選べ。**

1　要介護被保険者の要介護度が著しく悪化した場合

2　要介護被保険者の属する世帯が住民税非課税世帯になった場合

3　要介護被保険者が災害により住宅に著しい損害を受けた場合

4　要介護被保険者と同居する家族が心身に重大な障害を受けた場合

5　要介護被保険者の属する世帯の生計維持者の収入が冷害による農作物の不作により著しく減少した場合

問題10 通所によるサービスについて正しいものはどれか。**3つ選べ。**

1 指定地域密着型通所介護では、機能訓練を行う必要はない。
2 指定介護予防通所リハビリテーションでは、医師等の従業者により介護予防通所リハビリテーション計画の実施状況の把握が行われなければならない。
3 介護予防・日常生活支援総合事業における通所型サービスは、市町村の保健・医療専門職による運動器の機能向上に限定して実施される。
4 共用型指定認知症対応型通所介護は、指定認知症対応型共同生活介護事業所の居間や食堂を活用して行うことが認められている。
5 指定療養通所介護は、難病等を有する重度要介護者又はがん末期の者のうち、常時看護師による観察が必要なものを対象者とする。

問題11 介護保険料について正しいものはどれか。**2つ選べ。**

1 普通徴収による第1号被保険者の保険料については、その配偶者に連帯納付義務がある。
2 第1号被保険者の保険料に係る特別徴収は、社会保険診療報酬支払基金が行う。
3 国民健康保険に加入する第2号被保険者の保険料は、都道府県が徴収する。
4 所得段階別定額保険料の所得区分は原則として9段階であるが、市町村の条例でさらに細分化することができる。
5 第2号被保険者負担率は、市町村が条例で定める。

問題12 介護給付及び予防給付に要する費用について正しいものはどれか。**3つ選べ。**

1 国の負担分は、すべての市町村について同率である。
2 費用の総額は、公費と保険料によりそれぞれ50%ずつ賄われる。
3 市町村の一般会計における負担分は、すべての市町村において同率である。
4 第2号被保険者の保険料負担分は、各医療保険者から各市町村に交付される。
5 保険料負担分の総額は、すべての市町村に係る第1号被保険者と第2号被保険者のそれぞれの見込数の総数の割合で按分される。

問題13 介護保険事業に係る保険給付の円滑な実施を確保するための基本的な指針について正しいものはどれか。**3つ選べ。**

1 地域支援事業の実施に関する基本的事項を定める。
2 都道府県知事が定める。
3 変更に当たっては、市町村長と協議しなければならない。
4 地域における医療及び介護の総合的な確保の促進に関する法律に規定する総合確保方針に即して定める。
5 介護給付等対象サービスを提供する体制の確保に関する基本的事項を定める。

問題14 地域支援事業の任意事業として正しいものはどれか。**2つ選べ。**

1 地域リハビリテーション活動支援事業
2 家族介護支援事業
3 在宅医療・介護連携推進事業
4 地域ケア会議推進事業
5 介護給付等費用適正化事業

問題15 介護保険審査会への審査請求が認められるものとして正しいものはどれか。**2つ選べ。**

1 要介護認定に関する処分について不服がある被保険者
2 介護報酬の審査・支払について不服がある介護サービス事業者
3 保険料の滞納処分について不服がある被保険者
4 財政安定化基金拠出金への拠出額について不服がある市町村
5 居宅介護支援事業者から支払われる給与について不服がある介護支援専門員

問題16 介護保険に関して市町村が有する権限について正しいものはどれか。**3つ選べ。**

1 被保険者の保険料に関し、被保険者の収入について調査する。
2 住宅改修を行う者に対し、文書の提出を求める。
3 介護給付費・地域支援事業支援納付金の算定のために、医療保険者から報告を徴収する。
4 被保険者に対する老齢等年金給付の支給状況について、年金保険者に対し資料の提供を求める。
5 介護サービス情報について、指定居宅サービス事業者を調査する。

問題17 被保険者の要介護認定を市町村が取り消すことができる場合として正しいものはどれか。**2つ選べ。**

1 正当な理由なしに、介護給付等対象サービスの利用に関する指示に従わないことにより、要介護状態の程度を増進させたとき。
2 要介護者に該当しなくなったと認めるとき。
3 正当な理由なしに、市町村による文書の提出の求めに応じないとき。
4 災害などの特別の事情がある場合を除き、1年間介護保険料を納付しないとき。
5 正当な理由なしに、職権による要介護状態区分の変更認定を行うための市町村による調査に応じないとき。

問題18 介護認定審査会について正しいものはどれか。**3つ選べ。**

1 審査及び判定の結果を申請者に通知する。
2 委員は、要介護者等の保健、医療又は福祉に関する学識経験を有する者のうちから任命される。
3 要介護認定の有効期間を定める。
4 必要があると認めるときは、主治の医師の意見を聴くことができる。
5 委員は、職務上知り得た秘密を漏らしてはならない。

問題19 要介護認定に係る主治医意見書について正しいものはどれか。**3つ選べ。**

1 主治医意見書の項目には、社会生活への適応が含まれる。
2 主治医意見書の項目には、認知症の中核症状が含まれる。
3 主治医意見書の項目には、サービス利用による生活機能の維持・改善の見通しが含まれる。
4 介護認定審査会に通知される。
5 要介護認定を受けようとする被保険者は、申請書に添付しなければならない。

問題20 指定居宅介護支援等の事業の人員及び運営に関する基準第13条の具体的取扱方針のうち介護支援専門員に係るものとして正しいものはどれか。**3つ選べ。**

1　要介護認定を受けている利用者が要支援認定を受けたときは、指定介護予防支援事業者と当該利用者に係る必要な情報を提供する等の連携を図るものとする。

2　被保険者証に認定審査会意見の記載があるときは、利用者の理解を得た上で、その内容に沿って居宅サービス計画を作成しなければならない。

3　継続して居宅サービス計画に福祉用具貸与を位置付けるときは、貸与が必要な理由を記載しなくてもよい。

4　居宅サービス計画に地域ケア会議で定めた回数以上の訪問介護を位置付けるときは、それが必要な理由を居宅サービス計画に記載しなければならない。

5　利用者が通所リハビリテーションの利用を希望しているときは、利用者の同意を得て主治の医師等の意見を求めなければならない。

問題21 指定居宅介護支援事業者について正しいものはどれか。**3つ選べ。**

1　指定居宅介護支援の提供の開始に際し、複数の指定居宅サービス事業者を必ず紹介しなければならない。

2　指定居宅介護支援の提供の開始に際し、利用者に入院する必要が生じたときは、介護支援専門員の氏名と連絡先を入院先の病院又は診療所に伝えるよう、あらかじめ利用者や家族に求めなければならない。

3　指定居宅介護支援の提供の開始に際し、要介護認定申請が行われていない場合は、利用申込者の意思にかかわらず、速やかに申請が行われるよう援助を行わなければならない。

4　通常の事業の実施地域等を勘案し、自ら適切な指定居宅介護支援を提供することが困難なときは、他の指定居宅介護支援事業者を紹介するなど必要な措置を講じなければならない。

5　利用者の選定により通常の事業の実施地域以外の地域で指定居宅介護支援を行うときは、要した交通費の支払を利用者から受けることができる。

問題22 指定居宅介護支援におけるサービス担当者会議について適切なものはどれか。**3つ選べ。**

1 家庭内暴力がある場合には、必ずしも利用者や家族の参加を求めるものではない。

2 開催の日程調整を行ったが、サービス担当者の事由により参加が得られなかったときは、サービス担当者への照会等により意見を求めることができる。

3 末期の悪性腫瘍の利用者について、日常生活上の障害が1か月以内に出現すると主治の医師が判断した場合には、その助言を得た上で、サービス担当者への照会等により意見を求めることができる。

4 サービス担当者会議の記録は、要介護認定の有効期間に合わせて最長3年間保存しなければならない。

5 要介護更新認定の結果、要介護状態区分に変更がなかった場合には、サービス担当者会議を開催する必要はない。

問題23 介護予防サービス・支援計画書について適切なものはどれか。**2つ選べ。**

1 「課題に対する目標と具体策の提案」欄には、利用者や家族の意向を踏まえた目標と具体策を記載する。

2 「【本来行うべき支援ができない場合】妥当な支援の実施に向けた方針」は、利用者と家族の考え方の違いが大きい場合には記載しない。

3 「目標とする生活」の「1年」欄には、利用者とともに、生きがいや楽しみを話し合い、今後の生活で達成したい目標を設定する。

4 「期間」は、常に利用者の要支援認定の有効期間と同じ期間にする。

5 「本人等のセルフケアや家族の支援、インフォーマルサービス」欄には、地域のボランティアや近隣住民の協力なども記載する。

問題24 特別養護老人ホーム入所中のＡさん（98歳、女性）は、食事摂取量が激減し、全身衰弱が進行している。発語も困難で、意思疎通も難しい。嘱託医の判断では、Ａさんはターミナル期の状態であるとのことであった。Ａさん及びその家族の入所時の意思は、「最期まで施設で暮らしたい」とのことであった。この場合の対応として、より適切なものはどれか。**2つ選べ。**

1 看護職員が作成した看取り介護計画があるため、施設サービス計画は作成しない。
2 Ａさんと家族の意向は明らかなので、改めて面接をせずに、介護支援専門員が単独でターミナル期の施設サービス計画を作成する。
3 看取りに対する家族の意思を確認するため、介護支援専門員がＡさんの家族、嘱託医、生活相談員等との面談の日程調整を行う。
4 Ａさんの意思を尊重し、最期まで介護職員が単独で看取りの介護を行った場合は、看取り介護加算を算定できる。
5 終末期の身体症状の変化や介護の状況等を記録し、医師、看護職員、介護職員、介護支援専門員等による情報の共有に努める。

問題25 Ａさん（80歳、女性、要介護2）は、長女（51歳）、長女の夫（50歳）、孫（17歳、女性、高校生）と同居しており、通所介護を週3回利用している。長女及び長女の夫はフルタイムで働いており、平日は孫が介護を担っている。長女から、「最近娘の学校の成績が下がってきたが、介護が負担なのではないか」との相談を受けた。介護支援専門員の対応として、より適切なものはどれか。**3つ選べ。**

1 長女に対し、仕事を辞めて介護や家事に専念すべきであると説得する。
2 家族と介護支援専門員で、家事や介護の家庭内での分担及び介護サービス利用の見直しについて話し合う場を設ける。
3 長女及び長女の夫に勤務先の介護に関する支援制度を確認するよう依頼する。
4 孫のため、直ちにＡさんの短期入所生活介護の手配をする。
5 孫の話を傾聴し、必要に応じて若年介護者（ヤングケアラー）としての悩みを持つ者同士の懇談会などに関する情報を提供する。

《保健医療福祉サービス分野》
●保健医療サービスの知識等

問題26 次の記述について、より適切なものはどれか。**3つ選べ。**

1 老年症候群では、高齢期において生活機能の低下がみられる。
2 高齢者では、身体的な衰えや機能障害、慢性疾患の罹患、家族との死別などにより抑うつが高頻度にみられる。
3 高齢者では、エネルギーの消費が多くなるため、食欲が増す。
4 高齢者では、若年者に比べて体内水分貯蔵量が少なく、口渇も感じにくいため、脱水のリスクが高い。
5 内耳から大脳に異常があるために生じる難聴を、伝音性難聴という。

問題27 次の記述について、より適切なものはどれか。**3つ選べ。**

1 激しく出血している場合は、出血部位よりも心臓から遠い部位を圧迫して止血する。
2 誤嚥による呼吸困難では、「喉に手を当てる」などの窒息のサインやチアノーゼなどの症状が出現する。
3 洗剤や漂白剤を飲み込んだ場合は、無理に吐かせる。
4 衣服の下をやけどしている場合は、衣服を脱がさずその上から流水を当てる。
5 寝たきりの高齢者に吐き気があるときは、身体を横向きにして、吐物の誤嚥を防ぐ。

問題28 高齢者にみられる疾病について正しいものはどれか。**3つ選べ。**

1 変形性関節症は、高齢者に多く発症する。
2 筋萎縮性側索硬化症（ALS）では、筋力低下による運動障害は生じない。
3 高次脳機能障害における失語症には、話そうとするが言葉が出てこないという症状も含まれる。
4 パーキンソン病では、認知障害はみられない。
5 骨粗鬆症は、骨折の大きな危険因子である。

問題29 次の記述について正しいものはどれか。**3つ選べ。**

1 稽留熱では、急激な発熱と解熱を繰り返す。
2 心房細動では、心房の正常な収縮と拡張ができなくなる。
3 飲酒は、起立性低血圧の原因とはならない。
4 ジャパン・コーマ・スケール（JCS）では、数値が大きいほど意識レベルが低い。
5 口すぼめ呼吸で息を吐くと、気管支内の圧力が高くなり、気管支の閉塞を防ぐ。

問題30 検査について適切なものはどれか。**2つ選べ。**

1 高齢者では膝などの関節が十分に伸びなくなるので、BMI（Body Mass Index）は本来の値より小さくなる。
2 CRP（C反応性たんぱく質）は、体内で炎症が起きているときに低下する。
3 ヘモグロビンA1cの値は、過去6か月間の平均血糖レベルを反映している。
4 腹囲が男性85cm以上、女性90cm以上の場合は、メタボリックシンドロームの診断において腹部型の肥満とされる。
5 24時間心電図（ホルター心電図）検査は、不整脈がある場合や狭心症が疑われる場合に行われる。

問題31　食事について適切なものはどれか。**3つ選べ。**

1　摂食・嚥下プロセスの口腔期では、視覚、触覚、嗅覚の認知により、無条件反射で唾液が分泌される。
2　摂食・嚥下プロセスの咽頭期では、咽頭に食塊が入ると、気道が閉じられて食道に飲み込まれる。
3　食事の介護のアセスメントでは、摂食動作ができているかを確認する。
4　食事の介護のアセスメントでは、食欲がない場合には、痛み、口腔内の状態、服薬状況などを確認する。
5　医師は、食事の介護のアセスメントに関わる必要はない。

問題32　褥瘡について適切なものはどれか、**3つ選べ。**

1　褥瘡とは、体外からの圧力による皮下の血流障害により、細胞が壊死してしまう状態をいう。
2　半座位や座位では、肩甲骨部には発生しない。
3　発生要因には、病気や加齢による身体組織の耐久性低下がある。
4　同一部位への長時間にわたる圧力を減少させるためには、体圧分散用具を用いるとよい。
5　指定介護老人福祉施設において、褥瘡マネジメント加算は算定できない。

問題33　次の記述について、より適切なものはどれか。**3つ選べ。**

1　高齢者では、特に疾患がなくても、気道の閉じるタイミングが遅れることで誤嚥が生じやすくなる。
2　歯のかみ合わせは、咀嚼だけでなく、嚥下にも影響する。
3　唾液腺を刺激しても、唾液は分泌されない。
4　食物残渣は、口臭の原因となる。
5　摂食・嚥下リハビリテーションは、医師のみで行う。

問題34 認知症のケアや支援について適切なものはどれか。**3つ選べ。**

1 認知症初期集中支援チームは、都道府県が配置する。
2 認知症カフェは、認知症初期集中支援チームが運営することとされている。
3 認知症初期集中支援チームの対象者は、原則として、40歳以上で、在宅で生活しており、かつ認知症が疑われる人又は認知症の人である。
4 パーソン・センタード・ケアは、認知症を持つ人を一人の「人」として尊重し、その人の立場に立って考え、ケアを行おうとする認知症ケアの1つの考え方である。
5 認知症施策推進大綱では、認知症の人本人からの発信支援を推進するよう明記されている。

問題35 老年期の精神障害について適切なものはどれか。**3つ選べ。**

1 老年期うつ病では、心気的な訴えは少ない。
2 老年期うつ病では、気分の落ち込みよりも、不安、緊張、焦燥が目立つ。
3 老年期の統合失調症の症状の再発は、配偶者や近親者の死が要因となることがある。
4 老年期のアルコール依存症は、認知症を合併することはない。
5 遅発パラフレニーは、老年期の妄想性障害の代表的な疾患とされている。

問題36 次の記述について正しいものはどれか。**2つ選べ。**

1　患者が医師から説明をきちんと受けた上で同意することをインフォームド・コンセントという。
2　医師個人の経験だけに頼るのではなく、科学的な根拠に基づいた医療をナラティブ・ベースド・メディスン（Narrative Based Medicine：NBM）という。
3　個々の人間の感じ方や考え方に耳を傾けて自己決定を促す医療をエビデンス・ベースド・メディスン（Evidence Based Medicine：EBM）という。
4　予後とは、疾患が今後たどり得る経過のことをいう。
5　疾患の予後に関する情報は、高齢者本人にのみ説明する必要がある。

問題37 通所リハビリテーション又は介護予防通所リハビリテーションについて正しいものはどれか。**3つ選べ。**

1　通所リハビリテーションに係る単位数は、事業所の規模とは無関係に設定されている。
2　リハビリテーション会議は、利用者及びその家族の参加が基本とされている。
3　通所リハビリテーション計画に位置付けられていなくても、事業所の屋外で指定通所リハビリテーションのサービスを提供することができる。
4　介護予防通所リハビリテーションにおいて、利用者の居宅と指定介護予防通所リハビリテーション事業所との間の送迎を実施しない場合であっても、利用者の同意があれば、基本報酬を算定できる。
5　指定通所リハビリテーション事業所の管理者は、専ら指定通所リハビリテーションの提供に当たる看護師に管理の代行をさせることができる。

★ **問題38** 次の記述について正しいものはどれか。2つ選べ。

1 栄養素の摂取不足によって、メタボリックシンドロームが引き起こされる。

2 摂食・嚥下機能に合わない食事形態での食事の提供は、誤嚥や窒息を招くことがある。

3 介護保険の短期入所療養介護では、栄養マネジメント加算が算定できる。

4 経口維持加算は、現に経管により食事を摂取している者も対象となる。

5 介護保険の施設サービスにおける栄養マネジメント加算は、管理栄養士が継続的に入所者ごとに栄養管理をした場合に算定できる。

問題39 感染の予防について適切なものはどれか。3つ選べ。

1 標準予防策（スタンダード・プリコーション）とは、感染症の有無にかかわらず、すべての人に実施する感染予防対策である。

2 感染症を予防するためには、感染源の排除、感染経路の遮断、宿主の抵抗力の向上が重要である。

3 手袋を使用すれば、使用後の手指衛生は必要ない。

4 インフルエンザの主な感染経路は、飛沫感染である。

5 肺炎球菌ワクチンを接種すれば、すべての肺炎を予防できる。

問題40 在宅医療管理について正しいものはどれか。3つ選べ。

1 在宅中心静脈栄養法は、医療処置として栄養を補う方法である。

2 在宅中心静脈栄養法では、長期にカテーテルが体内にあるが、細菌感染を引き起こすことはない。

3 ストーマには、消化管ストーマと尿路ストーマがある。

4 腹膜透析の管理について、利用者や家族が在宅で処置を行うことは禁止されている。

5 在宅酸素療法では、携帯用酸素ボンベを使用して外出することができる。

問題41 ターミナルケアに関する次の記述のうち、より適切なものはどれか。**3つ選べ。**

1　本人の人生観や生命観などの情報は、関係者で共有すべきではない。
2　リビングウィルとは、本人の意思が明確なうちに、医療やケアに関する選択を本人が表明しておくことをいう。
3　重度の認知機能障害などを有する利用者の場合に、家族に加えて複数の医療・介護専門職が集まって方針を決める方法をコンセンサス・ベースド・アプローチという。
4　医学的観点だけに基づく診療方針の決定では、本人の意向に反する結果となるおそれがある。
5　介護保険の特定施設では、ターミナルケアは提供できない。

問題42 訪問看護について正しいものはどれか。**3つ選べ。**

1　特別訪問看護指示書があるときは、7日間に限り、医療保険による訪問看護を提供することができる。
2　訪問看護事業を行う事業所は、指定訪問看護ステーションに限られる。
3　指定訪問看護事業者は、主治の医師に訪問看護計画書及び訪問看護報告書を提出しなければならない。
4　訪問看護の根拠法には、高齢者の医療の確保に関する法律も含まれる。
5　利用者が短期入所療養介護を利用している場合には、訪問看護費は算定できない。

問題43 指定看護小規模多機能型居宅介護について正しいものはどれか。**3つ選べ。**

1　事業所の登録定員は、29人以下である。
2　事業者は、看護サービスを提供する場合は、1人の利用者について複数の医師から指示を受けなければならない。
3　事業所の管理者は、必ずしも保健師又は看護師でなくてもよい。
4　その利用者については、訪問介護費を算定することができない。
5　事業所には、介護支援専門員を配置する必要はない。

問題44　介護老人保健施設について正しいものはどれか。**2つ選べ。**

1　要介護者であって、主として長期にわたり療養が必要である者に対して
サービスを行う施設と定義されている。
2　従来型の多床室に係る介護報酬は、在宅強化型と基本型の2類型だけで
ある。
3　人員に関する基準には、医療分野から介護分野まで幅広い職種が含まれ
ている。
4　利用者の平均要介護度は、介護老人福祉施設の入所者のそれより低い。
5　終末期にある利用者は、皆無である。

問題45　介護医療院について正しいものはどれか。**3つ選べ。**

1　要介護者であって、主としてその心身の機能の維持回復を図り、居宅に
おける生活を営むことができるようにするための支援が必要な者に対して
サービスを行う施設と定義されている。
2　入所対象者には、身体合併症を有する認知症高齢者も含まれる。
3　介護医療院の創設により、介護療養型医療施設は 2018（平成 30）年 4
月にすべて廃止された。
4　定員 100 人の Ⅱ型療養床の場合には、常勤換算で 1 人の医師の配置が必
要である。
5　入所者 1 人当たりの療養室の床面積は、8m^2 以上とされている。

●福祉サービスの知識等

問題46 面接場面におけるコミュニケーション技術について、より適切なものはどれか。**2つ選べ。**

1 オープンクエスチョンとは、チェックリストに従って質問していくことである。

2 クローズドクエスチョンは、面接を一方通行にしないために有効である。

3 観察は、非言語的なメッセージを感知することを含む。

4 面接を効果的に実施するためには、面接の焦点を的確に定めることが重要である。

5 明確化とは、クライエントの言葉をそのまま反射することである。

問題47 ソーシャルワークの視点から、支援困難な高齢者に関する記述としてより適切なものはどれか。**3つ選べ。**

1 近隣住民からの「一人暮らしの高齢者宅から異臭がする」との訴えに対し、まずその高齢者に施設への入所を勧める。

2 支援を拒否している高齢者には、信頼できる人を探し、支援につなげることが有効である。

3 アウトリーチによる対応には、支援のためのネットワークの構築が含まれる。

4 高齢者が不平・不満を何度も訴えるため、担当の介護支援専門員が地域包括支援センターにスーパービジョンを依頼する。

5 セルフ・ネグレクトには、親族による介護放棄が含まれる。

問題48 ソーシャルワークに関する次の記述のうち、より適切なものはどれか。2つ選べ。

1 インテーク面接で得られた情報が少ない場合には、それを記録する必要はない。

2 クライエントの主訴のとおりに援助計画を立てることが、重要である。

3 モニタリングとは、援助計画の進捗を定期的、継続的に観察して評価することである。

4 他職種連携の際は、誰もが支援できるように、それぞれの役割を曖昧にすることが重要である。

5 クライエントとソーシャルワーカーとの契約とは、両者の間で焦点となる問題や目標を明らかにして、援助に関する合意をすることである。

問題49 ソーシャルワークにおける集団援助として、より適切なものはどれか。2つ選べ。

1 地域包括支援センターの社会福祉士による一人暮らしの高齢者を集めた生きがいづくりのためのプログラム活動

2 医療機関における医療ソーシャルワーカーによる入院中のクライエントへの相談支援

3 社会福祉協議会の職員と民生委員による「福祉マップ」の作成

4 精神科クリニックで行われるアルコール依存症患者の家族を対象とした交流活動

5 NPO法人のスタッフと地域住民による高齢者の見守り活動

問題50 介護保険における短期入所生活介護について正しいものはどれか。**2つ選べ。**

1 利用者20人未満の併設事業所の場合には、管理者は常勤でなくてもよい。

2 利用者20人未満の併設事業所の場合でも生活相談員は常勤でなければならない。

3 利用者20人未満の併設事業所の場合でも、機能訓練指導員は他の職務と兼務することはできない。

4 利用者40人以下の事業所の場合には、他の施設の栄養士との連携があり、利用者の処遇に支障がなければ、栄養士は配置しなくてもよい。

5 食事の提供と機能訓練に支障のない広さを確保できる場合には、食堂と機能訓練室は同一の場所とすることができる。

問題51 介護保険における福祉用具貸与の対象となるものとして正しいものはどれか。**2つ選べ。**

1 エアマットレスなどの床ずれ防止用具

2 移動用リフトのつり具の部分

3 入浴用介助ベルト

4 浴槽内いす

5 特殊寝台からの起き上がりや移乗の際に用いる介助用ベルト

問題52 介護保険における訪問介護について正しいものはどれか。**3つ選べ。**

1 指定訪問介護事業所の管理者については、特段の資格は不要である。

2 サービス提供責任者は、介護福祉士でなければならない。

3 介護支援専門員は、一定回数以上の生活援助中心型の訪問介護を居宅サービス計画に位置付ける場合には、その居宅サービス計画を市町村に届け出なければならない。

4 利用者が保険給付の範囲外のサービス利用を希望した場合には、訪問介護員は、居宅介護支援事業者又は市町村に連絡するものとする。

5 指定訪問介護事業者は、利用申込者の要介護度が重いことを理由として、サービスの提供を拒むことができる。

問題53 介護保険における通所介護について正しいものはどれか。**2つ選べ。**

1 通所介護費は、事業所の規模によって2つに分けて設定されている。

2 通所介護費は、サービスの所要時間によって3つに分けて設定されている。

3 サービスの所要時間が同じ区分の利用者については、サービス提供開始時刻を同じにしなければならない。

4 送迎時に実施した居宅内での介助は、1日30分以内を限度に、通所介護を行うのに要する時間に含めることができる。

5 通常の事業の実施地域以外に住む利用者の送迎にかかる費用は、利用料以外の料金として支払いを受けることができる。

問題54 介護保険における訪問入浴介護について正しいものはどれか。**3つ選べ。**

1 利用者宅に浴室があっても、訪問入浴介護を提供することができる。

2 利用者が訪問入浴介護事業所と同一の建物に居住する場合でも、訪問入浴介護を提供することができる。

3 利用者が短期入所生活介護を利用している間は、訪問入浴介護費は算定しない。

4 訪問入浴介護は、事業所数が少ないため、通常の事業の実施地域を定めなくてもよい。

5 サービスの提供の責任者は、専らその職務に従事する常勤のものとする。

問題55 介護保険における小規模多機能型居宅介護について正しいものはどれか。**2つ選べ。**

1 小規模多機能型居宅介護は、宿泊を中心として、利用者の様態や希望に応じて、随時訪問や通いを組み合わせてサービスを提供するものである。

2 従業者は、介護福祉士又は訪問介護員でなければならない。

3 小規模多機能型居宅介護の本体事業所とサテライト事業所の距離は、自動車等でおおむね20分以内の近距離でなければならない。

4 利用者は、複数の小規模多機能型居宅介護事業所への登録を希望しても、1つの事業所にしか登録できない。

5 運営推進会議は、当該事業所を指定する市町村が設置する。

問題56 介護保険における認知症対応型共同生活介護について正しいものはどれか。**2つ選べ。**

1 事業所の立地場所については、園芸や農作業を行いやすい自然の豊かな場所でなくてはならない。
2 1つの共同生活住居の入居定員は、5人以上9人以下である。
3 複数の共同生活住居がある事業所の場合には、認知症対応型共同生活介護計画の作成担当者のうち1人は、介護支援専門員でなくてはならない。
4 認知症対応型共同生活介護計画を作成した期間についても、居宅サービス計画を作成しなければならない。
5 認知症対応型共同生活介護事業者は、提供するサービスの質について、定期的に外部評価を受けていれば、自己評価を行う必要はない。

問題57 指定老人介護福祉施設について正しいものはどれか。**3つ選べ。**

1 身体的拘束等の適正化のための指針を整備している場合には、その対策を検討する委員会は開催しなくてもよい。
2 入所者が居宅での生活を営むことができるかどうかについて、生活相談員、介護職員、看護職員、介護支援専門員等の従業者間で協議しなくてはならない。
3 施設サービスを受ける必要性が高いと認められる入所申込者を優先的に入所させるよう努めなければならない。
4 夜間には、常勤の介護職員が介護に従事しなくてもよい。
5 サービス提供上必要と認められる場合であれば、1の居室の定員を2人にすることができる。

問題58 生活保護制度について正しいものはどれか。**3つ選べ。**

1 すべての被保護者に対する要介護認定は、介護扶助の必要性を判断するため、生活保護制度で独自に行う。
2 生活に困窮する外国人は、生活保護の取扱いに準じて必要な保護を受けることができる。
3 居宅介護支援事業所が生活保護受給者に対して居宅介護支援を行う場合には、介護保険法の指定のほかに、生活保護法による指定を受ける必要がある。
4 葬祭扶助は、原則として、現物給付である。
5 福祉事務所で生活保護を担当する査察指導員と現業員は、社会福祉主事でなければならない。

問題59 成年後見制度について正しいものはどれか。**3つ選べ。**

1 本人以外の者の請求により補助開始の審判をするには、本人の同意が必要である。
2 後見開始の申立は、本人の所在地を管轄する地方裁判所に行う。
3 市町村は、当該市町村における成年後見制度の利用の促進に関する施策についての基本的な計画を定めるよう努めることとされている。
4 後見開始の審判は、事実上婚姻関係と同様の事情にある者も請求することができる。
5 任意後見人の配偶者、直系血族及び兄弟姉妹は、任意後見監督人となることができない。

問題60 高齢者虐待の防止、高齢者の養護者に対する支援等に関する法律について正しいものはどれか。**2つ選べ。**

1 養護者による高齢者を衰弱させるような著しい減食は、高齢者虐待に当たる。

2 市町村又は市町村長は、虐待の通報又は届出があった場合には、高齢者を一時的に保護するために老人短期入所施設等に入所させることができる。

3 養介護施設には、地域包括支援センターは含まれない。

4 養護者による高齢者虐待により高齢者の生命又は身体に重大な危険が生じているおそれがあると認める場合であっても、市町村の職員は、警察の許可なく高齢者の居所に立ち入ることはできない。

5 都道府県は、養護者の負担軽減のため、養護者の相談、指導及び助言その他の必要な措置を講じなければならない。

令和元年度（第 22 回）

介護支援専門員
実務研修受講試験問題

注 意 事 項

1　文中の「市町村」は、「市町村及び特別区」の意味となります。

2　本問題の選択肢のうち以下の厚生労働省令で定める事項に関するものは、当該省令の定める内容によります。

・指定居宅サービス等の事業の人員、設備及び運営に関する基準（平成 11 年厚生省令第 37 号）

・指定地域密着型サービスの事業の人員、設備及び運営に関する基準（平成 18 年厚生労働省令第 34 号）

・指定居宅介護支援等の事業の人員及び運営に関する基準（平成 11 年厚生省令第 38 号）

・指定介護予防支援等の事業の人員及び運営並びに指定介護予防支援等に係る介護予防のための効果的な支援の方法に関する基準（平成 18 年厚生労働省令第 37 号）

・指定介護老人福祉施設の人員、設備及び運営に関する基準（平成 11 年厚生省令第 39 号）

・介護老人保健施設の人員、施設及び設備並びに運営に関する基準（平成 11 年厚生省令第 40 号）

・介護医療院の人員、施設及び設備並びに運営に関する基準（平成 30 年厚生労働省令第 5 号）

3　文中の「障害者総合支援法」は、「障害者の日常生活及び社会生活を総合的に支援するための法律（平成 17 年法律第 123 号）」のことをいいます。

●介護支援分野

問題 1 2017（平成29）年の介護保険制度改正について正しいものは
どれか。**3つ選べ。**

1　介護医療院の創設
2　共生型サービスの創設
3　看護小規模多機能型居宅介護の創設
4　介護給付及び予防給付に係る3割負担の導入
5　介護予防訪問介護及び介護予防通所介護の介護予防・日常生活支援総合
　事業への移行

問題 2 介護保険法第2条に示されている保険給付の基本的考え方とし
て正しいものはどれか。**2つ選べ**

1　介護支援専門員の選択に基づくサービスの提供
2　被保険者の所得及び資産による制限
3　同一の事業者による複合的かつ集中的なサービスの提供
4　医療との連携への十分な配慮
5　被保険者の有する能力に応じ自立した日常生活を営むことができるよう
　にすることへの配慮

問題 3 65歳以上の者であって、介護保険の被保険者とならないものと
して正しいものはどれか。**2つ選べ。**

1　老人福祉法に規定する軽費老人ホームの入所者
2　生活保護法に規定する救護施設の入所者
3　生活保護法に規定する更生施設の入所者
4　障害者総合支援法の自立訓練及び施設入所支援の支給決定を受けて、指
　定障害者支援施設に入所している知的障害者
5　障害者総合支援法の生活介護及び施設入所支援の支給決定を受けて、指
　定障害者支援施設に入所している精神障害者

問題 4　介護保険における特定疾病として正しいものはどれか。**3つ選べ。**

1　筋萎縮性側索硬化症
2　黄色靱帯骨化症
3　心筋梗塞
4　脊柱管狭窄症
5　閉塞性動脈硬化症

問題 5　指定居宅サービス事業者の指定について正しいものはどれか。**3つ選べ。**

1　共生型居宅サービス事業者の指定は、市町村長が行う。
2　居宅サービスの種類ごとに行う。
3　6年ごとに更新を受けなければ、効力を失う。
4　申請者が都道府県の条例で定める者でないときは、指定をしてはならない。
5　都道府県介護保険事業支援計画の見込量に達しているときは、指定をしてはならない。

問題 6　指定居宅介護支援事業者について正しいものはどれか。**2つ選べ。**

1　被保険者証に認定審査会意見の記載があるときは、その意見に配慮した指定居宅介護支援の提供に努めなければならない。
2　事業所の現員では利用申込に応じきれない場合には、サービスの提供を拒むことができる。
3　管理者は、管理者研修の受講が義務づけられている。
4　通常の事業の実施地域以外であっても、交通費を受け取ることはできない。
5　利用者が30人の場合には、介護支援専門員は、非常勤で1人置けばよい。

問題 7 介護支援専門員の義務として正しいものはどれか。**3つ選べ。**

1 介護保険事業の円滑な運営に必要な助言をしなければならない。
2 介護支援専門員でなくなった後も、正当な理由なしに、その業務に関して知り得た人の秘密を漏らしてはならない。
3 特定の種類のサービスに不当に偏ることのないよう、業務を行わなければならない。
4 認知症に関する施策を総合的に推進しなければならない。
5 その名義を他人に介護支援専門員の業務のため使用させてはならない。

問題 8 市町村介護保険事業計画について正しいものはどれか。**3つ選べ。**

1 都道府県知事の定める基本指針に基づき作成されなければならない。
2 市町村老人福祉計画と一体のものとして作成されなければならない。
3 市町村地域福祉計画と調和が保たれたものでなければならない。
4 介護サービス情報の公表に関する事項を定めなければならない。
5 変更したときは、遅滞なく、都道府県知事に提出しなければならない。

問題 9 介護保険における第1号被保険者の保険料について正しいものはどれか。**2つ選べ。**

1 保険料率は、毎年度改定しなければならない。
2 年額18万円以上の遺族厚生年金受給者は、特別徴収の対象となる。
3 年金を受給していない者は、市町村民税に合算して徴収される。
4 世帯主は、普通徴収の場合には、その世帯に属する第1号被保険者と連帯して納付する義務を負う。
5 保険料減免の対象者は、政令で定められる。

問題10 介護保険の調整交付金について正しいものはどれか。**3つ選べ。**

1 国が市町村に交付する。
2 すべての市町村に一律に交付される定率の公費負担となっている。
3 調整交付金の総額は、介護給付費及び予防給付費の総額の5%に相当する額とする。
4 市町村ごとの第1号被保険者の年齢階級別の分布状況を考慮して交付される。
5 市町村ごとの第2号被保険者の所得の分布状況を考慮して交付される。

問題11 社会保険診療報酬支払基金の介護保険関係業務について正しいものはどれか。**2つ選べ。**

1 市町村に対し介護給付費交付金を交付する。
2 介護保険財政の収入不足が生じた市町村に不足額を交付する。
3 医療保険者から介護給付費・地域支援事業支援納付金を徴収する。
4 介護保険サービスに関する苦情への対応を行う。
5 業務の一部を年金保険者に委託することができる。

問題12 地域支援事業のうち包括的支援事業として正しいものはどれか。**3つ選べ。**

1 生活支援体制整備事業
2 介護予防把握事業
3 認知症総合支援事業
4 介護給付等費用適正化事業
5 在宅医療・介護連携推進事業

令和元年度

問題13 介護サービス情報に係る事業者の報告について正しいものはどれか。**3つ選べ。**

1 指定居宅サービス事業者は、その介護サービス情報を都道府県知事に報告しなければならない。

2 指定地域密着型サービス事業者は、その介護サービス情報を市町村長に報告しなければならない。

3 介護サービス事業者がその介護サービス情報を報告しなかった場合には、その指定又は許可が取り消されることがある。

4 介護サービス事業者がその介護サービス情報を報告するのは、その介護サービスの提供を開始するときのみである。

5 介護サービス事業者が報告する介護サービス情報には、第三者による評価の実施状況が含まれる。

問題14 介護保険審査会への審査請求が認められるものとして正しいものはどれか。**3つ選べ。**

1 被保険者証の交付の請求に関する処分

2 市町村特別給付に関する処分

3 国民健康保険団体連合会が行う介護報酬の請求に関する審査

4 特定入所者介護サービス費の支給に関する処分

5 介護給付費・地域支援事業支援納付金に関する処分

問題15 指定居宅介護支援の業務について、より適切なものはどれか。**3つ選べ**。

1 利用者の身体機能に特化したアセスメントを行う。

2 利用希望者が要介護認定の結果の通知を受ける前に、居宅介護支援を提供してはならない。

3 地域で不足していると認められるサービスがあった場合には、それが地域で提供されるよう関係機関に働きかけることが望ましい。

4 利用者が訪問看護の利用を希望した場合には、利用者の同意を得て主治の医師に意見を求めなければならない。

5 指定居宅介護支援の提供の開始に際し、あらかじめ、複数の指定居宅サービス事業者等の紹介を求めることができることを利用者に説明しなければならない。

問題16 担当する利用者に対する介護支援専門員の基本姿勢として、より適切なものはどれか。**2つ選べ**。

1 心身機能が一時的に低下した場合には、利用者の状態にかかわらず、介護保険サービスを区分支給限度基準額まで活用するよう勧める。

2 利用者の自己決定を尊重するため、求めがなければサービス利用に関する情報提供はしない。

3 利用者が認知症のため自分の意向をうまく伝えられない場合には、その意向を推し測り、利用者の尊厳が保持されるように努める。

4 特定のサービス事業者に不当に偏ることなく、公正中立に支援する。

5 利用者と家族の意向が一致しない場合には、家族の意向を優先する。

問題17 介護サービス計画作成のための課題分析標準項目として正しい
ものはどれか。**3つ選べ。**

1 資産の状況
2 コミュニケーション能力
3 改善／維持の可能性
4 課題分析（アセスメント）理由
5 口腔衛生

問題18 指定介護老人福祉施設における施設サービス計画の作成につい
て正しいものはどれか。**3つ選べ。**

1 アセスメントは、入所者及びその家族に面接して行う必要がある。
2 原案の内容については、入所者の同意は必要がない。
3 他の担当者と連携体制がとれている場合には、モニタリングのための利
用者との定期的な面接は必要がない。
4 地域住民による自発的な活動によるサービスの利用を含めるよう努めな
ければならない。
5 作成した計画は、入所者に交付しなければならない。

問題19 第1号介護予防支援事業の実施について正しいものはどれか。
2つ選べ。

1 地域包括支援センターは、指定居宅介護支援事業所に委託することがで
きない。
2 利用者本人が居住していない地域の地域包括支援センターでも、実施が
可能である。
3 介護予防ケアマネジメントについては、サービス担当者会議を行う必要
がない場合がある。
4 介護予防ケアマネジメントについては、モニタリングを行う必要がない
場合がある。
5 要支援者は、対象とならない。

問題20 指定介護予防支援について正しいものはどれか。**3つ選べ**。

1 目標指向型の介護予防サービス計画原案を作成しなければならない。
2 その事業所の管理者については、地域包括支援センターの業務との兼務は認められない。
3 苦情を受け付けた場合には、その内容等を記録しなければならない。
4 サービス提供事業者と継続的な連絡が行われている場合には、利用者との面接や連絡は必要がない。
5 地域ケア会議から個別のケアマネジメントの事例の提供の求めがあった場合には、これに協力するよう努めなければならない。

問題21 要介護認定について申請代行を行うことができるものとして正しいものはどれか。**3つ選べ**。

1 指定地域密着型特定施設入居者生活介護事業者
2 指定居宅介護支援事業者
3 指定認知症対応型共同生活介護事業者
4 地域包括支援センター
5 地域密着型介護老人福祉施設

問題22 要介護認定の認定調査について正しいものはどれか。**2つ選べ**。

1 被保険者が必要な調査に応じない場合は、市町村は認定の申請を却下しなければならない。
2 新規認定の調査は、地域包括支援センターに委託できる。
3 更新認定の調査は、指定居宅介護支援事業者に委託できる。
4 指定市町村事務受託法人は、認定調査を実施できる。
5 遠隔地に居住する被保険者から認定の申請があった場合には、現に居住する市町村が調査を実施しなければならない。

問題23 要介護認定について正しいものはどれか。**2つ選べ。**

1 更新認定の申請ができるのは、原則として、有効期間満了日の30日前からである。

2 新規認定の効力は、申請日にさかのぼって生ずる。

3 介護認定審査会は、申請者が利用できる介護サービスの種類を指定することができる。

4 要介護認定の処分の決定が遅れる場合の処理見込期間の通知は、申請日から60日以内に行わなければならない。

5 市町村が特に必要と認める場合には、新規認定の有効期間を3月間から12月間までの範囲内で定めることができる。

問題24 Aさん（78歳、男性）は、2年前に妻を病気で亡くし、一人暮らしをしていた。その後、Aさんは脳卒中で入院し、右半身に麻痺がある状態で退院するに当たり、要介護2の認定を受けた。本人の意向では、自宅で暮らし、訪問介護は利用したいが、通所のサービスは利用したくないとのことだった。その理由は、知り合いに今の姿を見られたくないことに加えて、妻を亡くした悲しみから同年代の夫婦を見るとつらくなるということだった。その時点における介護支援専門員の対応として、より適切なものはどれか。**2つ選べ。**

1 訪問介護サービス以外のサービスは利用しないことに決める。

2 自宅ではなく、居住系サービスを利用するよう説得する。

3 在宅生活を続けるうえでの機能回復の重要性を説明し、訪問リハビリテーションの利用を勧める。

4 福祉用具や住宅改修を利用し、住環境を改善することを勧める。

5 近隣住民から高齢者サロンに誘ってもらう。

問題25　Bさん（75歳、女性）は、夫と二人で暮らしている。Bさんは、高血圧及び糖尿病のため、近所の診療所に定期的に通院している。最近、Bさんは、認知症により、昼夜逆転の生活になり、夜中に外に出て自宅に戻れなくなることもある。夫としては、介護の負担が増しているが、できる限り在宅生活を継続したいと思っている。要介護認定の結果、要介護2の認定を受けた。介護支援専門員の当面の対応として、より適切なものはどれか。**3つ選べ。**

1　外に出て戻れなくなったときの対応のため、地域包括支援センターに協力を依頼し、民生委員や近隣の商店との連携を図る。

2　夜中に外に出ていく背景や理由についてアセスメントを行う。

3　主治医を認知症の専門医に変更することを勧める。

4　介護老人福祉施設への入所を提案する。

5　夫の休息とBさんの生活リズムを整えるため、認知症対応型通所介護の利用を提案する。

令和元年度

●保健医療サービスの知識等

問題26 呼吸について適切なものはどれか。**2つ選べ。**

1 高齢者は、一般に、若年者と比べ、1回換気量は低下する。
2 頻呼吸は、発熱や心不全でもみられる。
3 心不全による呼吸困難は、起座位又は半座位で増強し、臥位で軽減する。
4 下顎呼吸は、慢性気管支炎や肺気腫などの慢性閉塞性肺疾患（COPD）の患者でよくみられる。
5 チェーンストークス呼吸では、小さい呼吸から徐々に大きい呼吸となり、その後徐々に小さい呼吸となって、一時的な呼吸停止を伴う呼吸状態を繰り返す。

問題27 食事について適切なものはどれか。**2つ選べ。**

1 摂食・嚥下プロセスの先行期（認知期）は、食べ物を咀嚼する段階である。
2 摂食・嚥下プロセスの咽頭期の障害では、胃からの逆流がみられる。
3 食事の介護のアセスメントには、福祉用具専門相談員が関わることもある。
4 食事の介護のアセスメントには、利用者が調理を行っているかどうかの確認は含まれない。
5 食事の介護のアセスメントでは、利用者の普段の活動性や睡眠状況も確認する。

問題28　睡眠について正しいものはどれか。**3つ選べ。**

1　床に就いてもなかなか眠れないことを、熟眠障害という。
2　眠りが浅く、すっきりと目覚められないことを、早朝覚醒という。
3　かゆみによって睡眠障害が生じることがある。
4　薬の副作用によって、夜間に興奮又は覚醒し、不眠になることがある。
5　起床時の覚醒水準を高めるケアを行うことで、規則的な排便リズムへの
効果が期待できる。

問題29　口腔機能や口腔ケアについて正しいものはどれか。**3つ選べ。**

1　摂食・嚥下は、中枢神経と末梢神経により制御されている。
2　嚥下反射により、食物が気道に入らないよう気管の入り口が閉鎖される。
3　すべての歯を喪失しても、咀嚼能力は低下しない。
4　脱落した粘膜上皮細胞も、口臭の原因となる。
5　口腔内を清掃する際は、義歯は外さない。

問題30　認知症について正しいものはどれか。**3つ選べ。**

1　抗精神病薬が過量だと、意欲や自発性などの低下（アパシー）をきたす
場合がある。
2　若年性認知症支援コーディネーターは、すべての市町村に配置されてい
る。
3　認知症の評価として、長谷川式認知症スケールが用いられている。
4　認知症の評価として、Mini-Mental State Examination（MMSE）が用
いられている。
5　レビー小体型認知症では、幻視はみられない。

問題31 次の記述のうち適切なものはどれか。**3つ選べ。**

1 フレイルとは、健康な状態と介護を要する状態の中間的な状態である。
2 高次脳機能障害の主な症状には、失行や失認が含まれる。
3 心筋梗塞は、冠動脈が破裂して起こる疾患である。
4 糖尿病は、肝臓で作られるインスリンの不足によるものである。
5 高齢者に多い骨折部位には、大腿骨頸部や胸腰椎が含まれる。

問題32 次の記述のうち、より適切なものはどれか。**3つ選べ。**

1 自治体によっては、救急車を呼ぶべきかどうかの相談に対応する窓口がある。
2 介護保険施設の介護職員であれば、研修を受けなくても、喀痰吸引を行える。
3 高齢者によくみられる疾患には、日常の生活機能に障害を引き起こすものが多くある。
4 高齢者は、加齢により生体機能が低下しているため、薬剤の副作用が出やすい。
5 一次救命処置とは、医師の指示のもとに救急隊員が行う応急処置のことである。

問題33 高齢者の急変時の対応について適切なものはどれか。**3つ選べ。**

1 心肺蘇生時の胸骨圧迫は、仰臥位で行う。
2 出血量が多い場合は、傷口を清潔なタオルなどで圧迫し、出血部位を心臓の位置より低くする。
3 両手足に力が入らず、頸椎損傷が疑われる場合には、極力身体を動かさないようにする。
4 服の下をやけどしたときは、服を脱がせて流水で冷やす。
5 食物で窒息したときは、腹部突き上げ法（ハイムリック法）を行うこともある。

問題34 在宅医療管理について、より適切なものはどれか。**3つ選べ。**

1 腹膜透析は、血液透析に比べて食事内容の制限が多い。
2 人工的に造設した便や尿の排泄口のことを、ストーマという。
3 在宅経管栄養法で栄養剤を注入する際の体位は、座位又は半座位が望ましい。
4 在宅酸素療法の利用者が呼吸苦を訴えた場合は、ただちに酸素流量を増やす。
5 在宅中心静脈栄養法を実施している利用者が入浴する場合は、特別な配慮が必要である。

問題35 老年期うつ病について、より適切なものはどれか。**3つ選べ。**

1 めまい、便秘などの自律神経症状が目立つ。
2 脳の器質的疾患は、原因とはならない。
3 家族、友人などの喪失体験も発症のきっかけとなる。
4 自殺企図の危険性は低い。
5 認知症を合併することがある。

問題36 バイタルサインについて、より適切なものはどれか。**3つ選べ。**

1 やせているため体温計を腋窩部に密着できない場合には、腋窩部では正確に体温を測定できない。
2 脈の結滞（拍動が欠けること）は、健常高齢者でもよくみられる。
3 大動脈疾患の患者の血圧測定は、左右両方の腕で行う。
4 呼吸数は、聴診器がないと計測できない。
5 パルスオキシメータは、指先から血液を針で採取して測定する。

問題37 検査について、より適切なものはどれか。**2つ選べ。**

1 血清グロブリンは、栄養状態をみる指標として最も有用である。
2 脊椎の圧迫骨折で身長が低くなると、BMI（Body Mass Index）は、骨折前と比較して高くなる。
3 血中尿素窒素（BUN）は、肥満の程度を示す。
4 24時間心電図（ホルター心電図）の検査中は、臥床している必要がある。
5 C反応性たんぱく質（CRP）は、感染症で高値になることが多い。

問題38 次の記述のうち、より適切なものはどれか。**3つ選べ。**

1 インフォームド・コンセントは、治療に関わるものなので、検査には必要とされない。
2 認知機能が低下している場合には、本人への治療方法の説明は省略する。
3 指定居宅介護支援事業者は、あらかじめ、利用者又はその家族に対し、入院する場合には、担当の介護支援専門員の氏名及び連絡先を入院先に伝えるよう求めなければならない。
4 認知症高齢者では、生活や療養の場所が変わることが心身の状況に悪影響を及ぼすおそれがある。
5 入院時情報連携加算は、指定居宅介護支援事業者が、その利用者が入院した医療機関に対し、ファックス等で情報提供した場合でも算定することができる。

問題39　感染症について適切なものはどれか。**2つ選べ。**

1　標準予防策（スタンダード・プリコーション）は、すべての人の体液や排泄物等に感染性があると考えて取り扱うことである。
2　インフルエンザに罹患した者が職場に復帰する場合は、治癒証明書を提出する法的な義務がある。
3　ウイルス性肝炎は、飛沫感染する。
4　ノロウイルス感染者の便や吐物には、ノロウイルスが排出される。
5　高齢者は、肺炎球菌ワクチンを毎年接種しなければならない。

問題40　高齢者の疾患の特徴として、より適切なものはどれか。**3つ選べ。**

1　慢性の疾患が多い。
2　加齢に伴う個人差は少ない。
3　一人で多くの疾患を併せもっている。
4　予後は社会的要因に影響されない。
5　症状は非定型的であることが多い。

問題41　アドバンス・ケア・プランニング（ACP）について、より適切なものはどれか。**2つ選べ。**

1　人生の最終段階において自らが望む医療・ケアについて、医療・ケアチーム等と話し合い、共有するための取組をいう。
2　本人が死の直前になったときにのみ話し合う。
3　話し合った内容は、文書にまとめておく。
4　本人の考えより、医療・ケアチームの方針が優先される。
5　話合いは、一度だけ行えばよい。

問題42 指定短期入所療養介護について適切なものはどれか。**3つ選べ。**

1 家族の疾病、冠婚葬祭、出張等の理由では、利用できない。
2 喀痰吸引や酸素療法など医療ニーズが高い要介護者も利用できる。
3 虐待等やむを得ない事情がある場合でも、利用定員を超えて受け入れることはできない。
4 サービス提供施設として、介護老人保健施設、介護医療院、指定介護療養型医療施設、療養病床を有する病院又は診療所がある。
5 療養型以外の介護老人保健施設が提供する短期入所療養介護には、在宅強化型、基本型、その他がある。

問題43 指定看護小規模多機能型居宅介護について正しいものはどれか。**3つ選べ。**

1 事業者は、看護サービスの提供の開始に際し、主治の医師の指示を文書で受ける必要はない。
2 看護小規模多機能型居宅介護計画の作成に当たっては、地域における活動への参加の機会も考慮し、利用者の多様な活動が確保できるよう努めなければならない。
3 事業者は、看護小規模多機能型居宅介護計画及び看護小規模多機能型居宅介護報告書を主治の医師に提出しなければならない。
4 訪問介護や訪問看護などの訪問サービスと通いサービスを一体的に提供するもので、宿泊サービスは含まない。
5 看護小規模多機能型居宅介護を受けている間についても、訪問リハビリテーション費、居宅療養管理指導費及び福祉用具貸与費は算定できる。

問題44 医師が行う居宅療養管理指導について正しいものはどれか。**3つ選べ。**

1　要介護状態の悪化の防止等に資するよう、計画的に行われなければならない。
2　交通費を受け取ることはできない。
3　区分支給限度基準額が適用される。
4　保険医療機関として指定を受けている病院は、都道府県知事の指定があったものとみなされる。
5　サービス担当者会議への参加が困難な場合には、原則として、文書により情報提供・助言を行わなければならない。

問題45 介護医療院について適切なものはどれか。**2つ選べ。**

1　原則として、個室である。
2　ターミナルケアの機能を有する。
3　医療法の医療提供施設には該当しない。
4　必要な医療の提供が困難な場合には、他の医師の対診を求める等適切な措置を講じなければならない。
5　Ⅱ型では、Ⅰ型に比してより重篤な身体疾患を有する患者等に対応できる体制が求められている。

●福祉サービスの知識等

問題46 面接場面におけるコミュニケーション技術について、より適切なものはどれか。**3つ選べ。**

1　共感とは、クライエントの考え方について、援助者がクライエントの立場に立って理解しようとすることをいう。

2　援助者は、援助者自身の過去の重要な人との関係をクライエントに投影するように努めるべきである。

3　クライエントが沈黙している場合には、援助者は、常に積極的に話しかけなければならない。

4　クローズドクエスチョンは、事実の確認を行う場合に用いる。

5　直面化とは、クライエントが目を背けていることに気づかせることをいう。

問題47 ソーシャルワークに関する次の記述のうち、より適切なものはどれか。**2つ選べ。**

1　ラポールとは、主訴をとらえてニーズを確定することである。

2　アセスメントシートの順番に従い、すべての項目を尋ねなければならない。

3　アセスメントは、クライエント本人からの情報のみで行うものではない。

4　援助計画は、柔軟に変更できるよう、可能な限り抽象的に立てることが重要である。

5　事後評価には、スーパービジョンを受けることも含まれる。

問題48 ソーシャルワークにおける個別援助として、より適切なものはどれか。**2つ選べ。**

1　社会福祉協議会の社会福祉士による成年後見制度の利用に関する面接
2　介護老人福祉施設の生活相談員によるカラオケ大会などのレクリエーション活動
3　地域包括支援センターの主任介護支援専門員による家族介護者との相談
4　キャラバン・メイトによる認知症サポーター養成講座
5　社会福祉協議会のボランティアコーディネーターによる災害ボランティアセンターの設置準備

問題49 ソーシャルワークにおける地域援助として、より適切なものはどれか。**3つ選べ。**

1　地域の問題や多様な社会資源について評価するために、地域アセスメントを行う。
2　病院の専門職で構成されたメンバーで退院促進のためのチームアプローチを行う。
3　地域におけるニーズ把握では、潜在的ニーズを掘り起こすアウトリーチを行う。
4　行政機関等のフォーマルな社会資源による地域ネットワークを構築すれば、地域課題は解決する。
5　障害者が福祉サービスにアクセスしやすくなるよう自治体に働きかける。

問題50 介護保険における訪問介護について正しいものはどれか。**3つ**
　　　　　選べ。

1　自動血圧測定器により血圧を測定することは、医行為に当たらないため、
　訪問介護員が行うことができる。

2　利用者が大切にしている花木の水やりは、短時間であれば、生活援助と
　して算定される。

3　ゴミの分別が分からない利用者と一緒に分別し、ゴミ出しのルールを理
　解してもらうよう援助することは、生活援助として算定される。

4　ボタン付け等の被服の補修は、生活援助として算定される。

5　配剤された薬をテーブルの上に出し、本人が薬を飲むのを手伝うことは、
　身体介護として算定される。

問題51 介護保険における通所介護について正しいものはどれか。**2つ**
　　　　　選べ。

1　一定の研修を受けた介護職員が喀痰吸引を行った場合には、中重度者ケ
　ア体制加算を算定できる。

2　生活機能向上連携加算を算定するためには、外部の理学療法士等と当該
　事業所の機能訓練指導員等が共同してアセスメントや個別機能訓練計画の
　作成等を行わなければならない。

3　入浴介助を適切に行うことができる人員及び設備を有する事業所が入浴
　介助を行った場合には、入浴介助加算を算定できる。

4　生活相談員が要介護認定の申請に係る援助を行った場合には、生活相談
　員配置等加算を算定できる。

5　看護師が低栄養状態にある利用者に対して栄養ケア計画を作成した場合
　には、栄養改善加算を算定できる。

問題52 介護保険における訪問入浴介護について正しいものはどれか。**3つ選べ。**

1 サービス提供は、1回の訪問につき、看護職員1名と介護職員1名で行う。
2 終末期にある者も、訪問入浴介護を利用できる。
3 同一時間帯での同一利用者に対する入浴介助については、別に訪問介護費を算定することはできない。
4 利用者に病状の急変が生じた場合には、速やかに事業所の管理者に連絡し、変更・中止の指示を受ければよい。
5 協力医療機関は、事業の通常の実施地域内にあることが望ましい。

問題53 介護保険における短期入所生活介護について正しいものはどれか。**3つ選べ。**

1 認知症行動・心理症状緊急対応加算と若年性認知症利用者受入加算は、同時に算定できる。
2 医療連携強化加算と在宅中重度者受入加算は、同時に算定できる。
3 医師の発行する食事箋に基づいた糖尿病食等を提供する場合は、1日につき3回を限度として、療養食加算を算定できる。
4 共生型短期入所生活介護を算定している場合は、夜勤職員配置加算は算定できない。
5 利用者の状態や家族等の事情により、居宅サービス計画にない指定短期入所生活介護を緊急に行った場合は、原則として、緊急短期入所受入加算を算定できる。

令和元年度

問題54 介護保険における住宅改修について正しいものはどれか。**3つ選べ。**

1 転居前に住宅改修費の支給を受けた場合でも、転居後の住宅について住宅改修費を受給できる。

2 リフトなど動力によって段差を解消する機器に係る工事の費用は、住宅改修費の支給対象となる。

3 扉の取替えに伴う壁や柱の改修工事の費用は、住宅改修費の支給対象となる。

4 ポータブルトイレの設置は、住宅改修費の支給対象となる。

5 要介護状態区分が3段階以上上がった場合は、改めて住宅改修費を受給できる。

問題55 介護保険における認知症対応型通所介護について正しいものはどれか。**3つ選べ。**

1 利用者の日常生活やレクリエーション、行事を通じて行う機能訓練であっても、機能訓練指導員以外の者が行うことはできない。

2 指定認知症対応型共同生活介護事業所における共用型指定認知症対応型通所介護の利用定員は、共同生活住居ごとに1日当たり3人以下である。

3 利用者、家族へのサービスの提供方法等の説明には、認知症対応型通所介護計画の目標及び内容や利用日の行事及び日課も含まれる。

4 既に居宅サービス計画が作成されている場合には、認知症対応型通所介護計画の内容について利用者の同意を得なくてもよい。

5 事業者は、運営推進会議における報告、評価、要望、助言等について記録を作成し、公表しなければならない。

問題56 介護保険における夜間対応型訪問介護について正しいものはどれか。**3つ選べ。**

1 事業者は、利用者へ配布するケアコール端末に係る設置料、リース料、保守料の費用を利用者から徴収することができる。

2 利用者から合鍵を預かる場合は、従業者であれば容易に持ち出すことができるような管理を行う必要がある。

3 随時訪問サービスは、利用者の処遇に支障がないときは、他の指定訪問介護事業所の訪問介護員等に行わせることができる。

4 夜間対応型訪問介護計画の作成後に居宅サービス計画が作成された場合は、夜間対応型訪問介護計画を必要に応じて変更する。

5 看護師及び介護福祉士は、面接相談員になることができる。

問題57 指定介護老人福祉施設について正しいものはどれか。**3つ選べ。**

1 虐待等のやむを得ない事由があれば、要介護1又は2の者を入所させることができる。

2 感染症や食中毒の予防又はまん延防止のため、その対策を検討する委員会をおおむね三月に1回以上開催しなければならない。

3 入所者に対する施設サービス計画等の記録は、その完結の日から一年間保存すれば、廃棄することができる。

4 公共性の高い施設であるため、広告は禁じられている。

5 健康状態によって入浴が困難な入所者には、清拭を1週間に2回以上行わなければならない。

問題58　生活困窮者自立支援制度について正しいものはどれか。**3つ選べ。**

1 生活困窮者自立支援法は、生活困窮者対策及び生活保護制度の見直しの一体的な検討を経て国会に提出され、成立した。
2 生活困窮者自立支援法の対象者は、稼働年齢層に限定されている。
3 生活困窮者自立相談支援事業は、必須事業である。
4 生活困窮者就労準備支援事業は、任意事業である。
5 生活困窮者住居確保給付金の支給は、任意事業である。

問題59　生活保護制度について正しいものはどれか。**3つ選べ。**

1 保護は、世帯を単位として、その要否と程度が決められる。
2 介護扶助には、介護予防に関する給付も含まれる。
3 介護扶助における居宅介護は、必要があれば、居宅介護支援計画に基づかないものも認められる。
4 65歳以上の被保護者の介護保険料は、介護扶助として給付される。
5 生業扶助は、原則として、金銭給付である。

問題60　成年後見制度について正しいものはどれか。**3つ選べ。**

1 成年後見制度の利用の促進に関する法律では、国民が成年後見制度を利用する義務を定めている。
2 成年後見制度の利用の促進に関する法律では、成年被後見人の意思決定の支援を定めている。
3 65歳以上の者につき、その福祉を図るため特に必要と認めるときは、市町村長は、後見開始の審判の請求をすることができる。
4 親族が成年後見人に選任される割合は、年々増加している。
5 任意後見契約は、公正証書によってしなければならない。

平成30年度（第21回）

介護支援専門員
実務研修受講試験問題

注意事項

1　文中の「市町村」は、「市町村及び特別区」の意味となります。

2　本問題の選択肢のうち以下の厚生労働省令で定める事項に関するものは、当該省令の定める内容によります。

- ・指定居宅サービス等の事業の人員、設備及び運営に関する基準（平成11年厚生省令第37号）
- ・指定地域密着型サービスの事業の人員、設備及び運営に関する基準（平成18年厚生労働省令第34号）
- ・指定居宅介護支援等の事業の人員及び運営に関する基準（平成11年厚生省令第38号）
- ・指定介護予防支援等の事業の人員及び運営並びに指定介護予防支援等に係る介護予防のための効果的な支援の方法に関する基準（平成18年厚生労働省令第37号）
- ・指定介護老人福祉施設の人員、設備及び運営に関する基準（平成11年厚生省令第39号）
- ・介護老人保健施設の人員、施設及び設備並びに運営に関する基準（平成11年厚生省令第40号）
- ・介護医療院の人員、施設及び設備並びに運営に関する基準（平成30年厚生労働省令第5号）

3　文中の「障害者総合支援法」は、「障害者の日常生活及び社会生活を総合的に支援するための法律（平成17年法律第123号）」のことをいいます。

●介護支援分野

問題 1 介護保険法第 1 条（目的）に規定されている文言として正しい
ものはどれか。**2 つ選べ。**

1 高齢者の権利利益の擁護に資する
2 高齢者の心身の健康の保持及び生活の安定を図る
3 国民の保健医療の向上及び福祉の増進を図る
4 有する能力に応じ自立した日常生活を営むことができる
5 高齢者の居住の安定の確保を図る

問題 2 認知症施策推進総合戦略（新オレンジプラン）の 7 つの柱とし
て正しいものはどれか。**3 つ選べ。**

1 若年性認知症施策の強化
2 認知症の人の介護者への支援
3 認知症の発症割合の低減
4 高度認知症の人への集中的支援
5 認知症の人を含む高齢者にやさしい地域づくりの推進

問題 3 介護医療院について正しいものはどれか。**2 つ選べ。**

1 開設の許可は、市町村長が行う。
2 開設者は、医療法人でなければならない。
3 理美容代の支払いを受けることはできない。
4 居宅介護支援事業者等に対して入所者の情報を提供する際には、あらか
じめ文書により入所者の同意を得ておかなければならない。
5 都道府県知事の承認を受けて、医師以外の者を管理者にすることができ
る。

問題 4 介護保険制度における国又は地方公共団体の事務又は責務として正しいものはどれか。**3つ選べ。**

1　国は、第2号被保険者負担率を定める。

2　都道府県は、介護報酬の算定基準を定める。

3　国及び地方公共団体は、医療及び居住に関する施策との有機的な連携を図る。

4　国は、財政安定化基金を設置する。

5　市町村の長は、居宅介護支援事業所を指定する。

問題 5 介護保険の被保険者資格について正しいものはどれか。**2つ選べ。**

1　居住する市町村から転出した場合は、その翌日から転出先の市町村の被保険者となる。

2　被保険者が死亡した場合は、死亡届が提出された日から被保険者資格を喪失する。

3　第2号被保険者が医療保険加入者でなくなった場合は、その日から被保険者資格を喪失する。

4　障害者総合支援法による指定障害者支援施設を退所した者が介護保険施設に入所した場合は、当該障害者支援施設入所前の住所地の市町村の被保険者となる。

5　第2号被保険者資格の取得の届出は、原則として本人が行わなければならない。

問題 6　介護保険の保険給付について正しいものはどれか。2 つ選べ。

1　第三者行為によって生じた給付事由については、当該第三者への損害賠償請求が保険給付の要件となっている。
2　居宅介護住宅改修費については、住宅改修を行った者に対し、都道府県知事が帳簿書類等の提示を命じることができる。
3　居宅サービスに従事する医師が診断書に虚偽の記載をすることにより、不正受給が生じた場合は、市町村は当該医師にも徴収金の納付を命じることができる。
4　保険給付を受ける権利の消滅時効は、5 年である。
5　居宅要介護被保険者は、指定居宅サービスを受ける都度、被保険者証をサービス事業者に提示しなければならない。

問題 7　支給限度基準額について正しいものはどれか。3 つ選べ。

1　福祉用具貸与には、区分支給限度基準額は適用されない。
2　福祉用具購入費には、区分支給限度基準額は適用されない。
3　居宅療養管理指導には、区分支給限度基準額は適用されない。
4　転居した場合には、改めて支給限度基準額まで居宅介護住宅改修費の支給を受けることができる。
5　地域密着型サービスには、居宅介護サービス費等種類支給限度基準額は適用されない。

問題 8 　地域密着型サービスについて正しいものはどれか。**3つ選べ。**

1　看護小規模多機能型居宅介護は、市町村長が行う公募指定の対象である。
2　指定定期巡回・随時対応型訪問介護看護事業所は、夜間・深夜に限り、同一敷地内の施設等の職員をオペレーターに充てることができる。
3　指定療養通所介護事業所の利用定員は、18人以下である。
4　指定小規模多機能型居宅介護の通いサービス及び宿泊サービスは、一時的に利用定員を超えることが認められる。
5　指定認知症対応型共同生活介護の共同生活住居については、居間と食堂を同一の場所とすることができない。

問題 9 　共生型居宅サービスについて正しいものはどれか。**2つ選べ。**

1　障害福祉サービスのうち介護保険サービスに相当するサービスを提供する指定事業所は、介護保険法に基づく居宅サービス事業所の指定も受けることができる。
2　障害児通所支援に係る事業所は、共生型居宅サービス事業所の指定を受けることができない。
3　短期入所生活介護については、共生型居宅サービスはない。
4　事業所の従業者の人員は、市町村の条例で定める員数を満たさなければならない。
5　事業の設備及び運営は、都道府県の条例で定める基準に従わなければならない。

問題10 　第1号被保険者の保険料の普通徴収について正しいものはどれか。**2つ選べ。**

1　保険料の賦課期日は、市町村の条例で定める。
2　被保険者の配偶者は、被保険者と連帯して納付する義務を負う。
3　保険料の納期は、厚生労働省令で定める。
4　保険料は、市町村と委託契約を結んだコンビニエンスストアで支払うことができる。
5　被保険者は、普通徴収と特別徴収のいずれかを選択することができる。

問題11 介護給付に要する費用に係る公費負担について正しいものはどれか。**3つ選べ。**

1 国の負担割合は、12.5％である。

2 国の負担は、定率の負担金と調整交付金からなる。

3 調整交付金の交付については、市町村の第1号被保険者の所得の分布状況も考慮する。

4 都道府県の負担割合は、市町村の財政状況に応じて異なる。

5 市町村の負担分は、一般会計において負担する。

問題12 財政安定化基金について正しいものはどれか。**3つ選べ。**

1 財源の負担割合は、国2分の1、都道府県4分の1、市町村4分の1である。

2 基金事業交付金の交付は、介護保険事業計画期間の最終年度において行う。

3 基金事業交付金の額は、介護保険財政の収入不足分の全額に相当する額である。

4 基金事業貸付金の償還期限は、次期市町村介護保険事業計画期間の最終年度の末日である。

5 基金事業貸付金は、償還期限までの間は無利子である。

問題13 地域支援事業の在宅医療・介護連携推進事業として市町村が実施することとされているものはどれか。**3つ選べ。**

1 地域住民への普及啓発

2 医療・介護関係者の研修

3 地域在宅医療推進員の設置

4 地域の医療・介護の資源の把握

5 地域リハビリテーション活動支援体制の構築

問題14 介護サービス情報の公表制度において、介護サービスの提供開始時に都道府県知事へ報告すべき情報として規定されているものはどれか。**3つ選べ。**

1　事業所等の運営に関する方針
2　情報の管理・個人情報保護等のために講じる措置
3　介護サービスの質の確保、透明性の確保等のために講じる措置
4　介護サービスに従事する従業員に関する事項
5　苦情に対応する窓口等の状況

問題15 介護保険法で定める国民健康保険団体連合会が行う業務として正しいものはどれか。**3つ選べ。**

1　第1号被保険者の保険料の特別徴収事務
2　居宅介護サービス計画費の請求に関する審査
3　第三者行為求償事務
4　財政安定化基金の運営
5　介護保険施設の運営

問題16 指定居宅介護支援等の事業の人員及び運営に関する基準（平成11年厚生省令第38号）第1条の2の基本方針に定められている事項として正しいものはどれか。**3つ選べ。**

1　障害者総合支援法に規定する指定特定相談支援事業者との連携に努めること。
2　利用者の施設入所について配慮すること。
3　保健医療サービス及び福祉サービスの総合的かつ効率的な提供に配慮すること。
4　利用者の最低限度の生活の維持に努めること。
5　居宅介護支援の提供に当たって公正中立に行うこと。

平成30年度

問題17 指定居宅介護支援における居宅サービス計画の作成について正しいものはどれか。**2つ選べ。**

1 サービス担当者会議の要点を利用者に交付すること。

2 文書により家族の同意を得ること。

3 作成した際に、利用者に交付すること。

4 作成後、保険者に提出すること。

5 介護支援専門員は、計画に位置付けた指定訪問介護事業者に対して、訪問介護計画の提出を求めること。

問題18 指定介護予防支援事業者の担当職員の業務として正しいものはどれか。**2つ選べ。**

1 指定介護予防サービス事業者等から、サービスの提供状況等の報告を三月に1回聴取しなければならない。

2 介護予防サービス計画を作成した際には、必ずそれを主治の医師に交付しなければならない。

3 アセスメントに当たっては、利用者の居宅を訪問し、面接して行わなければならない。

4 介護予防サービス計画に位置付けた期間が終了するときは、目標の達成状況について評価しなければならない。

5 介護予防短期入所生活介護を介護予防サービス計画に位置付ける場合には、その利用日数が一月の半数を超えないようにしなければならない。

問題19 指定介護老人福祉施設における身体的拘束等（身体的拘束その他入所者の行動を制限する行為）の取り扱いについて正しいものはどれか。**3つ選べ。**

1 身体的拘束等を行う場合には、介護支援専門員は入所者の家族と面談しなければならない。
2 身体的拘束等の適正化のための対策を検討する委員会を三月に1回以上開催しなければならない。
3 身体的拘束等を行う場合には、医師の指示によらなければならない。
4 従業者に対し、身体的拘束等の適正化のための研修を定期的に実施しなければならない。
5 身体的拘束等の適正化のための指針を整備しなければならない。

問題20 要介護認定について正しいものはどれか。**2つ選べ。**

1 主治の医師の意見は、介護認定審査会に通知しなければならない。
2 介護認定審査会の意見は、主治の医師に通知しなければならない。
3 介護認定審査会の審査及び判定の結果は、介護支援専門員に通知しなければならない。
4 要介護認定等基準時間は、1日当たりの時間として推計される。
5 要介護認定等基準時間の推計の方法は、都道府県の条例で定める。

問題21 要介護認定について正しいものはどれか。**3つ選べ。**

1 認定調査票の基本調査項目には、口腔清潔に関する項目が含まれる。
2 認定調査票の基本調査項目には、主たる介護者に関する項目が含まれる。
3 認定調査票の基本調査項目には、集団への不適応に関する項目が含まれる。
4 要介護認定等基準時間の算定の合算対象には、疼痛の看護が含まれる。
5 要介護認定等基準時間の算定の合算対象には、認定調査票の特記事項の内容が含まれる。

問題22 介護認定審査会について正しいものはどれか。**2つ選べ。**

1 認定調査を行うことができる。
2 認定の有効期間について意見を付すことができる。
3 要介護状態の軽減のために必要な療養について意見を付すことができる。
4 被保険者が受けることができるサービスの種類を指定することができる。
5 被保険者に主治の医師がいないときは、診断を行う医師を指定することができる。

問題23 介護保険と他制度との関係について正しいものはどれか。**3つ選べ。**

1 障害者総合支援法による行動援護を利用している障害者が、要介護認定を受けた場合には、行動援護は利用できなくなる。
2 労働者災害補償保険法の通勤災害に関する療養給付は、介護保険給付に優先する。
3 福祉用具購入費は、高額医療合算介護サービス費の利用者負担額の算定対象に含まれる。
4 医療扶助の受給者であって医療保険に加入していない者は、介護保険の第2号被保険者とはならない。
5 介護老人保健施設は、老人福祉施設に含まれない。

問題24 Aさん（85歳、女性）は、大腿骨頸部骨折の手術を受け、近々退院予定である。自力での排泄や移動にはやや困難が伴い、要介護2の認定を受けた。本人も、同居している息子夫婦も、在宅生活を望んでいる。息子夫婦は、お互いに協力して自宅で介護を行うつもりである。介護保険のサービス利用について相談があったが、介護支援専門員の対応として、より適切なものはどれか。**2つ選べ。**

1 トイレ介助の負担を減らすため、排泄についてはおむつを利用することを提案する。
2 歩行機能の向上を図るため、通所リハビリテーションの利用を提案する。
3 住宅改修の利用を検討するため、住環境のアセスメントを提案する。
4 家族介護者の負担を軽減するため、訪問介護による生活援助の利用を提案する。
5 将来に備えて、施設入所を提案する。

問題25 Aさん（80歳、女性、変形性膝関節症、要介護1）は、週2回介護保険の訪問介護で買物と掃除を利用し、一人暮らしをしていたが、息子が来月から同居することになった。Aさんは、「息子は精神的に弱い面があり、仕事をしながら私の世話をするのは無理だ。」と言って、現在利用している訪問介護の継続を希望している。介護支援専門員の当面の対応として、より適切なものはどれか。**2つ選べ。**

1 一人暮らしではなくなるため、訪問介護の対象外となることをAさんに伝える。
2 訪問介護が受けられなくなっても自分でできるように、住宅改修を提案する。
3 息子に対して、Aさんに必要な援助ができる状況かを確認する。
4 Aさんの希望どおり、同居後も今までのサービスを継続することを約束する。
5 改めてアセスメントを行う必要があることをAさんに伝える。

問題26　高齢者に多い症状や疾患について正しいものはどれか。**3つ選べ。**

1　パーキンソン病の臨床的重症度の評価は、NYHA の重症度分類によって行う。
2　狭心症の発作に対しては、ニトログリセリン製剤の投与が効果的である。
3　褥瘡は、大転子部には発症しにくい。
4　疥癬は、集団感染の危険性がある。
5　肝不全の症状として、食欲不振、全身倦怠感、黄疸がみられることが多い。

問題27　次の記述について適切なものはどれか。**3つ選べ。**

1　深部静脈血栓症（いわゆるエコノミークラス症候群）は、こまめに足を動かして予防に努める。
2　福祉避難所は、高齢者など何らかの特別な配慮を必要とする者を対象とし、その家族は対象としない。
3　避難所で生活している場合には、介護保険サービスの提供は受けられない。
4　介護老人保健施設は、非常災害に関する具体的計画を立てなければならない。
5　避難所では、体を動かす機会が減り、筋力が低下することによって、生活不活発病となることがある。

問題28 感染症と感染経路の組合せについて正しいものはどれか。**3つ選べ。**

1 結核 - 空気感染
2 疥癬 - 飛沫感染
3 インフルエンザ - 空気感染
4 腸管出血性大腸菌感染症 - 接触感染
5 流行性耳下腺炎 - 飛沫感染

問題29 次の記述について正しいものはどれか。**3つ選べ。**

1 腹囲は、メタボリックシンドロームの診断に使われる。
2 血清アルブミン値は、栄養状態の指標とはならない。
3 血中尿素窒素（BUN）は、腎機能の指標となる。
4 白血球数は、細菌感染で減少する。
5 AST（GOT）は、心臓の疾患でも上昇することがある。

問題30 バイタルサインについて正しいものはどれか。**3つ選べ。**

1 生命の維持にかかわる最も基本的な情報をいう。
2 意識レベルは、バイタルサインには含まれない。
3 感染症にかかっても、発熱しないことがある。
4 脱水では、徐脈がみられる。
5 降圧剤によって起立性低血圧を起こすことがある。

問題31 高齢者に多い症状や疾患について正しいものはどれか。**3つ選べ。**

1 フレイルとは、高齢になって筋力や活動が低下している状態を指す。
2 機能性尿失禁とは、くしゃみ、咳などによって尿がもれることである。
3 急性緑内障発作では、頭痛、嘔吐がみられることがある。
4 慢性腎不全では、全身倦怠感、動悸、頭痛、浮腫などの症状がみられることがある。
5 加齢によるインスリンの増加が、糖尿病の原因である。

問題32 認知症について適切なものはどれか。**3つ選べ。**

1　レビー小体型認知症では、便秘や立ちくらみなどの自律神経症状を伴うことがある。
2　うつ状態が続くと、認知症と診断されてしまうことがある。
3　認知症の初期では、ADL の低下がみられ、進行すると IADL の低下が起こってくる。
4　せん妄は意識障害であり、認知症と区別する必要がある。
5　認知症初期集中支援チームの訪問支援対象者は、初期の認知症患者に限られる。

問題33 在宅で医療機器を使用する場合の留意点について適切なものはどれか。**3つ選べ。**

1　腹膜透析を実施している場合は、感染に注意が必要である。
2　在宅中心静脈栄養法を行っている場合は、入浴は禁忌である。
3　在宅経管栄養法では、カテーテルの定期的な交換は不要である。
4　気管切開を伴った人工呼吸療法では、気管切開部の管理が必要である。
5　在宅酸素療法では、機器の周囲2m以内に火気を置かないようにする。

問題34 次の記述について正しいものはどれか。**3つ選べ。**

1　BMI（Body Mass Index）が 18.5 以上の場合は、肥満とされる。
2　喫煙は、心疾患のリスクを高める。
3　多量の飲酒習慣は、脳卒中のリスクを高める。
4　骨粗鬆症の予防には、運動は効果がない。
5　大腿骨頸部骨折の予防には、ヒップ・プロテクターも効果がある。

問題35 在宅で行われる呼吸管理について正しいものはどれか。**3つ選べ。**

1　ネブライザーで吸入薬を用いる際に副作用と思われる症状がみられた場合には、吸入を中止して医療者に報告する。
2　在宅酸素療法を受けている利用者が息苦しさを訴えた場合には、医師の指示の有無にかかわらず、酸素流量を増やす。
3　在宅酸素療法を実施している場合には、定期的にバッテリーの充電状態を確認する。
4　人工呼吸器を使用する場合には、緊急時の対応方法や連絡先を確認しておく。
5　痰の吸引器は、介護保険の給付の対象となる。

問題36 次の記述のうち、より適切なものはどれか。**2つ選べ。**

1　高齢者の低栄養状態を改善するには、水分を多く摂取することが重要である。
2　介護保険施設では、入所者全員について栄養ケア計画の作成が義務付けられている。
3　栄養マネジメント加算の要件には、栄養に関するスクリーニング、アセスメント及びケア計画の作成が含まれる。
4　高齢になっても、味覚は低下しない。
5　認知症の高齢者への食事摂取の促しとしては、声かけ、見守りなども重要である。

平成30年度

問題37 在宅での医療管理について正しいものはどれか。**3つ選べ。**

1 インスリンの自己注射の効果は、利用者の体調によって変わることはない。

2 人工透析を受けている者は、心筋梗塞や脳卒中のリスクが高い。

3 疼痛に対して麻薬を使用する際は、副作用の便秘に注意する必要がある。

4 人工呼吸器を装着している場合には、パルスオキシメーターによって酸素飽和度を測定する。

5 在宅自己導尿は、膀胱内にカテーテルを留置するよりも、感染リスクが高い。

問題38 高齢者に起こりやすい急変や急変時の対応について正しいものはどれか。**3つ選べ。**

1 ジャパン・コーマ・スケール（Japan Coma Scale：JCS）では、数字が小さいほど意識障害が重度である。

2 心不全による呼吸困難は、座位をとらせることで軽減することがある。

3 心筋梗塞による痛みは、胸痛だけでなく、腹痛のこともある。

4 寝たきりの高齢者が嘔吐した場合には、側臥位をとらせた方が吐物で窒息するのを防ぎやすい。

5 発熱時には、直ちに解熱剤を用いて苦痛を緩和する。

問題39 死亡診断書を交付することができる資格として正しいものはどれか。**2つ選べ。**

1 医師

2 看護師

3 介護支援専門員

4 歯科医師

5 介護福祉士

問題40 定期巡回・随時対応型訪問介護看護について適切なものはどれか。**3つ選べ。**

1 居宅で生活している要支援者も利用できる。
2 心身の機能の維持回復を目指す。
3 随時訪問サービスは、随時の通報からおおむね30分以内に居宅に駆けつけられる体制確保に努めなければならない。
4 介護・医療連携推進会議の会議記録は、守秘義務の観点から公表してはならない。
5 苦情処理では、苦情の内容を記録しなければならない。

問題41 介護保険法による訪問看護について正しいものはどれか。**3つ選べ。**

1 要介護認定者であれば、主治の医師の指示は必要ない。
2 理学療法士、作業療法士又は言語聴覚士によっても提供される。
3 訪問看護の内容は、療養上の世話又は必要な診療の補助である。
4 原則として、健康保険法による訪問看護より優先的に適用される。
5 心身の機能の維持回復を目指すものであり、要介護状態の悪化防止は含まない。

問題42 看護小規模多機能型居宅介護について正しいものはどれか。**3つ選べ。**

1　看護小規模多機能型居宅介護とは、居宅要介護者に訪問看護と小規模多機能型居宅介護を組み合わせて提供するサービスのことをいう。
2　開設に当たっては、都道府県に対して事業所の指定申請を行う。
3　医療ニーズの高い高齢者の利用が想定されているので、要支援者は利用できない。
4　管理者としての要件は、事業所などで3年以上認知症ケアに従事した経験と、厚生労働大臣が定める研修の修了に限定される。
5　登録者の居宅における生活を継続するための指定看護小規模多機能型居宅介護の提供体制を強化した場合は、訪問体制強化加算として所定単位を加算できる。

問題43 通所リハビリテーションについて正しいものはどれか。**3つ選べ。**

1　主治の医師が必要と認めた居宅要介護者に、理学療法、作業療法その他必要なリハビリテーションを提供する。
2　若年性認知症患者は、通所リハビリテーションの対象とならない。
3　IADLの維持・回復は、通所リハビリテーションの目的に含まれない。
4　リハビリテーションマネジメント加算は、SPDCAサイクルの構築を通じて、多職種協働によりリハビリテーションの質の管理を行うことを目的としている。
5　介護老人保健施設における通所リハビリテーションの人員基準では、常勤の医師を1人以上置かなければならない。
（注）SPDCAとは、調査（Survey）、計画（Plan）、実行（Do）評価（Check）及び改善（Action）をいう。

問題44 介護医療院について正しいものはどれか。**2つ選べ。**

1　要介護3以上の者のみが利用できる。
2　介護医療院の創設に伴って介護療養型医療施設が廃止されるのは、2020年度末である。
3　長期療養が必要な者に対し、必要な医療及び日常生活上の世話を提供する施設である。
4　多床室の場合は、カーテンのみで入所者同士の視線等を遮断し、プライバシーを確保できればよい。
5　主として長期にわたり療養が必要である者であって、重篤な身体疾患を有する者等を入所させるⅠ型療養床と、それ以外の者を入所させるⅡ型療養床がある。

問題45 介護老人保健施設について正しいものはどれか。**3つ選べ。**

1　医療法人が設置する介護老人保健施設では、協力病院を定める必要がない。
2　サテライト型小規模介護老人保健施設及び分館型介護老人保健施設の2つの類型からなる。
3　介護老人保健施設は、入所者が不正行為によって保険給付を受けたときは、市町村に通知しなければならない。
4　感染症又は食中毒の予防のため、その対策を検討する委員会をおおむね三月に1回以上開催しなければならない。
5　入所者の心身の諸機能の維持回復を図り、日常生活の自立を助けるため、リハビリテーションを計画的に行わなければならない。

●福祉サービスの知識等

問題46 面接場面におけるコミュニケーション技術について、より適切なものはどれか。**3つ選べ。**

1 「もう少し詳しく話してください」という質問は、クローズドクエスチョン（閉じられた質問）である。
2 コミュニケーション手段としては、言語的なものと非言語的なものがある。
3 傾聴は、「聴いている」ということをクライエントに理解してもらうことを含む。
4 「励まし、明確化、要約」は、クライエントとの関係を形成するための重要な技術である。
5 話すときの表情、抑揚、速さは、重要ではない。

問題47 インテーク面接について、より適切なものはどれか。**3つ選べ。**

1 相談援助者は、どのような援助ができるかについて説明する必要がある。
2 インテークは、初期の面接であるため、1回で終わらせる必要がある。
3 秘密が保持できる部屋の準備など、クライエントが話しやすい環境を整える必要がある。
4 クライエントの主訴に対して、相談援助者の所属する機関が対応できないことを明確に伝えるのは、望ましくない。
5 インテーク面接では、経過や課題について正確かつ迅速に記録する必要がある。

問題48 ソーシャルワークにおける集団援助として、より適切なものはどれか。**3つ選べ。**

1　精神科クリニックで行われる、アルコール依存症の当事者による分かち合いの体験

2　地域包括支援センターによる、介護に悩む家族を対象とした交流活動

3　福祉事務所で行われる、社会福祉主事による生活保護の相談面接

4　特別養護老人ホームの入居者と地域住民との交流を目的とした夏祭りのためのボランティアの募集

5　地域支援事業として行われる、虚弱高齢者のグループを対象とした介護予防活動への助言

問題49 ソーシャルワークにおける地域援助として、より適切なものはどれか。**3つ選べ。**

1　難病患者の家族の会による会員向けの介護体験報告会

2　社会福祉協議会による地域住民向けの生活支援サポーター養成講座の開催

3　地域包括支援センターに登録された虚弱高齢者向けの健康教室でのプログラム活動

4　精神障害者の地域移行のための病院や障害福祉サービス事業者、不動産会社等のネットワークの構築

5　自治体や社会福祉法人と大学との協働による認知症カフェの設置・運営

問題50　介護保険における短期入所生活介護について正しいものはどれか。**3つ選べ。**

1　緊急短期入所受入加算と認知症行動・心理症状緊急対応加算は、同時に算定できる。

2　一定の条件を満たした事業所が、喀痰吸引等の医療ニーズの高い利用者に対してサービス提供を行った場合には、医療連携強化加算を算定できる。

3　利用者の心身状態や家族等の事情から送迎を行う場合には、送迎加算を算定できる。

4　一定の条件を満たした事業所が、認知症の高齢者に対して専門的な認知症ケアを行った場合には、認知症専門ケア加算を算定できる。

5　連続して30日を超えて同一の事業所に入所してサービスを受けている利用者がいる場合には、加算を算定できる。

問題51　介護保険の福祉用具貸与の対象となるものとして正しいものはどれか。**3つ選べ。**

1　取付工事の必要がなく、持ち運びが容易なスロープ

2　特殊寝台と一体的に使用されるマットレス

3　車輪のない歩行器

4　空気式又は折りたたみ式の簡易浴槽

5　自動排泄処理装置の専用パッド

問題52 介護保険における訪問介護について正しいものはどれか。**3つ選べ。**

1 訪問介護事業所と同一敷地内にある建物の居住者に対して訪問介護を提供した場合には、介護報酬は減算される。

2 耳式電子体温計により外耳道で体温を測定することは、医療行為に当たるため、訪問介護員が行うことはできない。

3 訪問介護計画において計画的に訪問することとなっていない身体介護を訪問介護員が緊急に行った場合には、所定の単位を加算できることがある。

4 サービス提供責任者については、専従する常勤のものであれば、特段の資格要件はない。

5 新規に訪問介護計画を作成した利用者に対してサービス提供責任者が初回の訪問介護に同行した場合には、所定の単位を加算できる。

問題53 介護保険における通所介護について正しいものはどれか。**3つ選べ。**

1 通所介護に係る介護報酬は、併設事業所の有無によって異なっている。

2 通常の事業の実施地域内に住む利用者の送迎に要する費用は、通所介護費に含まれる。

3 指定通所介護事業所は、利用定員数にかかわらず、生活相談員を配置しなければならない。

4 指定通所介護事業所において、夜間及び深夜に指定通所介護以外のサービスを提供する場合は、その開始前に都道府県知事に届け出をしなければならない。

5 非常災害に際して必要な設備や備品を備えておくことは、各事業所の任意である。

問題54 介護保険における訪問入浴介護について正しいものはどれか。**3つ選べ。**

1 訪問入浴介護で使用する浴槽は、利用者又はその家族が用意しなければならない。

2 利用者が小規模多機能型居宅介護を利用している場合には、訪問入浴介護費は算定できない。

3 利用者の身体状況等に支障がない場合には、主治の医師の意見を確認したうえで、介護職員3人で実施することができる。

4 訪問入浴介護費は、サービス提供時間によって2区分に分けられている。

5 利用者の心身状況及びその希望によって清拭に変更になった場合には、訪問入浴介護費は減算される。

問題55 夜間対応型訪問介護について正しいものはどれか。**3つ選べ。**

1 緊急時の連絡体制を確保し、日中においてオペレーションセンターサービスを行う等の要件を満たす場合は、24時間通報対応加算を算定できる。

2 定期巡回サービスを行う訪問介護員等は、サービスを提供する時間帯を通じて専従で1人以上配置しなければならない。

3 事業者は、利用者からの苦情に関して市町村等が派遣する者が相談及び援助を行う事業に協力するよう努めなければならない。

4 臨時訪問サービスにおいて、オペレーションセンター従業者は、一月ないし三月に1回程度利用者宅を訪問しなければならない。

5 利用者が短期入所生活介護を受けている間も、夜間対応型訪問介護費を算定できる。

問題56 小規模多機能型居宅介護について正しいものはどれか。**3つ選べ。**

1　通いサービス、訪問サービス及び宿泊サービスの算定月における提供回数について、登録者1人当たり平均回数が週4回に満たない場合には、介護報酬は減算される。

2　従業者のうち1人以上は、常勤の看護師又は准看護師でなければならない。

3　一定の条件を満たす事業所において、看取り期におけるサービス提供を行った場合は、看取り連携体制加算を算定できる。

4　利用者の処遇上必要と認められる場合であっても、一の宿泊室の定員は1人である。

5　介護支援専門員は、利用者の処遇に支障がない場合には、管理者と兼務することができる。

問題57 介護老人福祉施設について正しいものはどれか。**3つ選べ。**

1　介護支援専門員については、常勤の者を1人以上配置しなければならない。

2　看護職員については、常勤の者を1人以上配置しなければならない。

3　栄養士については、入所定員にかかわらず、常勤の者を1人以上配置しなければならない。

4　生活相談員については、常勤の者を配置しなくてもよい。

5　機能訓練指導員は、同一施設の他の職務に従事することができる。

問題58 成年後見制度について正しいものはどれか。3つ選べ。

1 任意後見制度では、都道府県知事が、本人の親族の中から任意後見監督人を選任する。
2 精神上の障害により事理を弁識する能力を欠く常況にある者については、配偶者も、後見開始の審判を請求することができる。
3 成年後見制度の利用の促進に関する法律では、成年後見制度の基本理念として、「ノーマライゼーション」、「自己決定の尊重」及び「身上の保護の重視」の考え方を示している。
4 市町村は、後見、保佐及び補助の業務を適正に行うことができる人材の育成及び活用を図るため、必要な措置を講ずるよう努めなければならない。
5 法定後見制度では、検察官及び市町村長のみが後見開始の審判を請求することができる。

問題59 生活保護制度について正しいものはどれか。3つ選べ。

1 介護扶助は、原則として金銭給付であり、これができない場合に現物給付を行うことができる。
2 生活保護の申請は、同居している親族も行うことができる。
3 住宅扶助には、家賃だけでなく、老朽化に伴う住宅を維持するための補修費用も含まれる。
4 生活保護受給者である介護保険の第1号被保険者の介護保険料は、年金から特別徴収される場合以外は、生活扶助の介護保険料加算の対象となる。
5 介護施設入所者基本生活費は、介護扶助として給付される。

問題60 後期高齢者医療制度について正しいものはどれか。2つ選べ。

1 運営主体は、都道府県である。
2 75歳以上の者であって生活保護世帯に属する者も、被保険者となる。
3 患者の一部負担の割合は、1割又は3割である。
4 診療報酬点数表は、健康保険法に基づくものと同一である。
5 他の都道府県の特別養護老人ホームに入所するため住所を変更した者は、そのホームの所在する都道府県に被保険者の届出を行う。

平成 29 年度（第 20 回）

介護支援専門員
実務研修受講試験問題

注 意 事 項

1 文中の「市町村」は、「市町村及び特別区」の意味となります。

2 本問題の選択肢のうち以下の厚生労働省令で定める事項に関するものは、当該省令の定める内容によります。

・指定居宅サービス等の事業の人員、設備及び運営に関する基準（平成 11 年厚生省令第 37 号）

・指定地域密着型サービスの事業の人員、設備及び運営に関する基準（平成 18 年厚生労働省令第 34 号）

・指定居宅介護支援等の事業の人員及び運営に関する基準（平成 11 年厚生省令第 38 号）

・指定介護予防支援等の事業の人員及び運営並びに指定介護予防支援等に係る介護予防のための効果的な支援の方法に関する基準（平成 18 年厚生労働省令第 37 号）

・指定介護老人福祉施設の人員、設備及び運営に関する基準（平成 11 年厚生省令第 39 号）

・介護老人保健施設の人員、施設及び設備並びに運営に関する基準（平成 11 年厚生省令第 40 号）

3 文中の「障害者総合支援法」は、「障害者の日常生活及び社会生活を総合的に支援するための法律（平成 17 年法律第 123 号）」のことをいいます。

●介護支援分野

問題 1 「国民の努力及び義務」として介護保険法第4条に規定されているものはどれか。**3つ選べ。**

1　常に健康の保持増進に努める。

2　自立した日常生活の実現に努める。

3　その有する能力の維持向上に努める。

4　地域における互助に資する自発的活動への参加に努める。

5　介護保険事業に要する費用を公平に負担する。

問題 2　介護保険の保険給付について正しいものはどれか。**2つ選べ。**

1　制度創設後12年間で、年度別給付費の額は第1号被保険者数の伸びと同じ率で増加している。

2　制度創設以降、介護給付の種類は変更されていない。

3　第1号被保険者一人当たり給付費の額には、都道府県によって差が生じている。

4　要介護認定を受けているすべての被保険者は、保険給付を受けている。

5　制度改正により、保険給付から地域支援事業に移行したサービスがある。

問題 3　2014（平成26）年の介護保険制度の改正内容として正しいものはどれか。**3つ選べ。**

1　指定介護老人福祉施設には、要介護1及び2の被保険者はすべて入所できなくなった。

2　地域ケア会議の設置が、市町村の努力義務として法定化された。

3　訪問介護及び通所介護は、予防給付に係る介護予防サービス費の対象から除外された。

4　第1号介護予防支援事業に係る介護予防ケアマネジメントの利用者負担が、1割又は2割とされた。

5　地域支援事業として生活支援コーディネーター（地域支え合い推進員）が配置されることになった。

問題 4 介護保険の第 2 号被保険者について正しいものはどれか。**2 つ選べ。**

1 40 歳に達した日に、自動的に被保険者証が交付される。
2 健康保険の被保険者である生活保護受給者は、介護保険料を支払う義務はない。
3 強制加入ではない。
4 医療保険加入者でなくなった日から、その資格を喪失する。
5 健康保険の被保険者に係る介護保険料には、事業主負担がある。

問題 5 介護保険の保険給付について正しいものはどれか。**3 つ選べ。**

1 高額介護サービス費の支給は、介護給付の一つである。
2 高額医療合算介護サービス費の支給は、市町村特別給付の一つである。
3 特定入所者介護サービス費の支給は、介護給付の一つである。
4 特例特定入所者介護サービス費の支給は、市町村特別給付の一つである。
5 居宅介護サービス計画費の支給は、介護給付の一つである。

問題 6 要介護状態区分によって指定居宅介護支援及び指定居宅サービスに要する費用の額が異なるものはどれか。**2 つ選べ。**

1 居宅介護支援費
2 訪問看護費
3 通所介護費
4 訪問介護費
5 訪問入浴介護費

問題 7 高額介護サービス費の支給について正しいものはどれか。**2 つ選べ。**

1 第 1 号被保険者である生活保護の被保護者は、対象とならない。
2 居宅要支援被保険者は、対象とならない。
3 施設サービスの食費は、対象となる。
4 施設サービスの居住費は、対象とならない。
5 負担上限額は、所得によって異なる。

平成29年度

★問題 8　指定居宅介護支援事業について正しいものはどれか。2つ選べ。

1　要介護認定を受けた生活保護受給者には、福祉事務所の現業員が居宅サービス計画を作成しなければならない。
2　指定居宅介護支援事業所ごとに、主任介護支援専門員を置かなければならない。
3　指定居宅介護支援事業所ごとに、常勤の管理者を置かなければならない。
4　管理者は、同一敷地内にない他の事業所の職務に従事することができる。
5　指定居宅介護支援事業者は、介護支援専門員の清潔の保持及び健康状態について、必要な管理をしなければならない。

★問題 9　指定居宅介護支援事業者の指定を取り消し、又は効力を停止することができる事由として正しいものはどれか。2つ選べ。

1　介護支援専門員の人員が都道府県の条例で定める員数を満たすことができなくなったとき。
2　地域ケア会議に協力しなかったとき。
3　要介護認定の調査の結果について虚偽の報告をしたとき。
4　地域包括支援センターの主任介護支援専門員の指示に従わなかったとき。
5　要介護認定の調査の受託を拒んだとき。

問題10　指定介護予防支援事業者について正しいものはどれか。2つ選べ。

1　管理者は、他の職務に従事することはできない。
2　指定介護予防支援事業所ごとに、主任介護支援専門員を置かなければならない。
3　管理者は、介護支援専門員にアセスメントを担当させなければならない。
4　サービス担当者会議に対応する適切なスペースを確保する。
5　担当職員の身分を証する証書には、写真を貼付することが望ましい。

　　★は法改正等を示す。別冊該当問題解説を参照。

問題11 指定介護予防支援について適切なものはどれか。**3つ選べ。**

1 運動機能及び口腔機能の改善に特化して行う。
2 利用者の生活の質の向上を目指す。
3 地域支援事業と連続性及び一貫性を持って行う。
4 モニタリングをしなければならない。
5 要介護状態の改善を図る。

問題12 介護保険法上、市町村介護保険事業計画に定めるべき事項として正しいものはどれか。**2つ選べ。**

1 地域支援事業の量の見込み
2 介護保険施設相互間の連携の確保に関する事業
3 介護専用型特定施設入居者生活介護の必要利用定員総数
4 混合型特定施設入居者生活介護の必要利用定員総数
5 認知症対応型共同生活介護の必要利用定員総数

問題13 第1号被保険者のうち、特別の事情があると認められない保険料滞納者への措置として正しいものはどれか。**3つ選べ。**

1 保険給付の支払方法の変更
2 訪問看護等医療系サービスの医療保険制度への移行
3 保険給付の額の減額
4 保険給付の全部又は一部の支払の一時差止
5 区分支給限度基準額の減額

問題14 介護保険審査会への審査請求が認められるものとして正しいものはどれか。**2つ選べ。**

1 要介護認定又は要支援認定に関する処分
2 二親等以内の扶養義務者への資産調査に関する処分
3 成年後見制度に係る市町村長申立て
4 生活保護受給に係る市町村長申立て
5 介護保険料に関する処分

問題15 居宅サービス計画原案の作成について適切なものはどれか。**3つ選べ。**

1 利用者の家族の希望も勘案する。

2 利用者が入院中であっても、必ず居宅を訪問して行う。

3 身体機能だけでなく、置かれている環境についても検討する。

4 地域における指定居宅サービスが提供される体制を勘案する。

5 初回の面接で利用者の状況をすべて把握しなければならない。

問題16 介護サービス計画作成のための課題分析標準項目として正しいものはどれか。**3つ選べ。**

1 二親等以内の扶養義務者の現住所

2 生活保護受給の有無

3 前年度の課税所得金額

4 認知症である老人の日常生活自立度

5 介護認定審査会の意見

問題17 居宅サービス計画作成について適切なものはどれか。**3つ選べ。**

1 サービス提供事業者の選択は、専門的見地から介護支援専門員が行う。

2 利用者が支払うことができる利用者負担額に配慮する。

3 サービス担当者会議で専門的見地からの意見を求め調整を図る。

4 目標には、サービス提供事業者の到達目標を記載する。

5 計画に位置付けたサービス提供事業者の担当者に十分に説明する。

問題18 指定居宅介護支援におけるサービス担当者会議について正しいものはどれか。**2つ選べ。**

1 召集は、地域包括支援センターが行う。

2 生活保護の被保護者については、福祉事務所が召集しなければならない。

3 少なくとも3か月に1回は、開催しなければならない。

4 利用者や家族の参加が望ましくない場合には、必ずしもその参加を求めない。

5 会議の記録は、2年間保存しなければならない。

問題19　指定居宅介護支援等の事業の人員及び運営に関する基準（平成11年厚生省令第38号）で定める基本方針に示されている内容として正しいものはどれか。**3つ選べ。**

1　居宅における自立した日常生活への配慮
2　利用者自身によるサービスの選択
3　保険給付の重点的な実施
4　公正中立
5　高齢者虐待の通報

問題20　生活支援体制整備事業において生活支援コーディネーター（地域支え合い推進員）の機能として規定されている内容について正しいものはどれか。**3つ選べ。**

1　地域のニーズと資源の状況の見える化、問題提起
2　生活支援の担い手の養成やサービスの開発
3　要支援認定に係る認定調査の状況のチェック
4　地域支え合いの観点からのケアプランの点検
5　地縁組織等多様な主体への協力依頼等の働きかけ

問題21　指定居宅介護支援事業者に対し地域ケア会議から求めがあったときの協力について、指定居宅介護支援等の事業の人員及び運営に関する基準（平成11年厚生省令第38号）に規定されている事項として正しいものはどれか。**2つ選べ。**

1　必要な支援体制に関する意見の開陳
2　地域密着型通所介護の開設
3　認知症カフェの企画・運営
4　介護支援専門員と生活支援コーディネーター（地域支え合い推進員）との兼務
5　支援対象被保険者への適切な支援の検討に必要な資料の提供

問題22 指定介護老人福祉施設について正しいものはどれか。**2つ選べ。**

1 入所者の退所に際しては、居宅介護支援事業者に対する情報の提供に努めなければならない。
2 施設サービス計画は、介護支援専門員以外の者に作成させることができる。
3 サービス担当者会議の開催は、計画担当介護支援専門員が行う。
4 常時2人以上の常勤の介護職員を従事させなければならない。
5 1週間に1回、入所者を入浴させなければならない。

問題23 要介護認定について正しいものはどれか。**2つ選べ。**

1 要介護認定等基準時間には、「じょく瘡の処置」が含まれる。
2 要介護認定等基準時間には、「家族の介護負担」が含まれる。
3 主治医意見書の項目には、「短期記憶」の問題の有無が含まれる。
4 主治医意見書の項目には、「社会参加」の状況が含まれる。
5 主治医意見書の項目には、「対人交流」の状況が含まれる。

問題24 介護認定審査会について正しいものはどれか。**2つ選べ。**

1 審査対象者を担当する介護支援専門員が参加しなければならない。
2 地域包括支援センター職員が参加しなければならない。
3 原則として、保険者である市町村の職員は委員となることができない。
4 審査対象者の主治医の意見を聞くことはできない。
5 必要に応じて、審査対象者の家族の意見を聞くことができる。

問題25 飼い犬の世話ができなくなった一人暮らしの利用者から、保険給付として飼い犬の世話をしてもらえないかと訪問介護員に相談があった。その報告を受けた訪問介護事業所は、利用者にとって必要なサービスなので実施したいと介護支援専門員に相談した。介護支援専門員の対応として、より適切なものはどれか。**3つ選べ。**

1 利用者の意思を尊重し、当面、飼い犬の世話を行うことを認める。
2 飼い犬の世話を依頼できるボランティアを探す。
3 利用者に対し、訪問介護事業所を変更するよう指示する。
4 保険給付としては不適切である旨の説明をする。
5 地域ケア会議に提案し、必要な社会資源の開発・充足を促す。

●保健医療サービスの知識等

問題26 検査について正しいものはどれか。**3つ選べ。**

1 低栄養指標には、BMI（Body Mass Index）が18.5未満、血清アルブミン値が3.5g/dL以下などがある。

2 ヘモグロビンA1cの値は、過去1～2か月の血糖レベルを反映している。

3 大動脈疾患や進行した動脈硬化の場合は、左右の上肢で血圧に差がみられることがある。

4 狭心症は、症状がなくても心電図により必ず診断できる。

5 赤血球数や血色素の基準値は、性別で異ならない。

問題27 高齢者に多い疾病について正しいものはどれか。**3つ選べ。**

1 関節リウマチでは、朝の起床時に指の関節がこわばり、屈曲しにくくなる。

2 脊柱管狭窄症では、腰痛、下肢痛、しびれはみられない。

3 大腿骨頸部骨折の受傷原因として最も多いのは、転倒である。

4 加齢黄斑変性病は、高齢者の重篤な視力障害の原因の一つである。

5 ノルウェー疥癬（角化型疥癬）は、ダニの数が少ないので、感染力が弱い。

問題28 循環器に関する次の記述について正しいものはどれか。**3つ選べ。**

1 心筋梗塞、弁膜症による心不全では、呼吸困難などの呼吸器症状は出現しない。
2 心房細動は、脳梗塞の原因の一つである。
3 心筋梗塞には、発症後短時間であれば、閉塞した冠動脈の再疎通療法が適応となる場合がある。
4 不整脈は、心臓自体の異常のほか、ストレスや喫煙、睡眠不足、飲酒などで起こることもある。
5 起立性低血圧が認められた場合には、心臓の負荷を減らすため、血管拡張薬が処方される。

問題29 呼吸器疾患について、より適切なものはどれか。**3つ選べ。**

1 急性上気道炎では、ウイルス感染が疑われる場合であっても、肺炎予防のために抗菌薬を使用する。
2 誤嚥性肺炎は、口腔咽頭分泌物などを繰り返し誤嚥することにより発症する。
3 慢性閉塞性肺疾患（COPD）では、気管支拡張薬や吸入ステロイド薬が使用される。
4 慢性閉塞性肺疾患（COPD）は、介護保険法の特定疾病に指定されている。
5 慢性閉塞性肺疾患（COPD）では、発症すると症状は改善しないため、禁煙する必要はない。

問題30 神経難病について適切なものはどれか。**3つ選べ。**

1　筋萎縮性側索硬化症（ALS）では、眼球運動や肛門括約筋、知覚神経は末期まで保たれる。
2　筋萎縮性側索硬化症（ALS）でみられる筋力低下や筋萎縮には、筋力トレーニングが効果的である。
3　パーキンソン病では、精神症状、自律神経症状は出現しない。
4　パーキンソン病の治療は、薬物療法が基本である。
5　進行性核上性麻痺では、思考の遅延や無感情などの認知機能低下を早期から認めやすい。

問題31 認知症について適切なものはどれか。**3つ選べ。**

1　BPSD（認知症の行動・心理症状）は、一般に認知症が進行するほど重症化する。
2　血管性認知症では、適切な治療やリハビリテーションにより、認知機能が改善した例もある。
3　レビー小体型認知症は、幻視が特徴的で、払いのけたり、逃げるような動作を伴う。
4　アルツハイマー型認知症の治療薬は、易怒性などの興奮性のBPSD（認知症の行動・心理症状）を悪化させる可能性がある。
5　慢性硬膜下血腫による認知機能障害は、慢性化しているため、血腫を除去しても回復が期待できない。

問題32　次の記述について適切なものはどれか。**3つ選べ。**

1　老年期うつ病は、認知症と明確に区別され、認知症に移行することはない。
2　せん妄は、興奮を伴うことが多いが、活動性が低下するものもある。
3　せん妄の発症の誘因として、睡眠障害、薬剤、環境の変化などが挙げられる。
4　せん妄の治療は、誘因にかかわらず薬物治療を最優先とする。
5　統合失調症は、軽症化したとしても、その後症状が再発することがある。

問題33　感染予防について、より適切なものはどれか。**3つ選べ。**

1　標準予防策（スタンダード・プリコーション）の基本は、人の体液や排泄物のすべてに感染性があるものとして取り扱うことである。
2　ノロウィルス感染者の嘔吐物処理に際しては、汚染した場所をアルコール綿で拭き取ればよい。
3　水痘、麻疹、風疹及びB型肝炎は、ワクチンで予防可能な感染症である。
4　咳エチケットは、インフルエンザと診断されたときから心がければよい。
5　高齢者を対象とする肺炎球菌ワクチンは、定期接種となっている。

問題34　褥瘡について、より適切なものはどれか。**3つ選べ。**

1　エアーマット等の除圧効果のある予防用具を用いた場合には、体位変換を行う必要はない。
2　褥瘡の発生を促す全身性因子には、低栄養、知覚麻痺、意識障害、失禁などがある。
3　褥瘡がある場合には、症状が悪化するため、入浴は避ける。
4　褥瘡は、一般に感染を伴うことが多く、敗血症の原因となることもある。
5　再発や新たな部位への発生を予測するためには、褥瘡のリスクアセスメントを行うことが有効である。

平成29年度

問題35　次の記述について適切なものはどれか。**3つ選べ。**

1　在宅自己注射は、患者に代わって家族が行うことはできない。
2　高齢者の肺炎では、食欲低下、意識障害、不穏などの症状を示すことがある。
3　脳梗塞の予防には、血圧管理のほか、耐糖能低下、脂質異常などに留意する必要がある。
4　インフルエンザの予防接種の対象者には、寝たきりの高齢者は含まれない。
5　敗血症の主な症状は、高熱、悪寒、ショック状態などである。

問題36　在宅医療管理について、より適切なものはどれか。**3つ選べ。**

1　ストーマを造設しても、入浴は可能である。
2　疼痛管理などに自動注入ポンプを用いる場合には、トラブル発生時の対応方法をあらかじめ関係者間で共有しておく。
3　在宅中心静脈栄養法を実施しているときは、経口摂取を行ってはならない。
4　血液透析を行っている利用者では、シャント側の腕での血圧測定を避ける。
5　胃ろうを取り扱うときは、損傷防止のためカテーテルを回転させないようにする。

問題37　在宅酸素療法について正しいものはどれか。**2つ選べ。**

1　酸素ボンベの使用に慣れれば、医師の指示がなくても、酸素吸入量は自由に設定してよい。
2　酸素消費量が多くなるため、入浴は行わない。
3　電磁調理器の使用時には、酸素吸入は行わない。
4　鼻腔カニューレの使用中であっても、食事や会話が可能である。
5　呼吸同調型酸素供給装置を使用することで、酸素ボンベの消費を減らすことができる。

問題38 高齢者のリハビリテーションについて、より適切なものはどれか。**3つ選べ。**

1　安静臥床が続くと心肺機能などが低下するため、早期離床を図る。
2　左半側空間失認では、右半分に注意を向けるようなリハビリテーションの工夫をする。
3　リハビリテーションでは、低血糖発作の出現、痛みの増悪、転倒リスクの増大などに対する注意が必要である。
4　福祉用具の給付は、障害者総合支援法が介護保険法に優先する。
5　回復期リハビリテーションでは、機能回復、ADL の向上及び早期の社会復帰を目指す。

問題39 短期入所療養介護について正しいものはどれか。**3つ選べ。**

1　検査、投薬等は、利用者の症状に照らして妥当適切に行う。
2　送迎加算は、算定できない。
3　介護老人保健施設の短期入所療養介護では、看護職員又は介護職員の員数の合計は、常勤換算方法で利用者の数に対し6：1以上である。
4　短期入所療養介護をおおむね4日以上利用する場合は、居宅サービス計画に沿って短期入所療養介護計画を策定する。
5　緊急短期入所受入加算は、利用開始日から起算して7日を限度として算定できる。

問題40 介護老人保健施設について正しいものはどれか。**3つ選べ。**

1 施設内で入所者に対して行った緊急な医療処置については、医療保険から給付される。
2 看取りなどを行う際のターミナルケア加算は、算定できない。
3 入所者の居宅における外泊時には、介護保健施設サービス費は算定できないが、外泊時費用を月に6日まで算定できる。
4 医師の指示に基づき必要と認められた場合は、経口移行加算は180日を超えても算定できる。
5 一定の基準を満たす施設において、若年性認知症入所者に対して介護保健施設サービスを行った場合には、受入加算を算定できる。

問題41 高齢者の疾患について、より適切なものはどれか。**3つ選べ。**

1 症状は、しばしば非定型的である。
2 複数の疾患を有することが多いため、積極的に多くの薬剤を併用する。
3 環境の変化により、症状が変動することはない。
4 老年症候群には、認知症、うつなど精神疾患・精神症状も含まれる。
5 高齢者のQOLや予後は、療養環境、家庭や地域社会の対応などの社会的要因によって影響される。

問題42 高齢者のがんとターミナルケアについて、より適切なものはどれか。**2つ選べ。**

1 若年者と比較して、高齢者ではがんによる痛みの訴えが多くなる。
2 BPSD（認知症の行動・心理症状）には、がん性疼痛が原因のこともある。
3 小規模多機能型居宅介護では、ターミナルケアは提供できない。
4 介護老人保健施設入所者に対するがんの治療は、医療保険の適用について制限を受けない。
5 死後のケアであるエンゼルケアは、遺族のグリーフケアとしても意味がある。

問題43 服薬管理について、より適切なものはどれか。**3つ選べ。**

1 高齢者の服薬管理能力の把握には、ADL や生活環境の評価は必要ない。
2 高齢者が服用中の薬の副作用の不安を訴えた場合は、その意思を尊重し、すべての服薬の中止を勧める。
3 認知機能低下は、用法や薬効に対する理解不足を生じさせ、親切な服薬管理を困難にする。
4 「お薬手帳」により、処方情報を共有する。
5 居宅療養管理指導では、薬剤師は、医師や歯科医師の指示を受け、利用者を訪問して薬学的管理指導を行う。

問題44 訪問看護について正しいものはどれか。**3つ選べ。**

1 介護保険の訪問看護費は、看護小規模多機能型居宅介護と併用して算定できる。
2 看護師は、臨時応急の手当を行うことができる。
3 訪問看護事業所の開設者は、医療法人及び社会福祉法人に限られる。
4 急性憎悪時に主治医が交付する特別指示書の有効期間は、14 日間である。
5 看護体制強化加算は、緊急時訪問看護加算、特別管理加算、ターミナルケア加算の各々について一定の要件を満たした場合に認められる。

問題45 次の記述について適切なものはどれか。**3つ選べ。**

1　介護予防訪問看護は、介護予防・日常生活支援総合事業の介護予防・生活支援サービス事業に含まれる。
2　居宅療養管理指導は、管理栄養士や歯科衛生士も行うことができる。
3　30日以上継続して短期入所療養介護を利用することについてやむを得ない理由がある場合には、30日を超えて短期入所療養介護費を算定できる。
4　看護小規模多機能型居宅介護の運営推進会議は、利用者の家族や地域住民の代表者も構成員となる。
5　介護予防訪問リハビリテーションを介護予防サービスに位置付ける場合には、主治医の指示があることを確認する。

●福祉サービスの知識等

問題46 インテーク面接について、より適切なものはどれか。**3つ選べ。**

1　相談援助者は、過度の同情、感情移入、批判などを注意深く回避する。
2　情報収集のため、アセスメント項目の順番に従って、すべて質問する。
3　利用できるサービスについて必要な情報を伝え、クライエントが選択しやすいよう工夫する。
4　インテーク面接の終わりには、問題の解決に向けて一定の積極的な見通しを相互確認することが重要である。
5　インテーク面接では、得られる情報は少ないため、記録の必要はない。

問題47 ソーシャルワークに関する記述のうち、より適切なものはどれか。**2つ選べ。**
1　家族からサービスの利用を取り止めたいとの連絡があったときは、すぐに中止の手続きをする。
2　認知症のクライエントは自分で判断することが困難であるため、専ら家族の判断を仰ぐ。
3　同居家族がいるクライエントからの訪問介護サービスの利用希望に対しては、まず家族による支援を受けるよう指導する。
4　家族との関係が悪化しているクライエントに対しては、家族関係の調整を継続的に行う。
5　家族の過重な介護負担を軽減するために、必要な介護サービスを有効に活用する。

問題48 メゾ・ソーシャルワーク（集団援助）として、より適切なものはどれか。**3つ選べ。**

1　通所介護で計画的に実施する誕生会でのゲーム等の活動

2　民生委員による地域の認知症高齢者の見守り活動

3　一人暮らし高齢者を集めて社会福祉協議会が実施する介護予防のためのレクリエーション活動

4　認知症高齢者を介護する家族の集まりにおいて行う介護方法等に関するグループ活動

5　地域包括支援センターの主任介護支援専門員による家族介護者への相談面接

問題49 マクロ・ソーシャルワーク（地域援助）として、より適切なものはどれか。**3つ選べ。**

1　震災被災者に対するボランティアを組織化し、サービス提供の仕組みを構築する。

2　地域における多様な住民の課題に応えるため、医療、保健、福祉等の専門職だけで問題解決を図る。

3　地域で生活に困っている外国人に対して、自治体職員が個別に訪問し、相談面接を行う。

4　小学校において、地域で生活している高齢者の方々から講話をしてもらうなどの世代間交流の機会を設ける。

5　地域の聴覚言語障害者に対して適切に情報提供が行われるよう、要約筆記者、手話通訳者の配置などを自治体に働きかける。

問題50 介護保険における短期入所生活介護について正しいものはどれか。**2つ選べ。**

1 利用者20人未満の併設事業所の場合は、生活相談員は非常勤でもよい。
2 機能訓練指導員は、当該事業所の他の職務と兼務することができる。
3 利用者から理美容代の支払いを受けることはできない。
4 認知症行動・心理症状緊急対応加算の算定と合わせて、若年性認知症利用者受入加算を算定することができる。
5 連続14日を超えてサービスを受けている利用者については、短期入所生活介護費が減算される。

問題51 介護保険における住宅改修について正しいものはどれか。**2つ選べ。**

1 取付工事が必要なく据え置いて使用する手すりは、住宅改修費の支給対象にはならない。
2 居宅介護住宅改修費は、介護支援専門員が必要と認める場合に支給される。
3 ベッドサイドで排泄するためのポータブルトイレの設置は、住宅改修費の支給対象となる。
4 引き戸等への取り替えにあわせて自動ドアを設置する場合は、自動ドアの動力部分の設置は、住宅改修費の支給対象にはならない。
5 同一住宅に複数の要介護者が居住する場合は、同時期にそれぞれが住宅改修費の支給を申請することはできない。

問題52 介護保険における通所介護について正しいものはどれか。**2つ選べ。**

1 生活相談員は、専ら当該事業所の通所介護の提供に当たる者でなくてもよい。
2 看護職員は、配置されることが望ましい。
3 機能訓練指導員に関する要件は、特に定められていない。
4 介護職員に関する資格要件は、特に定められていない。
5 管理者に関する資格要件は、特に定められていない。

問題53 介護保険における訪問介護について正しいものはどれか。**3つ選べ**。

1　利用者と一緒に手助けをしながら行う調理は、生活援助として算定する。

2　ゴミ出しは、生活援助として算定する。

3　利用者不在のベッドでのシーツ交換は、生活援助として算定する。

4　自立生活支援のための見守りは、生活援助として算定する。

5　服薬介助は、身体介護として算定する。

問題54 介護保険における訪問入浴介護について正しいものはどれか。**3つ選べ**。

1　訪問入浴介護の目的には、心身の機能の維持が含まれる。

2　サービス提供の責任者は、入浴介護に関する知識や技術を有する者でなくてもよい。

3　緊急時の対応のため、協力医療機関は、事業の通常の実施地域内にあることが望ましい。

4　皮膚に直に接するタオル等は、利用者一人ごとに取り替えるなど、安全清潔なものを使用する。

5　事業所の専用の事務室には、利用申込の受付や相談に対応するためのスペースは必要としない。

問題55 介護保険における認知症対応型通所介護について正しいものはどれか。**3つ選べ**。

1　職員、利用者及びサービスを提供する空間を明確に区別すれば、一般の通所介護と同じ事業所で同一の時間帯にサービスを行うことができる。

2　認知症の原因となる疾患が急性の状態にある者も対象となる。

3　9時間のサービス利用の後に連続して延長サービスを行った場合は、5時間を限度として加算を算定できる。

4　送迎時に実施した居宅内での介助等に要した時間は、サービス提供時間に含まれない。

5　屋外でのサービスを提供する場合は、認知症対応型通所介護計画に位置付けられている必要がある。

問題56 介護保険における地域密着型通所介護について正しいものはどれか。**3つ選べ。**

1　利用者一人一人の人格を尊重し、利用者がそれぞれの役割を持って日常生活を送ることができるように配慮する。
2　看護職員は、提供時間帯を通じて専従する必要がある。
3　生活相談員が地域の自治会やボランティア団体等との話合いに出席した時間は、勤務延時間数に含まれない。
4　運営推進会議には、事業所による利用者の「抱え込み」を防止する役割もある。
5　事業実施地域以外の地域に居住する利用者に対して行う送迎の費用については、利用者から支払いを受けることができる。

問題57 介護老人福祉施設について正しいものはどれか。**3つ選べ。**

1　居宅での日常生活が可能と認められる入所者に対し、円滑な退所のための援助を行わなければならない。
2　医務室は、医療法に規定する診療所でなければならない。
3　あらかじめ協力歯科医療機関を定めなければならない。
4　利用者の負担であれば、当該施設従業者以外の者による介護を受けさせることができる。
5　虐待等のやむを得ない事情がある者については、定員を超えて入所させることができる。

問題58 成年後見制度について正しいものはどれか。**3つ選べ。**

1 法定後見制度は、判断能力の程度に応じて、後見、保佐及び補助の3類型に分かれている。
2 成年被後見人が行った法律行為は、いかなる場合でも取り消すことができない。
3 保佐人には、年金、障害手当金その他の社会保障給付を受領する代理権を与えることができる。
4 公正証書以外の方式で契約をしても、任意後見契約として有効である。
5 社会福祉協議会等の法人も、成年後見人に選任されることができる。

問題59 障害者総合支援法及び介護保険法について正しいものはどれか。**2つ選べ。**

1 障害福祉サービスの利用を希望する障害者は、都道府県に対して支給申請を行う。
2 40歳以上65歳未満の医療保険に加入している障害者は、原則として、介護保険の被保険者となる。
3 介護保険サービスは、一律に障害福祉サービスに優先して提供される。
4 成年後見制度利用支援事業は、介護保険では任意事業であるが、障害者総合支援法では必須事業とされている。
5 介護支援専門員は、介護保険の被保険者であって居宅サービスを利用する障害者に対しては、居宅サービス計画を作成する必要はない。

問題60 高齢者虐待の防止について適切なものはどれか。**3つ選べ。**

1　本人の希望する金銭の使用を理由なく制限することは、経済的虐待である。

2　介護支援専門員には、高齢者虐待の防止において、早期発見の役割は期待されていない。

3　高齢者の外部との接触を意図的、継続的に遮断する行為は、身体的虐待である。

4　高齢者の意欲や自立心を低下させる行為は、心理的虐待である。

5　「緊急やむを得ない場合」として身体拘束が認められるのは、「切迫性」、「非代替性」、「一時性」のいずれかを満たす場合である。

平成29年度

監修者紹介：廣池利邦（ひろいけとしくに）

元群馬医療福祉大学短期大学部教授、NPO法人アクティビティ・サービス協議会理事長。

東洋大学で比較文化論を学んだ後に、児童心理学者波多野勤子氏に師事して幼児から高齢者まで、さまざまな社会教育に携わり、人間関係論やレクリエーションについての研究を続けた。その後、高校の教師を経て日本福祉教育専門学校においては、日本社会事業大学名誉教授垣内芳子氏に師事して、社会教育学科、介護福祉学科、音楽療法専攻科等で社会福祉援助技術としての福祉レクリエーションの研究を深め、福祉レクリエーションからアクティビティ・サービスへの転換をいち早く提唱している。

現在、福祉サービス利用者の心身と生活の活性化を支援するアクティビティ・サービスの研究を行っている。また、ケアマネをはじめ各福祉関連資格受験者への指導を行う一方、資格取得者にはアクティビティ・サービスの勉強を推奨している。

本書の内容に関するお問い合わせは、**書名、発行年月日、該当ページを明記**の上、書面、FAX、メールにてお送りください。**電話によるお問い合わせはお受けしておりません。**
また、本書の範囲を超えるご質問等にもお答えできませんので、あらかじめご了承ください。
　FAX：03-3831-0758
　メール：q@west.name

ケアマネ過去7年本試験問題集

2024年2月5日　初版発行

監 修 者	廣 池 利 邦	
発 行 者	富 永 靖 弘	
印 刷 所	今 家 印 刷 株 式 会 社	

発行所　東京都台東区　株式　新星出版社
　　　　台東2丁目24　会社
　　　　〒110-0016　☎03(3831)0743

ケアマネ
過去7年
本試験問題集

この別冊は、本体から取り外して使うことができます。

新星出版社

ケアマネ過去7年本試験問題集
解答・解説
CONTENTS

令和 5 年度(第 26 回)試験問題の解答・解説……… 2

令和 4 年度(第 25 回)試験問題の解答・解説…… 24

令和 3 年度(第 24 回)試験問題の解答・解説…… 42

令和 2 年度(第 23 回)試験問題の解答・解説…… 58

令和 元 年度(第 22 回)試験問題の解答・解説…… 80

平成 30 年度(第 21 回)試験問題の解答・解説… 100

平成 29 年度(第 20 回)試験問題の解答・解説… 120

解答用紙 ……………………………………………… 141

●本冊（問題）

令和 5 年度(第 26 回)試験問題…………………… 11

令和 4 年度(第 25 回)試験問題…………………… 37

令和 3 年度(第 24 回)試験問題…………………… 63

令和 2 年度(第 23 回)試験問題…………………… 89

令和 元 年度(第 22 回)試験問題………………… 115

平成 30 年度(第 21 回)試験問題………………… 141

平成 29 年度(第 20 回)試験問題………………… 167

※別冊は取り外してお使いください。

※解答用紙はコピーをしてお使いください。

※解説文末尾の☞マークは「介護支援専門員基本テキスト
（九訂版）」の参照箇所、もしくは参照文献を示していま
す。例：㊤P35 →基本テキスト上巻35 ページ

※基本テキスト九訂版では、八訂版までの「介護報酬」関
連の記述の多くは掲載されていません。介護報酬の算定
等に関する問題については、厚生労働省「介護報酬の算
定構造」等を参照してください。

令和5年度（第26回）試験問題の解答・解説

介護支援分野

問題1　正解3、5

1 ×　**団塊の世代**とは、第一次ベビーブームの時期（1947～1950年）に生まれた世代であり、2025年には75歳以上となる。いわゆる2025年問題とは、このように、団塊の世代が75歳以上の後期高齢者となり、医療や介護などの社会保障費の増大が懸念されるという問題である。☞㊤P8

2 ×　65歳以上の者のいる世帯の世帯構造の割合は、夫婦のみの世帯（32.0％）、単独世帯（28.8％）、親と未婚の子のみの世帯（20.5％）、三世代世帯（9.3％）の順となっている。☞㊤P6、2021年 国民生活基礎調査の概況：厚生労働省

3 ○　推計では、世帯主65歳以上の世帯数（総数）は、2015年の19,179世帯から2040年の22,423世帯まで増加し続けている。☞㊤P6、国立社会保障・人口問題研究所「日本の世帯数の将来推計（全国推計）」(2018（平成30）年推計)

4 ×　前期高齢者の推計人口（指数）は、2015年を1.00とすると2045年は0.95となり、倍増しない。☞㊤P5

5 ○　2019年度末における85歳以上の介護保険被保険者に占める要介護又は要支援認定率は6割に近い。☞㊤P7、令和元年度 介護保険状況報告：厚生労働省

問題2　正解2、3、5

1 ×　重層的支援体制整備事業は、実施を希望する市町村による任意事業で

ある。☞㊤P20

2 ○　市町村地域福祉計画の策定は、市町村の努力義務である。☞㊤P19

3 ○　**地域共生社会**では、利用者という存在だけでなく、地域のあらゆる住民が自分らしい何かの役割をもち、支え合いながら活躍できる仕組みを構築するとされている。☞㊤P18

4 ×　社会福祉を目的とする事業を経営する者は、その提供する多様な福祉サービスについて、利用者の意向を十分に尊重し、地域福祉の推進に係る取組を行う他の地域住民等との連携を図り、かつ、保健医療サービスその他の関連するサービスとの有機的な連携を図るよう創意工夫を行いつつ、これを総合的に提供することができるようにその事業の実施に努めなければならない。また、地域住民等は、地域住民及びその世帯が抱える地域生活課題を把握し、その解決に資する支援を行う関係機関との連携等によりその解決を図るよう特に留意するものとされている。事業者が自ら課題を解決しなければならないとはされていない。☞㊤P18、社会福祉法4・5条

5 ○　2017年の改正により、児童福祉法、障害者総合支援法、介護保険法に基づく共生型サービス事業者の指定の特例が設けられた。☞㊤P130

問題3　正解3、5

1 ×　**社会保険**には、医療保険、介護保険、年金保険、雇用保険、労災保険が含まれる。☞㊤P24

2 ×　介護保険は、市町村を保険者として、基本的に40歳以上の居住者を

被保険者とする。<u>自営業者であること</u><u>は無関係である。</u>☞⊕P25

3　○　医療保険は、業務外の事由による疾病、負傷等を保険事故として、医療サービスを行う。☞⊕P25

4　×　**国民年金法**では、日本国内に住所を有する20歳以上60歳未満の者を被保険者として、保険料の納付義務を課している。<u>強制加入であり、任意加</u><u>入ではない。</u>☞⊕P25、国民年金法7条・88条

5　○　社会保険の主たる財源は社会保険料であるが、財源の一部は租税で賄われている。☞⊕P24

問題4　正解1、3、4

1　○　保険給付は、要介護状態等の軽減又は悪化の防止に資するよう行われなければならないとされている。☞⊕P41、介護保険法2条2項

2　×　<u>保険給付は、被保険者の心身の</u><u>状況、その置かれている環境等に応じ</u><u>て</u>、被保険者の選択に基づき、適切な保健医療サービス及び福祉サービスが、多様な事業者又は施設から、<u>総合的か</u><u>つ効率的に提供されるよう配慮して行</u><u>われなければならないとされている。</u>☞⊕P41、介護保険法2条3項

3　○　保険給付の内容及び水準は、被保険者が要介護状態となった場合において、可能な限り、その居宅において、その有する能力に応じ自立した日常生活を営むことができるように配慮されなければならないとされている。☞⊕P41、介護保険法2条4項

4　○　保険給付は、医療との連携に十分配慮して行われなければならないとされている。☞⊕P41、介護保険法2条2項

5　×　<u>保険給付は、被保険者の選択に</u>

基づき行われなければならないとされている。☞⊕P41、介護保険法2条3項

問題5　正解1、3、4

1、3、4　○　住所地以外の他市町村から介護保険施設に入所する被保険者に対しては、施設入所以前の住所地の市町村を保険者とする特例が、住所地特例である。<u>地域密着型介護老人福祉</u><u>施設、認知症対応型共同生活介護のよ</u><u>うな地域密着型サービスについては、</u><u>他市町村からの入所は起こらないこと</u><u>から、住所地特例の対象とはならない。</u>☞⊕P48

2、5　×　上記記述を参照。

問題6　正解2、4

1、3、5　×　<u>児童福祉法に規定する</u><u>医療型障害児入所施設、生活保護法に</u><u>規定する救護施設の入所者は、いずれ</u><u>も介護保険の適用除外者となる。</u>介護保険適用除外施設にはこのほか、障害者支援施設、医療型障害児入所施設、国立ハンセン病療養所などがある。☞⊕P46

2、4　○　上記記述を参照。

問題7　正解1、2、3

1、2　○　労働者災害補償保険法、船員保険法、労働基準法等の労働災害に対する補償の給付は、介護保険に優先する。☞⊕P116、介護保険法20条

3　○　訪問看護や居宅療養管理指導等の介護保険と医療保険の両方から同様の給付が行われる場合には、介護保険の給付が優先する。☞⊕P117、介護保険法20条

4　×　<u>生活保護の被保護者で65歳以</u><u>上の場合は、介護保険の第1号被保険</u>

者となり、介護保険の給付が優先する。また、生活保護の被保護者が、40歳以上65歳未満で医療保険に加入していれば、介護保険の第2号被保険者となり、介護保険の給付が優先する。40歳以上65歳未満で医療保険に未加入の要介護者は、生活保護の介護扶助の給付対象となる。☞⊕P117、⊖P471、介護保険法20条

5　×　障害者総合支援法の給付を受けている障害者であっても、<u>介護保険の適用除外者でなければ、要介護認定を受けることができる</u>。障害者総合支援法の自立支援給付と、介護保険法による給付とが重複するような場合には、介護保険法による給付が優先する。☞⊕P46・P118、⊖P465、介護保険法20条

問題8　正解1、2

1、2　○　介護保険法においては、利用者の利便等を考慮して、居宅介護サービス費、地域密着型介護サービス費、居宅介護サービス計画費、施設介護サービス費、特定入所者介護サービス費については、一定の要件を満たす場合には、代理受領による保険給付の現物支給化を行っている。☞⊕P102

3、4、5　×　上記記述を参照。

問題9　正解2、3、5

1　×　介護支援専門員は、居宅サービス計画の作成に際して、必要に応じて医師等の所見を得ることにより、専門職の知識や技術を活用することもあるが、<u>指定居宅サービス事業者が、医師の診断書に基づき計画を作成しなければならないとはされていない</u>。☞⊕P131・P280・P320、指定居宅介護支援等の事業の人員及び運営に関する基

準13条9号

2　○　指定居宅サービス事業者は、要介護者のため忠実にその職務を遂行しなければならないとされている。☞⊕P131、介護保険法74条6項

3　○　指定居宅サービス事業者は、自らその提供する指定居宅サービスの質の評価を行うことその他の措置を講ずることにより常に指定居宅サービスを受ける者の立場に立ってこれを提供するように努めなければならないとされている。☞⊕P131、介護保険法73条1項

4　×　介護支援専門員は、利用者の家族に対して必要に応じて相談援助などの家族支援を行うこともあるが、あくまでも利用者本位の立場から行うものであり、<u>指定居宅サービス事業者が保護者を支援しなければならないとはされていない</u>。☞⊕P211

5　○　指定居宅サービス事業者は、法に規定する義務の履行が確保されるよう、厚生労働省令で定める基準に従い、業務管理体制を整備しなければならないとされている。☞⊕P131、介護保険法115条の32第1項

問題10　正解1、4、5

1　○　市町村は、公表された結果その他の介護保険事業の実施の状況に関する情報を分析した上で、当該事情及び当該分析の結果を勘案して、**市町村介護保険事業計画**を作成するよう努めるものとされている。☞⊕P168、介護保険法117条第5項・118条の2

2　×　都道府県は、**都道府県介護保険事業支援計画**の作成に当たっては、<u>公表された結果その他の介護保険事業の実施の状況に関する情報を分析した上で、当該事情及び当該分析の結果を勘</u>

案するよう努めるものとされている。☞上P168、介護保険法118条第5項・118条の2

3 × 市町村は、厚生労働大臣に対し、介護給付等に要する費用の額に関する地域別、年齢別又は要介護認定及び要支援認定別の状況その他の厚生労働省令で定める事項に関する情報を、提供しなければならないとされている。☞上P168、介護保険法118条の2

4 ○ 厚生労働大臣は、被保険者の要介護認定及び要支援認定における調査に関する状況その他の厚生労働省令で定める事項について調査及び分析を行い、その結果を公表するものとしている。☞上P168、介護保険法118条の2

5 ○ 厚生労働大臣は、特定介護予防・日常生活支援総合事業を行う者に対し、介護保険等関連情報を厚生労働省令で定める方法により提供するよう求めることができるとされている。☞上P168、介護保険法118条の2第3項

問題11 正解1、3、4

1 ○ **地域医療介護総合確保基金**は、都道府県の地域における医療及び介護の総合的な確保のために、都道府県が設けるものである。☞上P171、地域における医療及び介護の総合的な確保の促進に関する法律4条・6条

2 × 公的介護施設等の整備に関する事業は、医療及び介護の総合的な確保のための事業の実施対象であり、基金からの支弁対象となる。☞上P172、地域における医療及び介護の総合的な確保の促進に関する法律4条2項2号ニ

3、4 ○ 医療従事者の確保に関する事業、介護従事者の確保に関する事業は、医療及び介護の総合的な確保のための事業の実施対象であり、基金からの支弁対象となる。☞上P172、地域における医療及び介護の総合的な確保の促進に関する法律4条2項2号ホ・ヘ

5 × 地域医療介護総合確保基金の財源の3分の2は、国が消費税の収入をもって充てるものとされている。財源の3分の1は都道府県が負担する。☞上P172、地域における医療及び介護の総合的な確保の促進に関する法律6条・7条

問題12 正解1、4

1、4 ○ **社会保険診療報酬支払基金**は、医療保険者から介護給付費・地域支援事業支援納付金を徴収して、市町村に対して介護給付費交付金、地域支援事業支援交付金を交付する。☞上P68

2 × 第1号被保険者の保険料に係る特別徴収は、年金保険者（厚生労働大臣、共済組合等）が公的年金支給時に年金から天引きの形で徴収する。支払基金の業務ではない。☞上P64

3 × 介護給付費交付金は、市町村に対して支払基金が交付する。☞上P68

5 × 介護保険サービスに関する苦情への対応は、国民健康保険団体連合会が行う。☞上P174

問題13 正解3、5

1 × 家族介護支援事業は、市町村が行う任意事業である。☞上P159

2 × 一般介護予防事業は、介護予防・日常生活支援総合事業に含まれる。☞上P148

3、5 ○ 地域支援事業の包括的支援

事業には、地域包括支援センターの運営事業と、社会保障充実分の事業がある。在宅医療・介護連携推進事業、生活支援体制整備事業は、いずれも後者の事業である。☞㊤P158

4 × 保健福祉事業は、市町村が地域支援事業のほかに任意で行う事業である。☞㊤P164

問題14　正解1、2、3

1、2、3 ○ 市町村が設置する**地域ケア会議**には、個別課題解決機能、ネットワーク構築機能、地域課題発見機能、地域づくり・資源開発機能、政策形成機能の5つの機能がある。☞㊤P163

4 × 地域包括支援センターから提出された事業計画書の評価は、設置主体である市町村が行う。☞㊤P160

5 × **日常生活自立支援事業**は、都道府県・指定都市社会福祉協議会が実施主体となり、市町村社会福祉協議会と協力して行う第二種社会福祉事業である。**生活支援員**は、市町村社会福祉協議会に所属してサービス提供を行うことになる。地域ケア会議が指名するわけではない。☞㊦P516

問題15　正解2、4、5

1、3 × 従業者の個人情報保護等のために講じる措置及び、年代別の従業者の数は、介護サービスの提供開始時の報告すべき情報として規定されていない。☞㊤P145、介護保険法施行規則別表第一

2 ○ 従業者の教育訓練の実施状況は、介護サービスの提供開始時の報告すべき情報として規定されている。☞㊤P145、介護保険法施行規則別表第一第3号ホ

4 ○ 従業者の労働時間は、介護サービスの提供開始時の報告すべき情報として規定されている。☞㊤P145、介護保険法施行規則別表第一第3号ロ

5 ○ 従業者の健康診断の実施状況は、介護サービスの提供開始時の報告すべき情報として規定されている。☞㊤P145、介護保険法施行規則別表第一第3号ニ

問題16　正解4、5

1、2、3 × **介護保険審査会**への審査請求が認められるのは、都道府県区域内の市町村の行った処分に対する審査請求事件を管轄する。具体的には、①保険給付に関する処分、②保険料その他介護保険法の規定による徴収金に関する処分であり、要介護認定に関する処分、被保険者証の交付の請求に関する処分は、審査対象となる。介護支援専門員の資格に関する処分、指定居宅サービス事業者の指定の取り消しに関する処分は、被保険者に対する処分ではなく、審査対象ではない。また、財政安定化基金拠出金への拠出額に関する処分も被保険者に直接関わるものではないことから、審査対象から除外されている。☞㊤P176、介護保険法183条

4、5 ○ 上記記述を参照。

問題17　正解2、4、5

1 × 償還払い方式による介護給付費の請求権とは「保険給付を受ける権利」であり、その時効は2年となる。☞㊤P179、介護保険法200条

2 ○ 法定代理受領方式による介護給付費の請求権とは「保険給付を受ける権利」であり、その時効は、2年である。☞㊤P179、介護保険法200条

3　×　滞納した介護保険料の徴収権が時効によって消滅した場合には、<u>給付率を一定割合に下げて支給される</u>。☞<u>上</u>P66、介護保険法69条

4　○　介護保険料の督促は、民法の一般原則に従い、時効の更新の効力を生ずるとされている。☞<u>上</u>P180、介護保険法200条、民法147条他

5　○　介護保険審査会への審査請求は、時効の完成猶予及び更新に関しては、裁判上の請求とみなされる。☞<u>上</u>P180、介護保険法183条

問題18　正解２、５

1　×　要介護認定を受けようとする<u>被保険者は、市町村に申請を行うことになる</u>。☞<u>上</u>P73、介護保険法27条

2　○　要介護認定の申請は、本人・家族のほか、地域包括支援センター等が代行することもできる。☞<u>上</u>P74、介護保険法27条

3　×　介護保険施設は被保険者の要介護認定の申請手続きを代行することができるが、<u>申請代行ができるのは更新認定に限るとはされていない</u>。☞<u>上</u>P74、介護保険法27条1項

4　×　<u>要介護状態区分の変更申請に際して、医師の診断書が必要という規定はない</u>。手続きは、要介護認定手続きと同じとされている。☞<u>上</u>P85、介護保険法29条

5　○　更新認定の申請は、有効期間満了の日の60日前から行うことができるとされている。☞<u>上</u>P85、介護保険法39条

問題19　正解１、２

1　○　市町村は、要介護認定の申請を行った被保険者に、当該職員を面接させて調査させるものとされている。☞

<u>上</u>P75、介護保険法27条2項

2　○　市町村は、要介護認定の申請者が遠隔地に居住する場合には、認定調査を他の市町村に委嘱することができるとされている。☞<u>上</u>P75、介護保険法27条2項

3　×　<u>市町村は、新規認定の調査を指定市町村事務受託法人に委託することができる</u>とされている。☞<u>上</u>P75

4　×　要介護認定の一次判定は、認定調査票の基本調査票のうちの<u>基本調査のデータから算定される要介護認定等基準時間をベースに判定される</u>。☞<u>上</u>P77

5　×　要介護・要支援認定の一次判定及び二次判定は、<u>厚生労働大臣が定める全国共通の客観的な基準に基づき行われる</u>。☞<u>上</u>P77、介護保険法27条5項他

問題20　正解１、２、３

1　○　介護支援専門員は、居宅サービス計画書の作成に当たっては、地域の住民による自発的な活動によるサービス等の利用も含めて居宅サービス計画上に位置付けるように努めなければならないとされている。☞<u>上</u>P317、指定介護支援等の事業の人員及び運営に関する基準13条4号

2　○　事業者は、利用者の人権の擁護、虐待の防止等のため必要な体制の整備を行わなければならないとされている。☞<u>上</u>P312、指定介護支援等の事業の人員及び運営に関する基準1条の2第5項

3　○　事業者は、指定居宅介護支援の提供に当たっては、公正中立に行われなければならないとされている。☞<u>上</u>P312、指定介護支援等の事業の人員及び運営に関する基準1条の2第3項

4　×　介護支援専門員は、必要に応じて、指定居宅サービス事業者等との連絡調整その他の便宜の提供を行うものとされている。☞⊕P324、指定介護支援等の事業の人員及び運営に関する基準13条13号

5　×　障害者総合支援法に基づく自立支援給付については、介護保険法に基づく保険給付または地域支援事業が優先する。指定特定相談支援事業者は、障害福祉サービス等を申請した障害者（児）について、サービス等利用計画の作成等を行うが、市町村は具体的な利用内容を聞き取り、介護保険サービスにより受けることが可能か否かを判断するとされている。指定居宅介護支援事業者の連携の対象には、障害者総合支援法の指定特定相談支援事業者が含まれる。☞⊕P324、⊖P467、指定介護支援等の事業の人員及び運営に関する基準13条13号

問題21　正解2、3、4

1　×　居宅サービス計画書の第1表は「利用者及び家族の生活に対する意向を踏まえた課題分析の結果」などからなっている。☞⊕P282、居宅サービス計画書標準様式及び記載要領

2　○　居宅サービス計画書第1表の「総合的な援助の方針」は、利用者・家族が望む暮らしをどのように実現していくかを示すものであり、利用者及び家族を含むケアチームが確認、検討の上、同意を得て居宅サービス計画書に記載する。☞⊕P282、居宅サービス計画書標準様式及び記載要領

3　○　居宅サービス計画書第2表の「長期目標」は、基本的には個々の解決すべき課題に対応して設定するものであり、「短期目標」は、解決すべき課題及び長期目標に段階的に対応し、解決に結びつけるものである。☞⊕P283、居宅サービス計画書標準様式及び記載要領

4　○　居宅サービス計画書第3表の週間サービス計画表には、課題解決のために活用する社会資源について、どのように配置するか、1週間のスケジュールを利用者の日々の活動も併せて明示する。☞⊕P285、居宅サービス計画書標準様式及び記載要領

5　×　居宅サービス計画書第4表のサービス担当者会議の要点には、サービス担当者会議を開催しない場合や会議に出席できない場合に、サービス担当者に対して行った照会の内容等についても、記載する。☞居宅サービス計画書標準様式及び記載要領

問題22　正解2、4

1　×　介護支援専門員は、定期的なモニタリングにおいて、サービスの実施状況や目標の達成状況などを把握するとされているが、月に1回とは義務付けられていない。☞⊕P401、指定介護老人福祉施設の人員、設備及び運営に関する基準12条10項

2　○　計画担当介護支援専門員は、アセスメントに当たっては、入所者及びその家族に面接して行わなければならないとされている。☞⊕P391、指定介護老人福祉施設の人員、設備及び運営に関する基準12条4項

3　×　計画担当介護支援専門員は、施設サービス計画を作成した際には、当該施設サービス計画を入所者に交付しなければならないとされている。☞⊕P700、指定介護老人福祉施設の人員、設備及び運営に関する基準12条8項

4　○　計画担当介護支援専門員は、入

所者の日常生活全般を支援する観点から、当該地域の住民による自発的な活動によるサービス等の利用も含めて施設サービス計画上に位置付けるよう努めなければならないとされている。☞⊕P698、指定介護老人福祉施設の人員、設備及び運営に関する基準12条2項

5　×　指定介護老人福祉施設の管理者は、介護支援専門員に施設サービス計画の作成に関する業務を担当させるものとされている。☞⊕P701、指定介護老人福祉施設の人員、設備及び運営に関する基準12条1項

問題23　正解1、3、5

1　○　日中就労の妻には夫の見守りが十分にできないとみられることから、徘徊感知器の情報を収集し、Aさんと妻に情報提供を行うことは適切といえる。☞⊕P257

2　×　地域資源の活用は適切だが、Aさんや妻の同意を得ないで無配慮に個人情報を拡散することは不適切である。☞⊕P236、⊕P257

3　○　Aさんの心身の状況や自宅周辺の環境をアセスメントすることで、徘徊の原因や誘因を探ることは適切といえる。☞⊕P241・P443

4　×　Aさんに対して趣味の散歩を禁止することは、かえって症状の悪化につながりかねず、不適切といえる。☞⊕P241・P443

5　○　近隣住民等による見守り体制が取れるかどうか民生委員に相談することは、地域資源の活用につながり、適切といえる。☞⊕P251

問題24　正解4、5

1　×　娘はサービスの内容を知らないまま「希望するサービスがない」と話

していることも考えられることから、介護支援専門員が適切なサービスを紹介したり提案することも必要といえる。

2　×　生活援助は要介護者に対するサービスであり、要支援1のAさんは、このサービスの対象外となる。介護予防支援サービスの中から適切なサービスを紹介することが適切といえる。☞⊕P342・P466

3　×　介護予防認知症対応型共同生活介護の利用者は、要支援2の状態にありアルツハイマー症その他の疾患により日常生活に支障が生じるが、支援があれば共同生活を送ることができる人であり、Aさんは対象外となる。☞⊕P689

4、5　○　Aさんに適切なサービスを提供できるように、社会参加の状況や対人関係を把握するなどのアセスメントは適切といえる。また、地域ケア会議などにおいて必要な支援を検討することも適切といえる。☞⊕P268

問題25　正解1、4、5

1、4、5　○　介護支援専門員が、夫が何を不安に感じているのか、また、Aさんが自宅でどのように過ごしたいのかを聴き取ることで、自宅でのAさんの看取りの実現の可能性を高めることができると考えられる。Aさんの自宅がある地域で看取りに対応している診療所の情報を収集することも、適切といえる。☞⊕P35・P139

2　×　居宅療養管理指導は、医師又は歯科医師が、訪問診療等により常に利用者の病状及び心身の状況を把握し、居宅介護支援事業者に対する情報提供、利用者又はその家族に対し、居宅サービスの利用に関する留意事項、介護方法等についての指導、助言等を行う。

若しくは、薬剤師等が、医師又は歯科医師の指示の下で必要な支援を行うものである。施設の嘱託医に依頼することは不適切といえる。☞⊕P478、指定居宅サービス等の事業の人員、設備及び運営に関する基準89条

3　×　介護支援専門員は、自宅での看取りというAさんの希望を優先しなければならない。☞⊛P35・P139

保健医療サービスの知識等

問題26　正解1、2、5

1　○　**サルコペニア**とは、加齢による筋肉量の減少および筋力の低下のことであり、両手の指（親指、人差し指）で輪っかをつくり、ふくらはぎを囲んでチェックする**指輪っかテスト**などで評価することができる。☞⊛P88

2　○　フレイルは、自立と要介護状態の中間の状態といえ、日本版フレイルの診断基準は、体重減少、筋力低下、疲労感、歩行速度、身体活動の5項目で構成されている。☞⊛P84

3　×　**ロコモティブシンドローム**とは、「運動器の障害のために移動機能の低下をきたした状態」（日本整形外科学会）のことである。認知機能の低下によって起こるものではない。☞⊛P83、公益財団法人長寿科学振興財団HP

4　×　厚生労働省の調査では、要支援者（要支援1・2）について介護が必要となった主な原因の第1位は関節疾患（19.3％）、第2位は高齢による衰弱（17.4％）、第3位は骨折・転倒（16.1％）であった。要介護者を含む総数では、認知症が第1位（16.6％）であった。☞⊛P336、令和4年国民生活基礎調査の概況：厚生労働省

5　○　**ソーシャルサポート**とは、個人

を取り巻く、家族、恋人、友人、同僚といった社会的関係の中でやりとりされる支援のことである。近親者との死別のような深い悲しみに際し、周囲の人の支えが心のケアに大きな影響を与えるとされている。☞⊛P20、E-ヘルスネット：厚生労働省

問題27　正解3、4、5

1　×　**心拍数**とは、一定の時間内に心臓が拍動する回数のことである。**脈拍**とは、心臓が血液を送り出す際に動脈に現れる、収縮運動のことである。心拍数の正確な測定は、センサーを付けて心電図や心拍計を用いる。簡易な方法として、手首の動脈に指先を添えて脈拍の回数を数える方法がある。不整脈がある場合など、両者の数値が常に一致するとは限らない。☞⊛P128、E-ヘルスネット：厚生労働省

2　×　高体温とは、体温が制御できず異常に上昇する状態のことであり、「**発熱**」と「**うつ熱**」がある。一般に37度以上が発熱である。☞⊛P68

3　○　血圧は、上腕動脈などの動脈の圧力を指し、心臓が血液を押し出す力と血管の拡張で決定する。☞⊛P70

4　○　血圧の**日内変動**とは、一日単位の血圧変動のことである。血圧は、時間帯、行動、周りの環境によって常に変化している。☞⊛P70

5　○　**ジャパン・コーマ・スケール**は、日本で用いられている意識レベルの評価方法である。☞⊛P71

問題28　正解1、2、4

1　○　腹囲はメタボリックシンドロームの診断に使われている。☞⊛P75

2　○　肝機能検査で用いられるAST（GOT）とは、「**アスパラギン酸アミ**

ノトランスフェラーゼ（グルタミン酸オキサロ酢酸トランスアミナーゼ）」のことで、肝機能の指標として用いられる。この数値が低いと肝臓の働きが低下している可能性がある。☞下 P75

3　×　ヘモグロビンは、赤血球内のタンパク質の一種であり、全身の細胞に酸素を送る働きをしている。血液中のブドウ糖がヘモグロビンと結合すると糖化ヘモグロビンとなるが、**ヘモグロビンA1c**の値は、過去1～2か月の平均的な血液中の糖化ヘモグロビンの割合を表したものである。☞下 P76

4　○　尿検査は、尿糖や尿たんぱくの検出に使われるほか、高齢者では尿路感染症の診断に有効とされている。☞下 P78

5　×　**C反応性たんぱく質**とは、人体内で炎症性の刺激や細胞の破壊が生じると急激に増加するタンパク質成分である。☞下 P77

問題29　正解1、2、4

1　○　褥瘡は、局所の持続的圧迫によって生じ、しびれや麻痺といった感覚障害も、発症の原因となる。☞下 P289・P393

2　○　虚血性皮膚壊死である褥瘡では、細菌感染の原因ともなることから、皮膚の清潔に留意しなければならない。☞下 P155・P394

3　×　褥瘡は、床ずれともいわれ、半数以上が仙骨部にみられ、続いて足部、腰部大転子部、下腿部、胸腰椎部にみられる。腹部にはあまりみられない。☞下 P13・P395

4　○　褥瘡の予防方法の一つには、栄養状態の改善がある。☞下 P155

5　×　褥瘡は、寝返りができない人に発症しやすく、体位変換は必須といえ

る。☞下 P155・P394

問題30　正解1、3、4

1　○　リハビリテーションでは、さまざまな職種がチームで多面的に評価と治療にあたる。☞下 P284

2　×　高齢者のケアにおいては、常に**リハビリテーション前置主義**にのっとり、適切かつタイムリーにリハビリテーション医療サービスを活用することが大切としている。☞下 P281

3　○　運動に伴って低血糖発作が起ることもあり、運動が制限される疾病や障害の有無、許容される運動の内容と強度、運動の中止基準について、よく把握しておく必要がある。☞下 P286

4　○　疾病や外傷の発症直後には、急性期病床に入院し、治療を受けながら、急性期リハビリテーションが行われる。☞下 P282・P302

5　×　ターミナル期においても、さまざまなリハビリテーションが行われる。☞下 P316

問題31　正解1、3、5

1　○　認知症施策推進大綱の五本柱の一つである「予防」は、「認知症になるのを遅らせる」「認知症になっても進行を緩やかにする」という意味である。☞下 P203

2　×　運動習慣は認知症の発症・進行に関与する遅延因子であり、適度な運動は効果的といえる。☞下 P203

3　○　認知症の人の自立・自律支援が基本理念である。☞下 P205

4　×　MCIから認知症へは、年間にMCIの約1割が移行するが、一部はMCIから健常に戻っている。☞下 P214

5　○　前頭側頭型認知症の中で側頭葉が委縮するタイプでは、物品の名前が出てこないという症状があることから、意味性認知症といわれる。☞⊤P228

問題32　正解2、3、4
1　×　加齢とともに心身の機能は低下し、環境への適応力も低下する。☞⊤P5
2　○　せん妄は、主として高齢者にみられる病態である。☞⊤P6
3　○　意識障害を引き起こす原因・誘因を取り除けば、せん妄は消失するとされている。☞⊤P216
4　○　一部の胃薬などには、せん妄を引き起こすものがある。特に抗コリン作用をもつ薬剤には注意が必要とされている。☞⊤P7・P216
5　×　統合失調症の症状には、幻聴や妄想、滅裂思考などの陽性症状と、感情鈍麻や無気力などの陰性症状に大きく分けられる。☞⊤P264

問題33　正解2、3、4
1　×　診察や検査は、患者の負担が少ないものから行うことが原則である。☞⊤P24
2　○　診断は、医師又は歯科医師が行うが、検査や治療は患者の意思に基づいて行われる。☞⊤P24
3　○　患者が説明をきちんと受けたうえで同意をすることを**インフォームドコンセント**という。患者は、検査による利益・不利益を理解した上で検査を受けるかどうか、また、病気の内容を知ったうえで、どのような治療を受けるか否かを自己決定する権利を有する。☞⊤P25
4　○　予後に関する情報は、患者本人に説明されるべきものだが、本人の状

態も考慮して家族の立ち会いが必要な場合もある。☞⊤P27
5　×　介護支援専門員は、治療の内容と生活を支える介護サービスの内容についても、予後を視野に入れて、患者や家族へ助言をする必要がある。☞⊤P27

問題34　正解1、2、3
1　○　介護支援専門員は、利用者の入院時には、退院後の利用者・家族を取り巻く状況などについて医療機関に情報提供をすることが重要といえる。☞⊤P31
2　○　入院期間中に介護支援専門員に共有される情報は、利用者が退院後の居宅サービス計画の立案に役立つものといえる。☞⊤P31
3　○　退院前カンファレンスに利用者本人が出席できない場合には、家族が参加することもある。☞⊤P31
4　×　訪問看護は、主治の医師がその治療の必要の程度につき厚生労働省令で定める基準に適合していると認めたものに限り、行われるものである。☞⊤P453、介護保険法8条4項
5　×　退院当日にサービス担当者会議を開催するなどによって、切れ目なくサービス提供を行うことが適切といえる。☞⊤P32

問題35　正解1、4、5
1　○　高齢者では、低栄養や運動不足による体力低下から、転倒しやすくなる。☞⊤P5
2　×　高齢者は食欲や食事量が低下しやすく、低栄養傾向の者の割合は増加するが、男女差はあまりみられない。☞⊤P8・P364
3　×　骨粗鬆症の危険因子には、女性

ホルモンの低下、カルシウム摂取不足、偏食、運動不足、日光浴不足などがある。アルコール摂取との直接的な関わりはみられないが、過度な摂取は、転倒、栄養障害などにつながりかねない。☞下P120・P267・P290

4　○　食品と薬の相互作用によって、強い効果や副作用が現れることもある。☞下P342

5　○　栄養ケア・マネジメントの理念には、「食べること」を通じて高齢者の自己実現を支援することが掲げられており、従来の栄養食事の「指導」ではなく、双方向的なコミュニケーションを重視した「相談」として行っている。☞下P374

問題36　正解1、2

1　○　**糖尿病ケトアシドーシス**とは、糖尿病の急性代謝性合併症のことである。高血糖、高ケトン血症、代謝性アシドーシスを特徴としており、主に1型糖尿病で生じる。☞下P72

2　○　**起坐呼吸**とは、あお向けに寝ると呼吸困難が強いことから、坐ったままの体位で行う呼吸のことである。左心不全、気管支喘息、肺炎で認められる。☞下P72・P127・P182

3　×　肺の機能は20歳前後が最も高く、加齢とともに低下するが、その原因には、老化による呼吸筋などの筋力低下がある。高齢者の1回の換気量は一般成人と比べて違いはないが、残気量が増えて肺活量が低下している。☞下P72

4　×　在宅酸素療法における酸素流量の設定は、医師等の指示のもとに行わなければならない。☞下P58

5　×　簡易酸素マスクで酸素流量が不足する場合は、リザーバー付きマスク

を利用する。鼻カニューレは、簡易酸素マスクよりも酸素流量は少ない。☞下P58

問題37　正解1、2、3

1　○　**飛沫感染**による主な感染症には、新型コロナウイルス感染症、インフルエンザ、流行性耳下腺炎、風疹などがある。☞下P191

2　○　**接触感染**による主な感染症には、ノロウイルス感染症（ただし、吐物などの処理時には飛沫感染もある）、腸管出血性大腸菌感染症、疥癬、多剤耐性菌感染症などがある。☞下P191

3　○　**空気感染**による主な感染症には、結核、麻疹、水痘（帯状疱疹）などがある。☞下P191

4　×　疥癬の感染経路は、接触感染である。☞下P191

5　×　MRSA（メチシリン耐性黄色ブドウ球菌）感染症の感染経路は、接触感染又は飛沫感染である。☞下P191

問題38　正解2、4、5

1　×　衣類の下の皮膚をやけどしている場合には、皮膚が衣服に貼り付いていることがあるので、衣服を脱がさず衣服の上から流水を当てて冷やすようにする。☞下P177

2　○　のどに固形物が詰まった場合には、異物が奥に入らないように側臥位にさせ、口を大きく開けて異物を確認し、指を入れて取り出す。指で取り出せない場合には、背部叩打法を用いる。☞下P175

3　×　心肺蘇生時の胸骨圧迫は、1分間に100～120回繰り返す。☞下P178

4　○　吐き気があるときは身体を横向きにして、上の足を曲げ、下になった

足を伸ばして寝かせると、吐物の誤嚥を防ぐことができる。嘔吐した場合も側臥位にして吐物を取り除く。☞下P180

5　○　せん妄は、認知症、脳卒中、腎不全、低血糖、脱水や感染症、睡眠不足、ストレスがある場合に、鎮静剤、睡眠補助剤、抗うつ剤、抗ヒスタミン剤、ステロイド剤などの使用がきっかけとなって起こる。☞下P183

問題39　正解1、3、5

1　○　筋力トレーニングは、筋肉量を増やすことで糖の利用効率が上がり、代謝が改善されることから、糖尿病の予防には効果的とされている。☞下P142

2　×　息を止めて筋力トレーニングを行うと、血圧が急上昇して危険であり、行ってはならない。☞下P70

3　○　汗をかいていなくても、皮膚からの自然発汗や呼吸からの蒸発などによって水分は失われていくことから、水分補給は必要である。☞下P9・P182

4　×　18～64歳では男性65g、65歳以上60g、18歳以上の女性は50gがたんぱく質の推奨量とされている。高齢者でも、たんぱく質の必要量は一般成人と変わらない。☞下P8、日本人の食事摂取基準（2020年版）

5　○　脳卒中の再発予防のポイントとして、日常生活では、食事、運動、嗜好（飲酒、喫煙）の三点に留意が必要とされている。☞下P98

問題40　正解1、2、5

1　○　**社会保障プログラム法**には、「（政府は）人生の最終段階を穏やかに過ごすことができる環境の整備を行う

よう努める」として国が果たすべき義務が明記されている。☞下P312、持続可能な社会保障制度の確立を図るための改革の推進に関する法律4条5項

2　○　「特定施設」とは、介護保険法に基づき、食事・入浴・排泄などの介助、日常生活に関わる身体的介助、機能訓練などを行う施設サービス「**特定施設入居者生活介護**」のことであり、施設によってはターミナルケアも行われている。☞上P532、下P328

3　×　**死亡診断書**は、医師・歯科医師が発行できるとされている。☞下P332、医師法17条、医師法施行規則20条、歯科医師法17条、歯科医師法施行規則19条の2

4　×　痛みの訴えは、身体的な要因のみに限らず精神的な要因もあることから、医療処置のみで対応できるものではないといえる。☞下P328

5　○　**グリーフケア**は、遺族の悲しみを癒すために大切な手法といえる。☞下P333

問題41　正解1、4、5

1　○　通所リハビリテーションの利用者には、要介護認定を受けた若年性認知症患者を含め、さまざまな状態がみられる。☞上P493

2　×　**通所リハビリテーション計画**は、医師、理学療法士、作業療法士その他専ら指定通所リハビリテーションの提供に当たる通所リハビリテーション従業者が作成しなければならないとされている。☞上P492・P503、指定居宅サービス等の事業の人員、設備及び運営に関する基準115条1項

3　×　**リハビリテーション会議**は、介護職員も含む通所リハビリテーション従業者、利用者及び家族の参加によっ

て行われる。☞⊕ P503、指定居宅サービス等の事業の人員、設備及び運営に関する基準111条1項・114条4号

4 〇 通所リハビリテーションは、介護老人保健施設・介護医療院、病院・診療所等で行われる介護サービスである。☞⊕ P492

5 〇 通所リハビリテーションは、利用者が可能な限りその居宅において、その有する能力に応じ自立した日常生活を営むことができるよう生活機能の維持又は向上を目指し、理学療法、作業療法その他必要なリハビリテーションを行うことにより、利用者の心身の機能の維持回復を図るものでなければならないとされている。☞⊕ P492、指定居宅サービス等の事業の人員、設備及び運営に関する基準110条

問題42　正解1、5

1 〇 指定短期入所療養介護の診療の方針では、検査、投薬、注射、処置等は、利用者の病状に照らして妥当適切に行うとしている。☞⊕ P515、指定居宅サービス等の事業の人員、設備及び運営に関する基準148条4号

2 × 短期入所系サービスでは、おむつ代は保険給付の対象とされている。☞⊕ P107・P523

3 × 指定短期入所療養介護は、医療的な対応を必要とする要介護者が利用対象であり、胃ろうがある利用者も対象となる。☞⊕ P517、指定居宅サービス等の事業の人員、設備及び運営に関する基準144条

4 × 短期入所療養介護は、利用者の心身の状況若しくは症状により、若しくはその家族、冠婚葬祭、出張等の理由により、又は利用者の家族の身体的

及び精神的な負担の軽減等を図るために、一時的に入所して看護、医学的管理の下における介護及び機能訓練その他必要な医療等を受ける必要がある者を対象としている。日帰り利用は、常時看護職員による観察を必要とする難病等を有する重度者又はがん末期の利用者を想定しており、要介護者のみ利用が可能とされている。☞⊕ P516、指定居宅サービス等の事業の人員、設備及び運営に関する基準144条

5 〇 短期入所療養介護計画は、既に居宅サービス計画が作成されている場合は、当該計画の内容に沿って作成しなければならないとされている。☞⊕ P517、指定居宅サービス等の事業の人員、設備及び運営に関する基準147条2項

問題43　正解2、4、5

1 × 看護小規模多機能型居宅介護の対象は、サービス事業所と同一の自治体に住民票を持つ要介護者であり、要支援者は対象外となる。☞⊕ P669、介護保険法8条23項、指定地域密着型サービスの事業の人員、設備及び運営に関する基準170条

2 〇 介護支援専門員は、看護小規模多機能型居宅介護計画の作成に当たっては、利用者の多様な活動が確保されるものとなるように努めなければならないとされている。☞⊕ P647・P676、介護保険法8条23項、指定地域密着型サービスの事業の人員、設備及び運営に関する基準179条3項

3 × 指定訪問看護事業者は、指定訪問看護の提供の開始に際し、主治の医師による指示を、口頭ではなく文書で受けなければならないとされている。☞⊕ P676、指定居宅サービス等の事

業の人員、設備及び運営に関する基準
69条2項

4 〇 サテライト型指定看護小規模多機能型居宅介護事業所の登録定員は、18人以下とされている。☞㊤P675、指定地域密着型サービスの事業の人員、設備及び運営に関する基準174条

5 〇 看護小規模多機能型居宅介護の報酬（利用者の要介護度に応じた基本サービス費）は、月単位で設定されている。☞㊤P95・P335・P675、介護報酬の算定構造：厚生労働省

問題44　正解 2、3、4

1 × 介護老人保健施設とは、要介護者であって、主としてその心身の機能の維持回復を図り、居宅における生活を営むことができるようにするための支援が必要である者を対象としており、対象者は、要介護1〜5に認定されていて、症状が安定し入院治療の必要がないこと、リハビリテーションが必要なこととされている。☞㊤P717、介護保険法8条28項、介護老人保健施設の人員、施設及び設備並びに運営に関する基準1条の2

2 〇 介護老人保健施設は、市町村、居宅介護支援事業者、居宅サービス事業者、他の介護保険施設その他の保健医療サービス又は福祉サービスを提供する者との密接な連携に努めなければならないとされている。☞㊤P714、介護保険法8条28項、介護老人保健施設の人員、施設及び設備並びに運営に関する基準1条の2

3 〇 介護老人保健施設は、入所者の口腔の健康の保持を図り、自立した日常生活を営むことができるよう、口腔衛生の管理体制を整備し、各入所者の状態に応じた口腔衛生の管理を計画的

に行わなければならないとされている。☞㊤P698、介護老人保健施設の人員、施設及び設備並びに運営に関する基準17条の3

4 〇 介護老人保健施設は、理学療法士、作業療法士又は言語聴覚士を、常勤換算方法で、入所者の数を百で除して得た数以上置かなければならないとされている。☞㊤P722、介護老人保健施設の人員、施設及び設備並びに運営に関する基準2条1項5号

5 × 介護老人保健施設において、看取り等を行う際のターミナルケア加算は、一定要件を満たしていれば、死亡月にまとめて算定することができる。☞介護報酬の算定構造：厚生労働省

問題45　正解 1、3

1 〇 介護医療院は、要介護者であって、主として長期にわたり療養が必要である者に対し、施設サービス計画に基づいて、療養上の管理、看護、医学的管理の下における介護及び機能訓練その他必要な医療並びに日常生活上の世話を行うことを目的とする施設であり、住まいと生活を医療が支える新たなモデルとして創設されたものといえる。2024年3月末までに廃止される介護療養型医療施設の移行先の一つでもある。☞㊤P726、介護保険法8条29項

2 × 介護医療院を開設できる者は、地方公共団体、医療法人、社会福祉法人その他厚生労働大臣が定める者とされており、医療法人以外も開設することができる。☞㊤P726、介護保険法107条3項1号

3 〇 介護医療院の療養床には、Ⅰ型療養床とⅡ型療養床がある。☞㊤P726、介護医療院の人員、施設及び

設備並びに運営に関する基準3条

4　×　併設型小規模介護医療院の<u>入所定員は、19人以下</u>とされている。☞㊤P727、介護医療院の人員、施設及び設備並びに運営に関する基準4条7項

5　×　介護医療院の療養室入所者1人当たりの<u>床面積は、8㎡以上</u>とされている。☞㊤P732、介護医療院の人員、施設及び設備並びに運営に関する基準3条2項1号ロ

福祉サービスの知識等

問題46　正解1、2、4

1　○　面接を行う部屋の雰囲気や相談援助者の服装などの外的条件も、クライエントと気持ちを通わせて円滑なコミュニケーションを行うために重要といえる。☞㊦P437

2　○　相談援助者とクライエントの双方が事態を明確にしていくことで、一方通行のコミュニケーションに陥らないようにすることができるといえる。☞㊦P436

3　×　沈黙も一つのメッセージだが、クライエントが長く沈黙している場合には、<u>話し始めるのを待つのではなく、無理強いをすることなく、会話の糸口を探る努力をすべき</u>といえる。☞㊦P438

4　○　漫然と面接を進めるのではなく、焦点を定めて面接を行うことは、効果的な面接を実施する上で重要といえる。☞㊦P438

5　×　**傾聴**とは、クライエントの話す内容と、その思いに積極的に耳や心を傾けることといえる。<u>支援計画を立てることではない</u>。☞㊦P438

問題47　正解1、2

1　○　ソーシャルワークには、ミクロ、メゾ、マクロの各次元が相互に連動して、人の問題解決力や対処能力を強化する役割があるといえる。☞㊦P422

2　○　ソーシャルワークの対象には、支援の終結と事後評価の後のアフターケアも含まれている。☞㊦P416

3　×　ソーシャルワークにおける**ラポール**とは、<u>クライエントと援助者の信頼関係を構築する方法</u>のことであり、特定領域の専門家から助言・指導を受けることではない。☞㊦P430

4、5　×　**アドボカシー**とは、自己の権利を表明することが困難なクライエントに代わり、<u>援助者が代理として権利擁護を行う</u>ことであり、**送致**とは、クライエントが相談した機関では必要な助言ができないとき、<u>利用者の状態に適した施設を紹介し、連絡調整を行うこと</u>である。☞㊦P416・P423

問題48　正解2、3、5

1　×　**統制された情緒的関与**とは、バイステックの7原則の一つであり、「援助者は自分の感情を自覚して吟味する」ことであり、<u>援助者自身がクライエントの感情に巻き込まれず、自らの感情をコントロールすること</u>である。☞㊦P427

2　○　相談援助者は、利用者に対して様々な情報提供を行い、利用者が自身にとって最適なサービスや事業者を自ら選択できるように支援する必要がある。バイステックの7原則には「クライエントの自己決定の最大限の尊重」がある。☞㊤P200、㊦P427

3　○　**非審判的態度**とは、バイステックの7原則の一つであり、相手を否定せず、善悪の判断をクライエント本人

が行えるようにすることである。☞下 P427

4　×　援助計画を立てる際には、クライエントに対して画一的に対処するのではなく、クライエントを個人としてとらえることである。☞下 P427

5　○　意図的な感情表出とは、バイステックの7原則の一つであり、クライエントの感情表現を大切にすることである。☞下 P427

問題49　正解1、5

1　○　メゾ・レベルでのソーシャルワークでは、メンバー間の相互支援機能をもつセルフヘルプグループの活用も効果的とされている。☞下 P421

2　×　プログラム活動は、ソーシャルワーカーを中心に展開するのではなく、参加メンバーの希望にそうほか、共通の興味や関心事から開始することが適切といえる。☞下 P421

3　×　集団援助では、メンバーに共通する課題の解決を優先するのではなく、メンバーに共通する課題にメンバーの個別課題を結びつけて支援することが適切といえる。☞下 P421

4　×　ほかのメンバーの行動を観察することは、自分の問題について新たな見方を獲得する機会となり、メンバー間の相互支援機能を働かせることにもつながるといえる。☞下 P421

5　○　近親者を失って悲嘆にくれている高齢者や生きがいを喪失している高齢者のような、心理的ニーズの高い高齢者に対しては、セルフヘルプグループのミーティングを活用することも効果的といえる。☞下 P421

問題50　正解2、3、4

1　×　床のワックスがけは、日常的に

行われる家事の範囲を超える行為とされており、日常生活の援助に該当しない行為とされている。☞上 P436

2　○　手助けや声かけ及び見守りしながら、利用者と一緒に行うシーツ交換は、自立生活支援・重度化防止のための見守り的援助であり、身体介護として算定できる。☞上 P433

3　○　夏服と冬服を入れ替えるなどの衣類の整理や、ボタン付けや破れの補修等は、生活援助であり、算定できる。☞上 P434

4　○　訪問介護員が車いす等での移動介助を行って店に行き、利用者本人が自ら品物を選べるようにする援助は、自立生活支援・重度化防止のための見守り的援助であり、身体介護として算定できる。☞上 P433

5　×　安否確認を主たる目的とする訪問は、具体的なサービス行為がなければ、算定対象とはならない。☞上 P428

問題51　正解1、4

1　○　看護職員又は介護職員のうち1人以上は、常勤でなければならないとされている。☞上 P451、指定居宅サービス等の事業の人員、設備及び運営に関する基準45条2項

2　×　訪問入浴介護の人員に関する基準では、機能訓練指導員の配置は定められていない。☞上 P451、指定居宅サービス等の事業の人員、設備及び運営に関する基準45条

3　×　訪問入浴介護サービスの提供の責任者が、看護職員でなければならないとされていない。☞上 P451、指定居宅サービス等の事業の人員、設備及び運営に関する基準45条

4　○　運営基準には、指定訪問入浴介

護の提供に当たっては、懇切丁寧に行うことを旨とし、利用者又はその家族に対し、サービスの提供方法等について、理解しやすいように説明を行うとされており、サービスの提供方法等の説明には、入浴方法等の内容、作業手順、入浴後の留意点などが含まれるといえる。☞上 P446、指定居宅サービス等の事業の人員、設備及び運営に関する基準 50 条 2 号

5 × 指定訪問介護事業者は協力医療機関を定めておくが、事業の通常の実施区域内と実施区域外に、それぞれ協力医療機関を定めなければならないとはされていない。☞上 P424・P449、指定居宅サービス等の事業の人員、設備及び運営に関する基準 51 条

問題52 正解2、5

1 × 指定通所介護事業所の管理者は、事業所ごとに専らその職務に従事する常勤の者とされているが、特段の専門資格は不要であり、社会福祉主事任用資格を有するものでなければならないとはされていない。☞上 P489、指定居宅サービス等の事業の人員、設備及び運営に関する基準 94 条

2 ○ 介護職員は、利用者の処遇に支障がない場合は、他の指定通所介護の単位の介護職員として従事することができるとされており、機能訓練指導員の資格要件には、看護職員も含まれる。☞上 P489、指定居宅サービス等の事業の人員、設備及び運営に関する基準 93 条 3 項

3 × 指定通所リハビリテーション事業者は、リハビリテーション会議の開催により、利用者の状況等に関する情報を構成員と共有するように努めるとされており、リハビリテーション会議

はテレビ電話装置等を活用して行うことができる。☞上 P502、指定居宅サービス等の事業の人員、設備及び運営に関する基準 114 条他

4 × 生活相談員は、利用者や家族からの相談窓口となるだけでなく、地域コミュニティと連携して、利用者の地域生活を支える取組みも行うことから、生活相談員の確保すべき勤務延時間数には、利用者の地域生活を支える取組のために必要な時間を含めることはできる。上 P489、指定居宅サービス等の事業の人員、設備及び運営に関する基準 93 条他

5 ○ 指定通所介護事業者は、非常災害に関する具体的計画を立て、定期的に避難、救出その他必要な訓練を行わなければならないとされている。☞上 P490、指定居宅サービス等の事業の人員、設備及び運営に関する基準 103 条

問題53 正解1、2、4

1 ○ 短期入所生活介護は、利用者の心身の機能の維持並びに利用者の家族の身体的及び精神的負担の軽減を図るものでなければならないとされている。☞上 P504、指定居宅サービス等の事業の人員、設備及び運営に関する基準 120 条

2 ○ 短期入所生活介護計画については、介護の提供に係る計画等の作成に関し経験のある者や、介護の提供について豊富な知識及び経験を有する者にそのとりまとめを行わせるものとし、当該事業所に介護支援専門員の資格を有する者がいる場合は、その者に当該計画のとりまとめを行わせることが望ましいとされている。☞「指定居宅サービス等の事業の人員、設備及び運

営に関する基準について」老企第25号：平成11年9月17日

3 × 食事時間は適切なものとし、夕食時間は午後6時以降とすることが望ましいが、早くても午後5時以降とすることとされている。☞上記通達

4 ○ 食事の提供に関する業務は指定短期入所生活介護事業者自らが行うことが望ましいが、栄養管理、調理管理、材料管理、施設等管理、業務管理、衛生管理、労働衛生管理について事業者自らが行う等、当該事業者の管理者が業務遂行上必要な注意を果たし得るような体制と契約内容により、食事サービスの質が確保される場合には、当該事業者の最終的責任の下で第三者に委託することができるとされている。☞「東京都指定居宅サービス等の事業の人員、設備及び運営の基準に関する条例及び東京都指定介護予防サービス等の事業の人員、設備及び運営並びに指定介護予防サービス等に係る介護予防のための効果的な支援の方法の基準に関する条例施行要領」二四福保高介第1882号：令和3年4月改正版

5 × 利用定員は、指定短期入所生活介護の事業の専用の居室のベッド数と同数とするとされているが、災害、虐待その他のやむを得ない事情がある場合のほか、利用者の状況や利用者の家族等の事情により、指定居宅介護支援事業所の介護支援専門員が、緊急に指定短期入所生活介護を受けることが必要と認めた者に対し、居宅サービス計画に位置付けられていない指定短期入所生活介護を提供する場合であって、当該利用者及び他の利用者の処遇に支障がないと認められる場合においても、利用者数を超えて指定短期入所生活介護を行うことが認められるとされてい

る。☞上記要領

問題54 正解1、3、5

1 ○ 一つの住宅に複数の被保険者が居住する場合には、住宅改修費の支給限度額の管理は被保険者ごとに行われるため、被保険者ごとに住宅改修費の支給申請を行うことが可能とされている。☞「居宅介護住宅改修費及び介護予防住宅改修費の支給について」労企第42号：平成12年3月8日

2 × スロープの設置や段差を解消する工事は、住宅改修費の支給対象となるが、リフト等動力により段差を解消する機器を設置する工事は、対象ではない。☞⊥P558

3 ○ 洋式便器等への便器の取り替えには、既存の便器の位置や向きを変更する場合も、住宅改修費の支給対象に含まれる。☞⊥P559

4 × 浴室内すのこは特定福祉用具販売の対象だが、住宅改修費の支給対象ではない。☞⊥P558

5 ○ 手すりの取付けのための壁の下地補強も、住宅改修費の支給対象となる。☞⊥P559

問題55 正解1、2、5

1 ○ 指定小規模多機能型居宅介護事業所の管理者は、介護支援専門員に、登録者の居宅サービス計画の作成に関する業務を担当させるものとされている。☞⊥P641・P647、指定地域密着型サービスの事業の人員、設備及び運営に関する基準74条

2 ○ 小規模多機能型居宅介護は、「通い」「訪問」、短期間の「宿泊」を地域の拠点である事業所において柔軟に組み合わせて提供することを狙いとしたサービスであり、在宅生活が困難

な高齢者を入所させる施設である養護老人ホームの入所者を利用者として想定していない。☞㊤P529・P641

3 × 指定小規模多機能型居宅介護事業所は、その<u>登録定員を29人以下</u>としている。☞P642・P646、指定地域密着型サービスの事業の人員、設備及び運営に関する基準66条

4 × 指定小規模多機能型居宅介護事業所は、利用者、利用者の家族、地域住民、市町村の職員、地域包括支援センターの職員、サービスについて知見を有する者等による会議（運営推進会議）において、<u>おおむね2か月に1回以上</u>、活動状況等について協議・報告・評価を行うとしている。☞㊤P648、指定地域密着型サービスの事業の人員、設備及び運営に関する基準34・88条

5 ○ 指定小規模多機能型居宅介護事業所は、利用者の家族との交流の機会の確保や地域住民との交流を図る観点から、住宅地又は住宅地と同程度に利用者の家族や地域住民との交流の機会が確保される地域にあるようにしなければならないとされている。☞㊤P646、指定地域密着型サービスの事業の人員、設備及び運営に関する基準67条

問題56　正解2、3、5

1 × 共用型指定認知症対応型通所介護の利用定員は、1施設<u>1日当たり3人以下</u>とされている。単独型、併設型の定員は12人以下である。☞㊤P636、指定地域密着型サービスの事業の人員、設備及び運営に関する基準46条

2 ○ 指定認知症対応型通所介護の提供に当たっては、懇切丁寧に行うことを旨とし、利用者又はその家族に対し、

サービスの提供方法等について、理解しやすいように説明を行うものとされており、サービスの提供方法等の説明には、利用日の行事及び日課等も含まれる。☞㊤P639、指定地域密着型サービスの事業の人員、設備及び運営に関する基準51条4号

3 ○ 認知症対応型通所介護の利用者は、認知症の原因となる疾患が急性の状態にある者を除くとされており、認知症の原因となる疾患が急性の状態にある者の利用は想定していない。☞㊤P634、指定地域密着型サービスの事業の人員、設備及び運営に関する基準41条

4 × 単独型・併設型指定認知症対応型通所介護の場合、<u>生活相談員、看護職員又は介護職員のうち1人以上は、常勤でなければならない</u>とされている。☞㊤P638、指定地域密着型サービスの事業の人員、設備及び運営に関する基準42条6項

5 ○ 機能訓練指導員になるために必要な資格は、理学療法士、作業療法士、言語聴覚士、看護師、准看護師、柔道整復師又はあん摩マッサージ指圧師、一定の実務経験を有する鍼師灸師とされている。☞㊤P638、指定地域密着型サービスの事業の人員、設備及び運営に関する基準42条5項

問題57　正解1、3、4

1 ○ 指定介護老人福祉施設は、施設サービス計画に基づき、可能な限り、居宅における生活への復帰を念頭に置いて、入浴、排せつ、食事等の介護、相談及び援助、社会生活上の便宜の供与その他の日常生活上の世話、機能訓練、健康管理及び療養上の世話を行うことにより、入所者がその有する能力

に応じ自立した日常生活を営むことができるようにすることを目指すものでなければならないとされている。☞⊕P704、指定介護老人福祉施設の人員、設備及び運営に関する基準1条の2

2　×　指定介護老人福祉施設の設備の基準では、廊下幅は1.8メートル以上、中廊下の幅は、2.7メートル以上とすることとされている。☞⊕P712、指定介護老人福祉施設の人員、設備及び運営に関する基準3条1項8号

3　○　指定介護老人福祉施設は、入所者が可能な限り離床して、食堂で食事を摂ることを支援しなければならないとされている。☞⊕P698、指定介護老人福祉施設の人員、設備及び運営に関する基準19条2項

4　○　指定介護老人福祉施設の生活相談員は、常勤の者でなければならないとされている。☞⊕P711、指定介護老人福祉施設の人員、設備及び運営に関する基準2条5項

5　×　食堂及び機能訓練室は、それぞれ必要な一定の広さを有するものとされているが、食事の提供又は機能訓練を行う場合において、当該食事の提供又は機能訓練に支障がない広さを確保することができるときは、同一の場所とすることができるとされている。☞⊕P712、指定介護老人福祉施設の人員、設備及び運営に関する基準3条1項7号イ

問題58　正解1、3、5

1　○　成年後見人の職務には、身上保護（身上監護）と財産管理が含まれており、本人の財産行為についてすべての代理権を有し、療養看護の方針を決定する。☞⊕P506

2　×　後見開始の申立は、本人の住所

地を管轄する家庭裁判所に対し行わなければならないとされている。☞⊕P508

3　○　法には、国は、「基本理念にのっとり、成年後見制度の利用の促進に関する施策を総合的に策定し、及び実施する責務を有する」としている。☞⊕P514、成年後見制度の利用の促進に関する法律4条

4　×　法定後見制度は、本人の判断能力の程度に応じて、後見、保佐、補助の3類型に分かれている。☞⊕P507

5　○　2017年に閣議決定された成年後見制度利用促進基本計画では、権利擁護支援の地域連携ネットワークづくりが必要とされている。☞⊕P514

問題59　正解2、4、5

1　×　高齢者虐待防止法において「高齢者」とは、65歳以上の者とされている。☞⊕P497、高齢者虐待の防止、高齢者の養護者に対する支援等に関する法律2条1項

2　○　養護者又は高齢者の親族が当該高齢者の財産を不当に処分することその他当該高齢者から不当に財産上の利益を得ることは、養護者による高齢者虐待とされている。☞⊕P498、高齢者虐待の防止、高齢者の養護者に対する支援等に関する法律2条4項

3　×　高齢者に対する著しい暴言又は著しく拒絶的な対応その他の高齢者に著しい心理的外傷を与える言動を行うことは、高齢者虐待とされている。☞⊕P498、高齢者虐待の防止、高齢者の養護者に対する支援等に関する法律2条4・5項

4　○　高齢者虐待防止法に定める養介護施設には、介護老人保健施設も含まれている。☞⊕P499、高齢者虐待の

防止、高齢者の養護者に対する支援等に関する法律2条5項1号

5　○　都道府県知事は、毎年度、養介護施設従事者等による高齢者虐待の状況、高齢者虐待があった場合にとった措置等について公表するものとされている。☞下 P501、高齢者虐待の防止、高齢者の養護者に対する支援等に関する法律25条

問題60　正解1、2、5

1　○　生活保護は、要保護者の年齢別、性別、健康状態等その個人又は世帯の実際の必要の相違を考慮して、有効かつ適切に行うものとされている。☞生活保護法9条

2　○　生活保護の実施機関は、都道府県知事、市長及び福祉事務所を管理する町村長とされている。☞下 P469、生活保護法19条

3　×　生活保護費は、生活保護基準（最低生活費）に従い支給され、世帯に収入がある場合、<u>最低生活費から収入を差し引いた差額が保護費として支給される</u>。☞下 P469

4　×　福祉用具の利用は、<u>介護扶助の対象となる</u>。☞下 P472

5　○　生活保護の申請は、要保護者、その扶養義務者またはその他の同居の親族からの申請に基づき、福祉事務所が生活保護の要否判定を行うことになる。☞下 P469

介護保険制度の仕組み

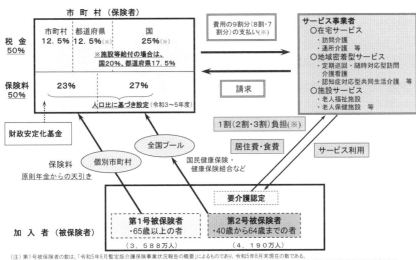

資料：厚生労働省

23

令和4年度（第25回）試験問題の解答・解説

介護支援分野

問題1　正解1、2、5

1　○　介護保険制度は、介護を必要とする高齢者の自立支援と家族の介護負担の軽減を図ることがねらいである。☞上P23

2　○　介護保険制度は、高齢者介護を、国民の共同連帯の理念に基づき社会全体で支えるものである。☞上P22

3　×　認知症施策の推進にあたっては、認知症者が地域社会において尊厳を保持しつつ他の人々と共生できるようにしなければならないとしている。介護保険制度の目的は、利用者が、その有する能力に応じて自立した日常生活を営むことである。☞上P31・P40

4　×　利用者の個別の状態に応じた適切なサービスが、総合的・効率的に提供されなければならないとされている。☞上P41

5　○　保険給付は、多様な事業者又は施設から、総合的かつ効率的にサービスが提供されるように配慮して行われなければならないとされている。☞上P41

問題2　正解2、3、4

1、5　×　**重層的支援体制整備事業**とは、地域共生社会、包括的支援体制をより具体的な事業として推進していくために2021年4月から施行されたものであり、①相談支援、②参加支援、③地域づくりに向けた支援を一体的に実施する事業である。市町村の任意事業であり、居宅介護支援は含まれていない。☞上P19

2、3、4　○　上記記述を参照。

問題3　正解1、2、3

1　○　介護保険法には、国は、保健医療サービス及び福祉サービスを提供する体制の確保に関する施策を講じなければならないとされている。☞介護保険法5条1項、☞上P52

2　○　介護保険法には、国及び地方公共団体は、障害者その他の者の福祉に関する施策との有機的な連携を図るよう努めなければならないとされている。☞介護保険法5条3項、☞上P54

3　○　介護保険法には、都道府県は、介護保険事業の運営が健全かつ円滑に行われるように、必要な助言及び適切な援助をしなければならないとされている。☞介護保険法5条2項、☞上P55

4　×　市町村は、介護保険の保険給付を円滑に実施するために介護保険事業計画を定めるが、要介護者等の医療に要する費用の適正化を図るための施策の実施は定めていない。☞上P57

5　×　「介護保険事業に係る保険給付の円滑な実施を確保するための基本的な指針」の策定は、国の事務である。☞上P53

問題4　正解2、5

1　×　2019（令和元）年度の前期高齢者数は1,726万人、後期高齢者数は1,829万人となっている。☞上P4、「令和元年度　介護保険事業状況報告」厚生労働省

2　○　平成31年3月末現在の第1号被保険者数は3,525万人である。☞上

P35、上記報告

3　×　平成31年3月末現在の、第1号被保険者のうち要介護及び要支援の認定者が占める割合は、<u>18.3%</u>となっている。☞上P36、上記報告

4　×　2019（令和元）年度の、要介護及び要支援の認定者のうち、要介護3以上の者が占める割合は、<u>34.4%</u>となっている。☞上P36、上記報告

5　○　2019（令和元）年度の保険給付費のうち、居宅サービスが占める割合は50%、地域密着型サービスが占める割合は17.1%となっている。☞上記報告

問題5　正解1、5

1　○　医療保険加入者が40歳に達したとき（誕生日の前日）、住所を有する市町村の介護保険の被保険者資格を取得するとされている。☞上P47

2　×　介護保険の第2号被保険者が生活保護の被保護者となった場合は、被保険者資格を喪失するが、<u>第1号被保険者の場合は資格を喪失しない</u>。☞上P47

3　×　入所前の住所地とは別の市町村に所在する養護老人ホームに措置入所した者についても、<u>住所地特例の対象とされている</u>。☞上P48

4　×　居住する市町村から転出した場合は、<u>転出した当日から、転出先の市町村の被保険者となる</u>。☞上P47

5　○　被保険者が死亡した場合は、その翌日から、被保険者資格を喪失するとされている。☞上P47

問題6　正解1、3、5

1　○　介護支援専門員の登録を受けている者が死亡した場合には、遺族（相続人）は資格喪失手続きを行わなくて

はならないとされている。☞上P48

2　×　介護支援専門員の登録の申請の<u>5年以内</u>に介護保険サービスに関し、不当又は著しく不正な行為をした者は、登録を受けることができないとされている。☞上P123

3　○　都道府県知事は、信用を傷つけるような行為をした介護支援専門員の登録を消除することができるとされている。☞上P125

4　×　介護支援専門員証の<u>交付を受けていなければ、業務に従事することはできない</u>とされている。☞上P231

5　○　更新研修を受けた者は、介護支援専門員証の有効期間を更新することができるとされている。☞上P124

問題7　正解2、4

1　×　介護老人福祉施設の入所定員は、<u>30人以上</u>とされている。☞上P140

2　○　介護老人保健施設の管理者となる医師は、都道府県知事の承認を受けた者でなければならないとされている。☞介護保険法95条1項、☞上P141

3　×　**指定介護療養型医療施設**は、2024（令和6年）3月31日までに介護医療院、介護老人保健施設等へ転換し、施設類型としては廃止されることとされている。<u>新たな指定は受けられない</u>。☞上P142

4　○　介護保険施設では、入所者ごとに施設サービス計画を作成しなければならないとされている。☞上P697

5　×　**地域密着型介護老人福祉施設**は、入所定員29人以下の特別養護老人ホームであり、<u>介護保険施設には含まれない</u>。☞上P663

問題8　正解1、2、4

1　○　介護保険の被保険者証が交付さ

れていない第2号被保険者が要介護認
定の申請をするときは、医療保険被保
険者証等を提示して申請を行うとされ
ている。☞上P73

2　○　市町村は、介護保険の新規認定
の調査について、指定市町村事務受託
法人に委託することができるとされて
いる。☞上P75

3　×　要介護認定に当たり、被保険者
に主治医がいない場合には、市町村が
指定する医師、または、市町村の職員
である医師が主治医意見書を作成する
とされている。☞上P77

4　○　要介護者が住所を移転して他市
町村に所在する介護老人福祉施設に入
所する場合には、改めて介護認定審査
会の審査・判定を受けることなく、移
転前の市町村における認定に基づいて
認定申請を行うとされている。☞上
P86

5　×　介護保険料を滞納している者で
あっても、要介護認定を受けることは
できる。☞上P73

問題9　正解2、4、5

1　×　国は、施設等給付については
20％、それ以外の給付については
25％を負担している。☞上P61

2　○　国は、介護保険の財政の調整を
行うため、市町村の財政力の強弱に応
じて調整交付金を交付している。☞上
P61

3　×　介護保険の保険料は、第1号保
険料は市町村、第2号保険料は医療保
険の各保険者が被保険者から徴収して
いる。都道府県は保険料を徴収してい
ない。☞上P63～P69

4　○　**地域支援事業支援交付金**は、診
療報酬の審査及び支払いを行う社会保
険診療報酬支払基金が、医療保険者か

ら徴収する納付金をもって充てている。
☞上P68

5　○　第1号被保険者の保険料の賦課
期日は、当該年度の初日（4月1日）
である。☞介護保険法130条

問題10　正解1、3、5

1　○　第1号被保険者の保険料の額は、
政令で定める基準に従い市町村が条例
で定める。☞上P63

2　×　第1号被保険者の保険料率は、
介護保険の適正な中期的財政運営とい
う観点から、3年に一度設定しなおさ
れている。☞上P63

3　○　普通徴収の方法によって徴収す
る第1号被保険者の保険料については、
生計の同一性に着目し、世帯主に連帯
納付義務が課せられている。☞上P65

4　×　普通徴収の方法によって徴収す
る保険料の納期は、市町村が条例に
よって定めている。☞上P65

5　○　条例で定めるところにより、災
害等、特別の理由がある者に対し、条
例により保険料を減免し、又はその徴
収を猶予することができる。☞上P66

問題11　正解1、4

1　○　居宅要支援被保険者も、介護予
防・生活支援サービス事業を利用でき
るとされている。☞上P154

2　×　介護予防・生活支援サービス事
業の実施主体は市町村であり、利用者
の負担額は市町村が設定する。☞上
P149

3　×　住所地特例適用被保険者に係る
介護予防・生活支援サービス事業の費
用は、保険者である市町村が負担する。
☞上P149

4　○　介護老人保健施設の入所者は要
介護認定を受けた者を対象としており、

介護予防・生活支援サービス事業の利用対象者とはならない。☞上 P714

5 × 要支援認定を受けた第2号被保険者も、介護予防・生活支援サービス事業を利用対象者となる。☞上 P154

問題12 正解 1、3、4

1 ○ 生活支援コーディネーター（地域支え合い推進員）は、生活支援体制整備事業において配置が定められている。☞上 P158

2 × 介護サービス相談員は、包括的支援事業において配置が定められていない。☞上 P158

3 ○ 認知症地域支援推進員は、認知症総合支援事業において配置が定められている。☞上 P158

4 ○ チームオレンジコーディネーターは、認知症総合支援事業において配置が定められている。☞上 P158

5 × 福祉用具専門相談員は、包括的支援事業においては配置が定められていない。☞上 P158

問題13 正解 2、3、5

1 × 介護給付費交付金の交付業務は、社会保険診療報酬支払基金の業務である。☞上 P67

2、3、5 ○ 介護予防・日常生活支援総合事業に関する費用の審査及び支払、介護給付費等審査委員会の設置、第三者行為求償事務は、いずれも国民健康保険団体連合会が行う業務である。☞上 P173 ～ P175

4 × 指定居宅介護支援事業所への強制権限を伴う立入検査などの指導・監督等は、指定権限を持つ市町村長が行うことになる。☞上 P134

問題14 正解 1、4、5

1 ○ 介護サービス事業者は、毎年、介護サービス情報を都道府県知事に報告しなければならない。☞上 P144

2 × 指定居宅介護支援事業者は、介護サービス情報を都道府県知事に報告しなければならない。☞上 P144

3 × 介護サービス情報の公表は、都道府県知事、又は都道府県知事が指定した指定情報公表センターが行うとされている。☞上 P143

4 ○ 職種別の従業者の数は、介護サービス情報の公表すべき事項に含まれている。☞上 P145

5 ○ 指定居宅サービス事業者が報告内容の是正命令に従わないときには、指定の取消や効力の停止をすることがある。☞上 P145

問題15 正解 3、4、5

1 × 指定居宅介護支援事業者は、提供したサービスに対する利用者の国民健康保険団体連合会への苦情の申立てに関して、利用者に対し必要な援助を行わなければならないとされている。☞上 P 314、☞指定居宅介護支援等の事業の人員及び運営に関する基準26条5項

2 × 国民健康保険団体連合会は、中立性・広域性の観点から、独自業務として苦情処理を行っており、都道府県から委託を受けて行うものではない。☞上 P174

3 ○ 国民健康保険団体連合会は、改善が認められる場合には、事業者に対する必要な指導及び助言を行うとされている。☞上 P174

4 ○ 指定訪問看護事業者は、受け付けた苦情の内容等を記録しなければならないとされている。☞上 P314、☞

令和4年度

27

指定居宅サービス等の事業の人員、設備及び運営に関する基準73条の2第2項6号

5　○　指定訪問介護事業者は、提供した指定訪問介護に係る利用者及びその家族からの苦情に迅速かつ適切に対応するために、苦情を受け付けるための窓口を設置する等の必要な措置を講じなければならないとされている。☞上記基準36条1項

問題16　正解1、4

1、4　○　自分の意思の伝達能力、短期記憶、日常の意思決定を行うための認知能力の3つが、主治医意見書における認知症の中核症状である。☞上P78

2、3、5　×　上記記述を参照。

問題17　正解1、4、5

1、4、5　○　介護保険における特定疾病は、関節リウマチ、脳血管疾患、骨折を伴う骨粗鬆症を含めて16の疾病が指定されている。☞上P72

2、3　×　上記記述を参照。

問題18　正解1、3

1　○　要介護認定等基準時間は、実際の介護時間とは異なり、介護の必要性を判断するための尺度として一定の方法で推計された客観的な基準である。☞上P79

2　×　要介護認定等基準時間は、同居家族の有無や人数によって異なることはない。☞上P76

3　○　要介護認定等基準時間の算出根拠は、1分間タイムスタディという調査法により得られたデータ（1分間タイムスタディ・データ）である。☞上P80

4　×　要介護認定の新規認定の調査は市町村が実施することとされている。更新認定については、市町村は指定居宅介護支援事業者に委託することができる。☞上P75・P76

5　×　認定調査票の特記事項は、要介護・要支援認定の二次判定で使用する。☞上P80

問題19　正解1、2、5

1　○　介護支援専門員は、利用者の心身又は家族の状況等に応じ、継続的かつ計画的に指定居宅サービス等の利用が行われるようにしなければならないとされている。☞指定居宅介護支援等の事業の人員及び運営に関する基準13条3項

2　○　介護支援専門員は、その地域における指定居宅サービス事業者等に関するサービスの内容、利用料等の情報を適正に利用者又はその家族に対して提供するものとされている。☞上記基準13条5項

3　×　介護支援専門員は、居宅サービス計画の原案の内容について利用者やその家族に対して説明し、文書により利用者の同意を得なければならないとされている。☞上記基準13条10項

4　×　介護支援専門員は、居宅サービス計画を作成した際には、当該居宅サービス計画を利用者及び担当者に交付しなければならないとされている。☞上記基準13条11項

5　○　介護支援専門員は、介護保険施設等から退院又は退所しようとする要介護者から依頼があった場合には、居宅における生活へ円滑に移行できるよう、あらかじめ、居宅サービス計画の作成等の援助を行うものとされている。☞上記基準13条18項

問題20　正解２、３、４

1　×　居宅介護支援台帳は、書面で行うことが規定されている又は想定されるものについては、書面に代えて、当該書面に係る電磁的記録により行うことができるとされている。☞指定居宅介護支援等の事業の人員及び運営に関する基準31条

2　○　指定居宅介護支援事業者は、事故の状況及び事故に際して採った処置についての記録を整備しなければならないとされている。☞上記基準29条2項5号

3　○　指定居宅介護支援事業者は、従業者に関する記録を整備しておかなければならないとされている。☞上記基準29条

4　○　指定居宅介護支援事業者は、事業所ごとに経理を区分するとともに、指定居宅介護支援の事業の会計とその他の事業の会計とを区分しなければならないとされている。☞上記基準28条

5　×　指定居宅介護支援事業者は、サービス担当者会議等の記録を、その完結の日から2年間保存しなければならないとされている。☞上記基準29条2項

問題21　正解１、２、３

1、2、3　○　利用者についての継続的なアセスメントは、指定居宅介護支援に係るモニタリングに含まれる。サービス実施中のモニタリングは、より良いサービス提供のために必要であり、実施が定められている。目標の達成度の把握、指定居宅サービス事業者等との連絡を継続的に行うことも同様といえる。☞上P290

4　×　介護支援専門員は、少なくとも1月に1回、利用者の居宅を訪れてモニタリングを行うとされているが、主治の医師に意見を求めなければならないとはされていない。☞上P291

5　×　介護支援専門員は、市町村が設けた地域ケア会議から求めがあれば、協力をするように努めるとされているが、モニタリングの結果を提出しなければならないとはされていない。☞上P163、☞指定居宅サービス等の事業の人員、設備及び運営に関する基準36条の2

問題22　正解１、３、４

1　○　介護予防サービス計画の作成に当たっては、当該地域の住民による自発的な活動によるサービス等の利用も含めて介護予防サービス計画上に位置付けるよう努めなければならないとされている。☞指定介護予防支援等の事業の人員及び運営並びに指定介護予防支援等に係る介護予防のための効果的な支援の方法に関する基準30条4号

2　×　担当職員は、指定介護予防サービス事業者等に対して、サービスの提供状況や利用者の状態等に関する報告を少なくとも1月に1回、聴取しなければならないとされている。☞上記基準30条13号

3　○　担当職員は、介護予防サービス計画に介護予防福祉用具貸与を位置付ける場合には、貸与が必要な理由を記載しなければならないとされている。☞上記基準30条24号

4　○　担当職員は、介護予防サービス計画に位置付けた期間が終了するときは、当該計画の目標の達成状況について評価しなければならないとされている。☞上記基準30条15号

5　×　担当職員は、利用者が介護予防

訪問看護、介護予防通所リハビリテーション等の医療サービスの利用を希望している場合その他必要な場合には、利用者の同意を得て主治の医師又は歯科医師の意見を求めなければならないとされている。理学療法士の指示が必要とはされていない。☞上記基準30条21号

問題23　正解2、3、5

1　×　Aさんが我慢して通所介護に通うように説得してもらうのではなく、Aさんが納得して自らサービス利用を受けるようにすることが適切といえる。☞下P211・P446

2、3　○　通所介護計画の再検討をすることで、Aさんが納得して自らサービス利用を受けるようにすることが適切といえる。Aさんが参加したいと思うような活動や場所を探すことも適切といえる。☞下P211・P446

4　×　通所介護の利用をやめて一人で自宅で過ごすことは、状態の改善にはつながらず、不適切といえる。☞下P211・P446

5　○　地域ケア会議で若年性認知症に対応する社会資源開発を提案することは、Aさんだけでなく、広く若年性認知症の利用者に好ましい影響を与えることになり、適切といえる。☞下P211・P449

問題24　正解1、3、5

1　○　長女を担当する相談支援専門員に現状を伝えることで、Aさんが通所介護での入浴サービスを受けられる方法を模索することは、適切といえる。☞下P448

2　×　浴室の改修を行う前に、解決方法を模索すべきといえる。☞下P448

3　○　Aさんと長女が一緒に通所利用できるサービスを探すことは適切といえる。☞下P448

4　×　長女はAさんの姿が見えなくなると不穏になることから、Aさんが特別養護老人ホームに入所することは、不適切といえる。☞下P448

5　○　Aさんの症状の改善の可能性について主治医に意見を求めることは、適切といえる。☞下P448

問題25　正解2、3、5

1　×　介護支援専門員が生活援助として買い物を行うことは可能だが、金銭管理は訪問介護には含まれない。判断能力が不十分な利用者に対しては、社会福祉協議会が行う日常生活自立支援事業などがある。☞上P434・下P518

2　○　民生委員にAさんの見守りに関する対応を相談することは、適切といえる。☞下P458他

3　○　Aさんに日常生活自立支援事業についての情報提供を行うことは、適切といえる。☞P516他

4　×　Aさんは、「このまま家で気楽に暮らし続けたい」と希望しており、施設サービスの利用手続を始めるのは不適切といえる。☞下P251他

5　○　Aさんの認知症の状態や生活環境についての再アセスメントを行うことで、対処方法を検討することは適切といえる。☞下P251他

保健医療サービスの知識等

問題26　正解2、3、4

1　×　冠動脈が攣縮して起こる異型狭心症では、夜間・未明・睡眠中の前胸部の圧迫感が典型的な症状である。☞下P124

2　○　心不全による呼吸困難時には、仰臥位ではなく起座位にすることで、自覚症状、血行動態の改善がみられる。☞下P127

3　○　慢性腎不全では、腎不全の進行を抑え自覚症状を改善することが治療の中心となる。水分や電解質（ナトリウム、カリウム、カルシウム、リンなど）の摂取量に注意する必要がある。☞下P136

4　○　高齢者の糖尿病では、口渇、多飲、多尿などの症状がはっきりしないことも多く、発見が遅くなることがある。☞下P141

5　×　帯状疱疹は、水痘・帯状疱疹ウイルスの再活性化によって起こるウイルス性の疾患である。☞下P158

問題27　正解3、5

1　×　老年期うつ病では、妄想の症状が発現することもある。☞下P216・P263

2　×　うつ病は自殺率の高い病気であり、老年期うつ病でも、自死を図ることがある。☞下P216・P263

3　○　高齢者の妄想性障害への対応では、治療関係における柔らかな対応と温かい人間関係の構築が、薬物療法にも増して、高齢者の妄想の消失に寄与する。共感は大切な要素といえる。☞下P266

4　×　神経症は、気のもちようではなく、病気であると認識することが重要

である。☞下P274

5　○　断酒達成率は、配偶者・同居家族の有無、継続的な外来通院と自助グループへの参加継続の度合いによって決まる。アルコール依存症のケアには、自助グループなどの地域の社会資源の活用も有用といえる。☞下P268

問題28　正解1、3、4

1　○　起立性低血圧は、降圧薬、利尿薬、抗うつ薬、血管拡張薬などの薬剤の使用も発症の原因になる。☞下P71

2　×　加齢とともに動脈硬化性の変化が進み、血管の弾力が失われるため、収縮期血圧は高く、拡張期血圧は低くなる傾向がある。☞下P70

3　○　上肢の拘縮があり、橈骨動脈で脈が触れないような場合には、頸動脈や股動脈で脈拍をみる。☞下P70

4　○　重度の徐脈は、意識障害、失神を伴うことがある。☞下P69

5　×　昏睡とは、自発的運動がなく痛覚刺激にも反応しない状態である。刺激がないと眠ってしまう状態は傾眠である。☞下P71

問題29　正解2、3、4

1　×　**BMI**（Body Mass Index）は、体重（kg）を身長（m）の2乗で除したものである。☞下P74

2　○　血清アルブミンの値は、高齢者の長期にわたる栄養状態をみる指標として最も有用なものである。☞下P75

3　○　AST（GOT）・ALT（GPT）の値は、肝・胆道疾患の指標となるが、ASTは、肝臓以外に心臓、筋肉などの疾患や溶結性疾患で上昇する。☞下P75

4　○　腎機能が悪くなるとクレアチニンが高値になることから、血清クレア

チニンの値は、腎機能の指標となる。
☞下 P75

5　×　ヘモグロビン A1c の値は、<u>過去1〜2か月の平均的な血糖レベルを反映している</u>。☞下 P76

問題30　正解1、2、3

1　○　介護を行うときには、利用者の残存能力をできる限り活かすようにする。☞下 P379

2　○　入浴は、全身の保清を図り、血液循環や新陳代謝を促進するとともに、リラクゼーション効果を得たり、心身を爽快にする効果がある。☞下 P401

3　○　清拭をしている間に利用者の身体を冷やさないように、その部屋の温度を確認する必要がある。☞下 P401

4　×　**尿失禁**とは、<u>尿が意思に反して漏れてしまう状態</u>のことである。☞下 P12

5　×　**ボディメカニクス**とは、身体的な特性を理解し、その<u>力学的な相互関係を利用して行う姿勢や動作のこと</u>、看護者や介護者の負担を軽減する技法のことである。☞下 P379

問題31　正解1、2、5

1　○　味覚は、舌や口蓋等にある味蕾が唾液に溶けた味の刺激物質に刺激されて起こるものである。☞下 P404

2　○　誤嚥とは、飲食物や唾液、胃の内容物が気管内に入ることをいう。食事中の発生に多いが、夜間に微量ずつ垂れ込むような誤嚥もある。☞下 P405

3　×　薬の PTP 包装シート（プラスチックにアルミなどを貼り付けたもの）は、<u>人体内部を傷つけることがあり</u>、誤って飲み込まないように注意が必要である。☞下 P344

4　×　認知症と口腔環境と心疾患、脳血管疾患、認知症との関係性が研究されており、<u>無関係ではない</u>。☞下 P405

5　○　口腔内・口腔周囲を動かすこと、嚥下反射を促すことは、オーラルフレイル予防につながるといえる。☞下 P406

問題32　正解2、5

1　×　BPSD（認知症の行動・心理症状）は、住環境やケアの状況などの<u>環境因子の影響を強く受ける症状</u>である。☞下 P233

2　○　若年性認知症は、うつ病や統合失調症など、他の精神疾患と疑われて診断が遅れることがある。☞下 P211

3　×　<u>リアルな幻視やパーキンソニズムが特徴となるのは、レビー小体型認知症</u>である。前頭側頭型認知症では、脱抑制、易怒性などの行動障害、語義失語、意味記憶障害などの障害がみられる。☞下 P228

4　×　パーソン・センタード・ケアは、それまでの介護者本位で<u>効率よく行うケアではなく</u>、その人らしさをケアの中心に据えた、心の通うケアである。☞下 P243

5　○　介護支援専門員が、利用者本人の同意を得て、心身の変化などを主治医に伝えることは、よりよい医療につながる。多職種連携によってより質の高い介護が実現できる。☞下 P378 他

問題33　正解1、2、3

1　○　リハビリテーションにおける治療の代償的アプローチには、残存機能の活用、補助具の活用、環境の調整が含まれる。☞下 P285

2　○　急性期リハビリテーションは、

発症（手術）直後からベッドサイドで開始され、廃用症候群の予防と早期からのセルフケアの自立を目標としている。☞下P282

3　○　回復期リハビリテーションでは、急性期に続き、多職種による集中的・包括的リハビリテーションが提供される。☞下P283

4　×　終末期にある者であっても、リハビリテーションは介護の重要な役割を担っている。☞下P316

5　×　指定訪問リハビリテーションの目的には、対人交流・社会参加の維持・拡大が重要とされており、バス等の公共交通機関への乗降の支援も対象となる。☞下P467

問題34　正解1、3、5

1　○　薬剤師は、医師の処方箋に従って薬剤を提供する。薬剤師が行うのは調剤であり、処方することはできない。☞下P352

2　×　服薬介助も介護職員の行う身体介護に含まれる。☞上P432

3　○　複数の薬によるものだけではなく、医療用医薬品と健康食品の併用による有害な相互作用の可能性についても注意が必要である。☞下P341

4　×　薬の変更や中止で重篤な症状が起こることもあり、異常が見られた場合には速やかに医療職に連絡をしなければならない。☞上P341

5　○　内服薬は、通常、約100mlの水又はぬるま湯で飲む。☞上P341

問題35　正解1、2、4

1　○　利用者が入院するにあたって、一定期間内に利用者の情報を医療機関に提供すると、入院時情報連携加算が算定できるとされている。入院時情報

提供書はこの際に用いられる。☞上P337

2　○　エビデンス・ベースド・メディスン（Evidence Based Medicine：EBM）は、医師個人の経験だけに頼るのではない科学的な根拠に基づく医療のことである。☞下P25

3　×　介護支援専門員は、医学的診断のプロセスを理解し、患者自身が治療法を選択する際に、第三者的な立場から助言することで、利用者の自己決定支援を行うことが求められる。☞下P25

4　○　介護支援専門員は、退院前カンファレンスに参加することで、退院後の利用者が豊かな在宅生活を送れるようにすることが望まれる。☞下P32

5　×　チームアプローチには、住民によるボランティア活動も含まれる。☞下P459

問題36　正解2、3、4

1　×　必要な栄養を食事では摂りきれない場合には、おやつを摂るなど間食で補うなどの工夫が望ましい。☞下P369

2　○　高齢者は、咀嚼能力や唾液分泌の低下などから、摂食・嚥下障害を起こしやすいことに留意する必要がある。☞下P366

3　○　食事中に口から食べ物をこぼす場合には、義歯が合わない、食事動作が不自由といった身体状況が原因の場合も考えられることから、口腔・嚥下機能評価を行うとよい。☞下P359

4　○　食べることは大きな楽しみであり、食べることを通じて尊厳ある自己実現を目指すといえる。☞下P358

5　×　食事支援では、介護負担の増大など、対象者だけでなく介護する家族

の状況も考える必要がある。☞下
P364

問題37　正解3、4、5

1　×　中心静脈栄養法では、静脈炎に
ならないように太い静脈である中心静
脈を用いる。☞下 P51

2　×　胃ろうの種類は、主にバルーン
型とバンパー型の2種類がある。経鼻
胃管ではない。☞下 P54

3　○　血液透析のためのシャントとは、
動脈と静脈を自己血管もしくは人工血
管でつなぎ合わせた部位のことである。
☞下 P49

4　○　ネブライザーとは、霧状にした
薬を気管や肺に吸い込むことで症状を
抑えたり、気道を加湿して痰を出しや
すくするために用いる機器である。☞
下 P63

5　○　パルスオキシメーターとは、手
足の指先に光センサーを装着して、血
液中の酸素飽和度を測定する機器であ
る。☞下 P65

問題38　正解1、3、5

1　○　手の甲の皮膚をつまみ上げて離
したとき、すぐには戻らないという皮
膚の緊張の低下は、脱水の特徴的な所
見である。☞下 P182

2　×　薬の服用時間における食間とは、
食事中ではなく、食事と食事の間（食
事の2時間後が目安）に服用すること
である。☞下 P349

3　○　言葉が出てこない、又はろれつ
が回らないといった症状が突然生じた
場合は、脳卒中の可能性があり、速や
かに医師の診察を受ける必要がある。
☞下 P97・P180

4　×　転倒による頭部打撲後、意識障
害が起こらなければ問題はないとはい

えない。すぐに症状が現れない場合も
あり、速やかに医師の指示を受けるよ
うにする。☞下 P174・P180

5　○　前立腺肥大症の場合、尿意を感
じたら、我慢をしないで早めにトイレ
に行くように心がける必要がある。☞
下 P137

問題39　正解1、4、5

1　○　健康日本21（第二次）では、
健康寿命の延伸と健康格差の縮小など
を目指している。☞下 P90

2　×　**フレイル**とは、高齢になって筋
力や活動が低下している状態であり、
就労、ボランティアなどの社会参加も、
フレイル予防に役立つといえる。☞下
P11・P86

3　×　パーキンソン病の場合、歩行障
害から転倒しやすく、頸部・体幹のス
トレッチ運動、バランス運動などのリ
ハビリテーションも大切である。☞下
P110

4　○　膝関節症による痛みや腫脹を抑
えるには、大腿四頭筋を強化するなど
の定期的な運動が効果的といえる。☞
下 P115

5　○　骨粗鬆症は、無症状のうちに骨
が弱くなり骨折に至ることから、高齢
者においては、無症状であっても骨粗
鬆症の検査を受けることが推奨される。
☞下 P120

問題40　正解1、3、5

1　○　臨死期には、家族に対して、医
療職と連携して今後予想される状況に
即した病状説明が行われるよう配慮す
る。☞下 P321

2　×　在宅で看取る場合、呼吸停止の
瞬間に、必ずしも医師の立ち会いは必
要ない。呼吸停止を確認後、医師に連

絡をして死亡診断を受けるようにする。
☞下P332

3 ○ 呼吸をするたびに、喉元でゴロゴロと音がする状態（死前喘鳴）になることがある。姿勢を工夫したり、口腔内の唾液や痰を拭う、吸引を行うなどの対処がある。☞下P330

4 × 耳は最後まで聞こえるといわれており、臨終が近づき、応答がなくなった場合であっても、本人への語りかけは続けるようにする。☞下P330

5 ○ 死後のケアであるエンゼルケアは、身体を清潔にし、その人らしい外見に整えるためのものであり、グリーフケアと呼ばれている。☞下P333

問題41　正解2、3、4

1 × 症状の悪化など急性増悪時に主治医から特別指示書が交付された場合には、介護保険ではなく医療保険から給付が行われる。☞下P460

2 ○ 介護保険の指定訪問看護ステーションの管理者は、原則として、常勤の保健師又は看護師でなければならないとされている。☞下P464

3 ○ 在宅療養者は疾病と同時に生活障害も有している。サービスの提供に当たっては、常に利用者の病状、心身の状況及びその置かれている環境の的確な把握に努めなければならない。☞下P456

4 ○ 保険医療機関の指定を受けている病院は、介護保険の指定訪問看護事業者とみなされる。☞下P463

5 × 訪問看護は、24時間365日のサービス提供を目指しているが、義務ではない。訪問看護ステーションが24時間サービス提供の体制を整えた場合には、医療保険が加算される。☞下P463

問題42　正解1、4、5

1 ○ 通所リハビリテーションは、利用者の生活機能の維持又は向上を目指し、心身の機能の維持回復を図るものでなければならないとされている。☞上P492

2 × 通所リハビリテーションは、介護老人保健施設・介護医療院、病院・診療所等が行うサービスであり、介護老人福祉施設では提供されない。☞上P492

3 × 通所リハビリテーション事業所の人員基準には、生活相談員の配置は求められていない。☞上P501

4 ○ 通所リハビリテーション計画は、医師及び理学療法士、作業療法士等の従業者が、共同して作成するとされている。☞上P503

5 ○ 通所リハビリテーション計画の進捗状況を定期的に評価し、必要に応じて当該計画の見直しを行うとされている。☞上P499

問題43　正解1、2、4

1 ○ 短期入所療養介護は、利用者の家族の身体的及び精神的な負担軽減を図るために利用できる。☞上P515

2 ○ 短期入所療養介護は、看護、医学的管理の下における介護及び機能訓練その他必要な医療並びに日常生活上の世話を行うものである。☞上P516

3 × 居宅サービス計画において、あらかじめ位置付けられていない場合であっても、短期入所療養介護を利用することができる。☞上P516

4 ○ 短期入所療養介護計画は、相当期間以上にわたり継続して入所することが予定されている場合（おおむね4日以上連続して利用する場合）に作成する必要がある。☞上P509・P516

令和4年度

5 ×　短期入所療養介護では、ターミ
ナルケアも行われる。☞⊞P519

問題44　正解1、4、5

1　○　定期巡回・随時対応型訪問介護
看護は、利用者が尊厳を保持し、可能
な限りその居宅において、その有する
能力に応じ自立した日常生活を営むこ
とができるよう援助を行うものである。
☞⊞P608

2　×　定期巡回・随時対応型訪問介護
看護は、居宅要介護者を対象としてお
り、要支援者は利用できない。☞⊞
P607

3　×　定期巡回・随時対応型訪問介護
看護の定期巡回サービスについては、
利用者の心身の状況に応じて訪問を行
わない日があることを妨げてはいない。
☞⊞P610

4　○　定期巡回・随時対応型訪問介護
看護における随時対応サービスについ
ては、利用者のみならずその家族等か
らの在宅介護における相談等にも適切
に対応するものとしている。☞⊞
P610

5　○　介護・医療連携推進会議は、お
おむね6月に1回以上、開催しなけれ
ばならないとされている。☞⊞P614

問題45　正解1、3

1　○　国や地方独立行政法人などは、
介護老人保健施設を開設することがで
きるとされており、社会福祉法人は介
護老人保健施設を開設できる。☞「厚
生労働大臣の定める介護老人保健施設
を開設できる者」平成11年3月31日、
厚生省告示第96号

2　×　介護老人保健施設のユニット型
では、1つのユニットの定員は、原則
としておおむね10人以下として、15

人を超えないものとされている。☞⊞
P716

3　○　介護老人保健施設は、入所定員
が100人以上の場合には、常勤で1人
以上の栄養士又は管理栄養士を置かな
ければならないとされている。☞⊞
P723

4　×　介護老人保健施設の設備基準に
は、処置室の設置は定められていない。
☞⊞P723

5　×　全国の介護老人保健施設の入所
者のうち、要介護4及び要介護5の者
が占める割合は、45％である。☞⊞
P717

福祉サービスの知識等

問題46　正解2、3、5

1　×　イラストや写真などの表現方法
の利用も、コミュニケーションの手法
に含まれる。☞⊤P437

2　○　直面化とは、コミュニケーショ
ンの応用的技法であり、クライエント
が否認していることによって生じてい
る話の矛盾点を指摘することで、クラ
イエントの成長を促すものである。☞
⊤P442

3　○　援助者は、クライエントの主訴
の把握に当たっては、言語的な手段だ
けでなく、非言語的な手段も用いるこ
とが望ましいといえる。☞⊤P436

4　×　共感とは、援助者がクライエン
トの世界を、クライエント自身がとら
えるように理解する能力である。クラ
イエントの言動に、援助者自身の過去
の重要な人との関係を投影することで
はない。☞⊤P439

5　○　クローズドクエスチョンとは、
「はい」「いいえ」など限られた数語で
答えられるものであり、明確な回答を

得たいときに用いられる。☞下P441

問題47　正解3、4、5

1、2　×　インテーク面接とは、クライエントからの依頼を受けて、最初に行われる面接のことである。地域援助技術ではなく、支援過程の後期に実施するものでもない。☞下P430

3　○　インテーク面接では、面接の終わりには、問題解決に向けて一定の方向性を確認して、検証して見直すことが重要である。☞下P429

4　○　インテーク面接は、必ずしも1回で終了させる必要はなく、必要に応じて見直して繰り返すこともあるといえる。☞下P430

5　○　インテーク面接では、クライエントが訪れた支援機関の機能や提供可能なサービスを説明する必要がある。☞下P430

問題48　正解1、3

1　○　ソーシャルワークにおいては、支援者は、クライエントの視点から、人生観や価値観等についての理解をより深めることが重要といえる。☞下P419

2　×　アウトリーチとは、相談機関において相談を受け付けるだけでなく、支援者が利用者のもとに出向いて相談を受けることである。家族や地域住民は、アウトリーチの対象となる。☞下P416

3　○　利用できる社会資源が不足している場合には、新たな社会資源の開発・充実が求められる。☞下P422

4　×　利用者は、精神的、肉体的、おかれた環境など、様々な要因から支援を拒否することがあり、支援者はその原因を探求して解決へ向かう努力を行

い、支援を継続できるように努めなければならない。☞下P445

5　×　経済的虐待の恐れもあり、不介入は不適切といえる。支援者は、家族一人一人の考え方、感情、生活様式、それぞれの関係性を理解し、家族システム全体の特性や力動を考慮しながら、システム全体の機能を好転させていく糸口を見つけ出し、働きかけていく必要がある。☞下P448

問題49　正解1、3、5

1　○　地域包括支援センターの主任介護支援専門員による認知症高齢者の家族を対象とした交流活動は、ソーシャルワークにおける集団援助である。☞下P421

2　×　民生委員による地域の認知症高齢者の見守り活動は、ソーシャルワークにおける地域援助である。☞下P421

3　○　医療機関で行われる、難病の当事者による分かち合いの場の体験は、ソーシャルワークにおける集団援助である。☞下P421

4　×　社会福祉協議会によるヤングケアラー支援のための地域ネットワークの構築は、ソーシャルワークにおける地域援助である。☞下P421

5　○　養護老人ホームの生活相談員による入所者グループに対するプログラム活動は、ソーシャルワークにおける集団援助である。☞下P421

問題50　正解2、3、4

1　×　訪問介護計画の作成は、サービス担当責任者の業務として位置づけられている。☞下P428

2　○　訪問介護計画は、居宅サービス計画に沿って作成されるものであり、

より具体的なサービス内容が記される。訪問介護計画は、利用回数が少ない利用者であっても作成しなければならない。☞下P438

3　○　サービス提供責任者は、居宅介護支援事業者に対し、サービス提供に当たり把握した利用者の服薬状況、口腔機能その他の利用者の状態について情報の提供を行うものとされている。☞下P441

4　○　指定訪問介護事業者は、利用者が偽りその他不正な行為によって保険給付を受け、又は受けようとしたときは、遅滞なく、意見を付してその旨を市町村に通知しなければならないとされている。☞指定居宅サービス等の事業の人員、設備及び運営に関する基準26条

5　×　指定訪問介護事業者は、法定代理受領サービスに該当しない指定訪問介護に係る利用料の支払を受けた場合は、提供した指定訪問介護の内容、費用の額その他必要と認められる事項を記載したサービス提供証明書を利用者に対して交付しなければならないとされている。☞上記基準21条

問題51　正解１、３、４

1　○　通所介護は、生活機能の維持又は向上を目指し、日常生活上の世話及び機能訓練を行うことにより、利用者の社会的孤立感の解消及び心身の機能の維持並びに利用者の家族の身体的及び精神的負担の軽減を図るものでなければならないとされている。☞指定居宅サービス等の事業の人員、設備及び運営に関する基準92条、☞上P483

2　×　通所介護計画は、居宅サービス計画の内容に沿って作成しなければならず、指定通所介護事業所の管理者は、通所介護計画の作成に当たっては、その内容について利用者又はその家族に対して説明し、利用者の同意を得なければならないとされており、内容を確認する必要がある。☞上記基準92条、☞上P483・P490

3　○　通所介護事業所の管理者は、通所介護計画の目標及び内容については、利用者又は家族に説明を行うとともに、その実施状況や評価についても説明を行うものとされている。☞上記基準99条、☞上P490

4　○　通所介護事業者は、必要なサービスを利用者の希望に沿って適切に提供するとされており、利用者は、利用日ごとに異なる提供時間数のサービスを受けることができる。また、通所介護事業者は、正当な理由なく指定通所介護の提供を拒んではならないとされている。☞上記基準9条・109条、☞上P490

5　×　指定通所介護事業者は、指定通所介護事業所ごとに、経理を区分するとともに、指定通所介護の事業の会計とその他の事業の会計を区分しなければならないとされている。☞上記基準37条・109条

問題52　正解３、５

1　×　指定訪問入浴介護事業所ごとに、看護師又は准看護師を１人以上置かなければならないとされているが、医師の配置は定められていない。☞指定居宅サービス等の事業の人員、設備及び運営に関する基準45条、☞上P451

2　×　訪問入浴介護事業者の管理者には、特段の専門資格は求められていない。☞上P451

3　○　訪問入浴介護事業所は、入浴介護の提供に必要な浴槽等の設備及び備

品等を備えなければならないとされている。☞上記基準47条、☞㊤P451

4 × 小規模多機能型居宅介護には入浴サービスが含まれており、**介護保険を併用することになるため、訪問入浴介護費は算定できない。**☞㊤P640 他

5 ○ 小規模多機能型居宅介護事業者は、サービスの利用に当たっての留意事項を運営規程に定めておかなければならない。☞指定地域密着型サービスの事業の人員、設備及び運営に関する基準81条7号

問題53　正解3、4

1 × 短期入所生活介護は、利用者の心身の機能の維持並びに利用者の家族の身体的及び精神的負担の軽減を図るものとされており、**家族の冠婚葬祭や出張を理由とした利用も可能である。**☞指定居宅サービス等の事業の人員、設備及び運営に関する基準120条、☞㊤P504

2 × 短期入所生活介護では、入所・利用定員及び居室の定員を超えることは認められないが、**災害、虐待その他のやむを得ない事情がある場合は、この限りでない**とされている。☞上記基準138条

3 ○ 短期入所生活介護計画の作成は、既に居宅サービス計画が作成されている場合には、当該計画の内容に沿って作成されなければならないとされている。☞上記基準129条2項

4 ○ 短期入所生活介護事業所の1つの居室の定員は、4人以下でなければならないとされている。☞上記基準124条6項1号、☞㊤P513

5 × 短期入所生活介護では、利用者が連続して30日を超えてサービスを受けている場合においては、30日を

超える日以降に受けたサービスについては、短期入所生活介護費を算定することができないとされており、居宅サービス計画上、**利用できる日数の上限は30日**となる。☞「厚生労働省事務連絡」平成24年3月16日他

問題54　正解2、3、4

1 × **福祉用具とは、「心身の機能が低下し日常生活を営むのに支障のある老人又は心身障害者の日常生活上の便宜を図るための用具及びこれらの者の機能訓練のための用具並びに補装具」**とされており、**介護者の負担軽減も含まれている。**☞福祉用具の研究開発及び普及の促進に関する法律2条、☞㊤P536

2 ○ 福祉用具を貸与する際は、福祉用具専門相談員は、具体的なサービス内容等を記載した福祉用具貸与計画を作成しなければならないとされている。☞指定居宅サービス等の事業の人員、設備及び運営に関する基準192条の2第1項、☞㊤P539

3 ○ 複数の福祉用具を貸与する場合には、予め都道府県等に減額の規程を届け出ることにより、通常の貸与価格から減額して貸与することができるとされている。☞厚生労働省通達「老振発第0327第3号」平成27年3月27日

4 ○ 入浴用いす、浴槽用手すり、入浴台などの入浴補助用具は、特定福祉用具販売の対象とされている。☞㊤P537

5 × **取り付けに工事が必要な手すりは、福祉用具貸与の対象ではない。**住宅改修の「手すりの取付け」に該当するものは、住宅改修の給付対象となる。☞㊤P543

令和4年度

問題55　正解１、２、５

1　○　小規模多機能型居宅介護は、通いサービス、宿泊サービスごとに、１日当たりの同時にサービス提供を受ける利用定員の上限が定められている。☞指定地域密着型サービスの事業の人員、設備及び運営に関する基準66条、☞㊤P642

2　○　１つの宿泊室の定員は、利用者の処遇上必要と認められる場合は、２人とすることができるとされている。☞上記基準67条２項２号イ、☞㊤P646

3　×　小規模多機能型居宅介護の訪問サービスには、身体介護だけでなく日常生活上の世話なども含まれる。☞上記基準62条、☞㊤P648

4　×　小規模多機能型居宅介護の宿泊サービスについては、利用者１人の１月当たりの利用日数の上限は定められていない。☞㊤P643 他

5　○　指定小規模多機能型居宅介護事業所の登録者に対しては、その事業所の介護支援専門員が、居宅サービス計画を作成しなければならないとされている。☞上記基準74条、☞㊤P647

問題56　正解１、２、３

1　○　指定認知症対応型共同生活介護事業者は、入居申込者の入居に際しては、主治の医師の診断書等により当該入居申込者が認知症である者であることの確認をしなければならないとされている。☞指定地域密着型サービスの事業の人員、設備及び運営に関する基準94条２項、☞㊤P656

2　○　指定認知症対応型共同生活介護事業所の居間と食堂は、同一の場所とすることができるとされている。☞上記基準93条５項、☞㊤P655

3　○　指定認知症対応型共同生活介護事業所の管理者は、認知症である者の介護に３年以上従事した経験を有する者であって、認知症対応型サービス事業管理者研修を修了しているものでなければならないとされている。☞上記基準91条３項、☞㊤P655

4　×　指定認知症対応型共同生活介護事業者は、利用者の食材料費、理美容代、おむつ代その他日常生活において通常必要となるものに係る費用の額の支払を利用者から受けることができるとされている。☞上記基準96条３項、☞㊤P656

5　×　指定認知症対応型共同生活介護事業所に設けることができる共同生活住居の数は、１以上３以下（サテライト型指定認知症対応型共同生活介護事業所にあっては、１又は２）とされている。☞上記基準93条１項、☞㊤P655

問題57　正解１、３、４

1　○　指定介護老人福祉施設は、明るく家庭的な雰囲気を有し、地域や家庭との結び付きを重視した運営を行うよう努めなければならないとされている。☞指定介護老人福祉施設の人員、設備及び運営に関する基準１条の２第３項、☞㊤P704

2　×　指定介護老人福祉施設は、都道府県知事が指定する。☞老人福祉法15条、☞㊤P140・P709

3　○　指定介護老人福祉施設は、入所者の負担により、当該施設の従業者以外の者による介護を受けさせてはならないとされている。☞指定介護老人福祉施設の人員、設備及び運営に関する基準13条８項、☞㊤P713

4　○　指定介護老人福祉施設は、褥瘡

が発生しないよう適切な介護を行うとともに、その発生を予防するための体制を整備しなければならないとされている。☞上記基準13条5項、☞上P712

5　×　指定介護老人福祉施設は、<u>教養娯楽設備等を備える</u>ほか、<u>適宜、入所者のためのレクリエーション行事を行わなければならない</u>とされている。☞上記基準16条1項、☞上P713

問題58　正解1、2、5

1　○　生活保護制度では、被保護者の収入として認定されるものとして、地代や家賃等の財産収入も含まれる。☞下P469

2　○　生活保護制度では、要保護者が急迫した状況にあるときは、保護の申請がなくても、必要な保護を行うことができるとされている。☞下P469

3　×　生活保護制度では、介護施設入所者の日常生活費は、介護施設入所者基本生活費として<u>生活扶助から支給</u>される。☞下P472

4　×　生活保護制度の教育扶助は、原則として、<u>金銭給付によって行われる</u>ことになっている。☞下P470

5　○　生活保護制度の介護扶助は、介護保険制度の保険給付の対象となる介護サービスと同等のサービスを、要保護者に対し保障している。☞下P472

問題59　正解4、5

1　×　**任意後見制度**では、十分な判断能力があるうちに、将来、判断能力が不十分になった時のために任意後見人を決めておくことができる。<u>保佐人や補助人をつけることができるのは、**法定後見制度**</u>である。☞下P507・P510

2　×　65歳以上の者につき、その福祉を図るため特に必要があると認めるときに、<u>後見開始の審判の請求をすることができるのは、市町村長</u>である。☞下P508

3　×　任意後見契約は、本人と任意後見受任者の同意に基づき、公正証書によって任意後見契約を交わすことで成立する。<u>公正証書以外の方法では成立しない</u>。☞下P511

4　○　成年後見制度の利用の促進に関する法律に定められた基本理念には、成年被後見人等の意思決定の支援と身上の保護が適切に行われるべきことが含まれている。☞下P514

5　○　成年被後見人の法律行為は、本人にとって不利益なものは、原則として、取り消すことができるとされている。☞下P508

問題60　正解1、2、4

1　○　障害者総合支援法に基づく支援は、自立支援給付と地域生活支援事業で構成されている。☞下P465

2　○　障害者総合支援法に基づく自立支援医療の支給対象は、育成医療、更生医療及び精神通院医療である。☞下P467

3　×　障害者総合支援法に基づく補装具費の支給は、<u>自立支援給付の一つである</u>。☞下P465

4　○　障害者総合支援法の対象とする障害者の範囲は、身体障害者、知的障害者、精神障害者（発達障害者も含む）、難病等の者である。☞下P464

5　×　サービスの利用を希望する者は、<u>市町村に対して支給申請を行い</u>、障害支援区分の認定を受けることになる。☞下P464

令和4年度

令和3年度（第24回）試験問題の解答・解説

介護支援分野

問題1　正解1、4

1 ○　2020年の改正では、地域共生社会の実現を図るための措置が設けられた。☞⊕P27・P31

2 ×　地域ケア会議の推進は、2014年の介護保険法改正で設けられた。☞⊕P29・P162

3 ×　高齢者と障害児・者が同一の事業所でサービスを受けやすくするための共生型サービスの創設は、2017年の介護保険法改正で設けられた。☞⊕P29

4 ○　厚生労働大臣は、要介護者等に提供されるサービスの内容について調査及び分析を行い、その結果を公表するよう努めるものとされたのは、2020年の改正である。☞⊕P27・P31

5 ×　一定以上の所得がある第1号被保険者の介護給付及び予防給付の利用者負担割合が3割とされたのは、2017年の介護保険法改正である。☞⊕P29

問題2　正解2、4、5

1 ×　介護保険給付費は、増加の一途をたどっており、2018年度は9兆6266億円に達している。☞⊕P36

2 ○　2017年度の給付費は9兆4443億円であり、2018年度は増加している。☞⊕P37

3 ×　居宅サービス、地域密着型サービス及び施設サービスのうち、居宅サービスに係る給付費が最も多くなっている。☞介護保険事業状況報告

4 ○　地域密着型サービスに係る給付費は、居宅サービスに係る給付費より

も少なくなっている。☞介護保険事業状況報告

5 ○　第1号被保険者1人当たりの給付費は、平均約26.3万円である。☞介護保険事業状況報告

問題3　正解1、2、4

1 ○　社会保険方式は、国民の参加意識や権利意識を確保し、加入者に受給権を保障する仕組みといえる。☞⊕P23

2 ○　社会保険方式であることで、リスク分散の考え方に立ち、社会保障の対象を一定の困窮者から国民全体に拡大した普遍的な制度となっているといえる。☞⊕P23

3 ×　社会保険制度の財源は、保険料を原則としている。☞⊕P23

4 ○　保険料を納付しない者や制度への加入手続きをとらない場合には、給付を受けられないこともある。☞⊕P23

5 ×　給付に際して、受給者があらゆる資産を活用するという要件は存在しない。☞⊕P23

問題4　正解2、4

1 ×　**第2号被保険者**は、<u>市町村の区域内に住所を有する40歳以上65歳未満の医療保険加入者</u>である。☞⊕P44

2 ○　第2号被保険者のうち保険給付の対象者は、特定疾病を原因として要支援・要介護状態になった者である。☞⊕P72

3 ×　第2号被保険者の保険料は、医療保険の各保険者が徴収する。☞⊕

P67

4　○　第2号被保険者の保険料は、地域支援事業のうち包括的支援事業と任意事業の財源には充当されない。☞上P150

5　×　第1号、第2号被保険者に関わらず、要介護3以上であれば、指定介護老人福祉施設に入所することができる。☞上P381

問題5　正解1、2、4

1　○　介護保険法第4条には、介護保険事業に要する費用を公平に負担すると規定している。☞介護保険法第4条

2　○　介護保険法第4条には、加齢に伴って生ずる心身の変化を自覚して常に健康の保持増進に努めると規定している。☞介護保険法第4条

3、5　×　介護保険法第4条には、「可能な限り、住み慣れた地域でその有する能力に応じ自立した日常生活を営む」「認知症に対する理解を深めるよう努める」という規定はない。☞介護保険法第4条

4　○　介護保険法第4条には、要介護状態となった場合においても、その有する能力の維持向上に努めると規定している。☞介護保険法第4条

問題6　正解2、3、5

1　×　保健福祉事業の実施については市町村の事務とされているが、介護保険法上の「条例で定める」事務とはされていない。☞上P57・P58

2、3、5　○　区分支給限度基準額の上乗せ、市町村特別給付、地域包括支援センターの職員の員数は、市町村が行う事務として、条例を定めて行うとされている。☞上P57・P58

4　×　指定介護老人福祉施設に係る入

所定員の人数は、都道府県の行う事務とされている。☞上P55

問題7　正解1、2、5

1、2、5　○　福祉用具貸与、小規模多機能型居宅介護、定期巡回・随時対応型訪問介護看護は、区分支給限度基準額に含むサービスとされている。☞上P99

3、4　×　居宅療養管理指導、地域密着型介護老人福祉施設入所者生活介護は、区分支給限度基準額に含まれないサービスである。☞上P99

問題8　正解1、2、4

1、2、4　○　**共生型サービス**とは、同一の事業所で一体的に介護保険と障害福祉のサービスを提供する取組みである。地域密着型通所介護、介護予防短期入所生活介護、訪問介護は対象となる介護保険サービスとされている。☞上P130

3、5　×　上記記述を参照。

問題9　正解1、4

1、4　○　特定福祉用具販売、介護予防短期入所療養介護は、都道府県知事が指定・監督を行うサービスとされている。☞上P88

2、3、5　×　認知症対応型共同生活介護、介護予防支援、看護小規模多機能型居宅介護は、市町村長が指定・監督を行うサービスとされている。☞上P88

問題10　正解1、3、5

1　○　介護支援専門員は、その業務を行うに当たり、関係者から請求があったときは、介護支援専門員証を呈示しなければならないとされている。☞上

P123

2 × 他の都道府県に登録を移転する場合には、移転先の都道府県知事が実施する介護支援専門員実務研修を受講することなく登録の移転を行うことができる。☞㊤P123

3 ○ 介護支援専門員証の有効期間は、5年であり、申請により更新することができる。☞㊤P124

4 × 介護支援専門員は、その名義を他人に使用させることは禁止されている。☞㊤P125

5 ○ 介護支援専門員であった者は、退職後においても、正当な理由なしに、その業務に関して知り得た人の秘密を漏らしてはならない秘密保持義務がある。☞㊤P125

問題11　正解3、5

1 × 財政安定化基金は都道府県に設置されている。☞㊤P69

2 × 財政安定化基金の財源の負担割合は、国、都道府県、市町村がそれぞれ3分の1ずつ負担する。☞㊤P70

3 ○ 財政安定化基金から生ずる収入は、すべて財政安定化基金に充てなければならないとされている。☞介護保険法第147条第7項

4 × 市町村の負担する財源には、第1号被保険者の保険料が充当される。☞㊤P70

5 ○ 給付費の増大により市町村の介護保険財政に不足が見込まれる場合には、財政安定化基金が必要な額を貸し付けることとされている。☞㊤P69

問題12　正解1、2、3

1 ○ 介護給付及び予防給付に要する費用は、公費と保険料により50％ずつ賄われる。☞㊤P61

2 ○ 施設等給付に係る負担割合は、国が20％、都道府県が17.5％、市町村が12.5％である。☞㊤P61

3 ○ **調整交付金**とは、市町村ごとに異なる介護保険財政の調整を行うために国が給付費の5％相当分を自治体に交付するものであり、国が全額負担している。☞㊤P62

4 × **普通調整交付金**の額は、後期高齢者の加入割合、第1号被保険者の所得の格差により異なっている。☞㊤P61

5 × **特別調整交付金**は、災害時の保険料減免など、保険者の責によらない事由により市町村ごとに算定される。☞㊤P61

問題13　正解2、3、5

1、4 × 介護保険施設等における生活環境の改善を図るための事業に関する事項、地域支援事業に関する過去の実績は、市町村介護保険事業計画において定めるべき事項とはされていない。☞㊤P166

2、3、5 ○ いずれも市町村介護保険事業計画において定めるべき事項とされている。☞㊤P166

問題14　正解1、2、4

1 ○ 要支援者は、第1号被保険者、第2号被保険者のどちらも、介護予防・生活支援サービス事業の対象となる。☞㊤P154

2 ○ 要介護の認定を受けた者、受けていない者も、第1号被保険者は、一般介護予防事業の対象となる。☞㊤P154

3 × 介護方法の指導など要介護被保険者を現に介護する者の支援のための事業は、地域支援事業の任意事業のな

かの家族介護支援事業である。☞㊤
P159

4　○　介護予防・日常生活支援総合事
業は、地域支援事業の一部である。☞
㊤P148

5　×　介護予防・日常生活支援総合事
業は、地域支援事業の一部である。☞
㊤P148

問題15　正解1、2、4

1　○　サービス担当者会議の開催等の
状況は、介護サービスの質の確保・透
明性の確保等のために実施している外
部の者等との連携に当たる。☞㊤
P145

2、4　○　入退院に当たっての支援の
ための取組の状況、利用者のプライバ
シーの保護のための取組の状況は、利
用者本位の介護サービスの質の確保の
ために講じている措置に当たる。☞
㊤P145

3、5　×　ターミナルケアの質の確保
のための取組の状況、身体的拘束等の
排除のための取組の状況は、介護サー
ビス情報の公表制度における居宅介護
支援に係る公表項目には含まれない。
☞㊤P145

問題16　正解2、3、4

1　×　都道府県は、認定調査を行うこ
とはできない。☞㊤P76

2　○　新規認定の調査は、適正を期す
るために市町村の担当職員が行うこと
とされている。☞㊤P75

3　○　更新認定の調査は、介護支援専
門員に委託することができるとされて
いる。☞㊤P76

4　○　被保険者が正当な理由なく認定
調査に応じない場合には、市町村は申
請を却下することができるとされてい

る。☞㊤P77

5　×　要介護認定の効力は、申請の
あった日にさかのぼって生じるとされ
ており、認定申請時点から保険給付の
対象となる。☞㊤P83

問題17　正解2、4

1　×　更新認定の申請ができるのは、
原則として、有効期間満了の日の60
日前から満了の日までとされている。
☞㊤P85

2　○　被保険者は、地域包括支援セン
ターに更新認定の申請手続きを代行さ
せることができるとされている。☞㊤
P74

3　×　更新認定の調査は、介護保険施
設に委託することができるとされてい
る。☞㊤P76

4　○　更新認定の有効期間は、原則と
して、12か月間とされている。☞㊤
P84

5　×　更新認定の効力は、更新前の認
定の有効期間満了日の翌日から生じる
とされている。☞㊤P85

問題18　正解3、4、5

1　×　一次判定は市町村が行い、二次
判定は市町村に設置された介護認定審
査会が行うこととされている。☞㊤
P77～P80

2　×　介護認定審査会は、厚生労働大
臣が定める全国共通の客観的な基準に
従い、審査判定を行うこととされてい
る。☞㊤P77

3　○　介護認定審査会は、一次判定で
非該当となった者についても、特記事
項や主治医意見書の主治医意見に基づ
き二次判定を行うとされている。☞㊤
P80

4　○　第2号被保険者の二次判定では、

45

介護認定審査会は、要介護状態の原因である身体上又は精神上の障害が特定疾病によって生じたものかどうかも審査するとされている。☞㊤P80

5　○　介護認定審査会は、被保険者の要介護状態の軽減又は悪化の防止のために必要な療養について、市町村に附帯意見を述べることができるとされている。☞㊤P82

問題19　正解 1、5

1　○　居宅介護支援事業者は、常勤の介護支援専門員を 1 人以上置かねばならず、利用者が 35 人、またはその端数を増すごとに 1 人を置かなければならない。☞㊤P311

2　×　通常の事業実施区域を超えて、指定居宅介護支援を行ってはならないという定めはなく、<u>通常の事業実施区域を超える場合は、交通費の支払いを受けることができる</u>とされている。☞㊤P312

3　×　サービス担当者会議には、利用者及びその家族の参加が望ましいが、家庭内暴力など、参加が望ましくない場合には、必ずしも参加を求めるものではないとされている。☞㊤P320

4　×　指定居宅介護支援事業者は、提供した指定居宅介護支援の質の評価に関する事項を保険者に報告しなければならないとはされていない。☞㊤P313 他

5　○　サービス担当者会議において利用者の個人情報を用いる場合には、<u>あらかじめ本人の同意を文書により得ておかなければならない</u>とされている。☞㊤P425

問題20　正解 2、5

1　×　アセスメントとは、利用者が抱えている問題を明らかにして、自立した日常生活を営むことができるように支援する上での問題点を明らかにすることである。利用者との初回面接から居宅サービス計画の作成・交付までの一連の流れを指すのではない。☞㊤P268 他

2　○　アセスメントでは、現在利用しているサービスの状況について、介護保険給付以外のものも含めて把握しなければならない。☞㊤P273 他

3　×　アセスメントでは、利用者が入院中などの場合を除き、利用者の居宅を訪問し、利用者及びその家族に面接して行わなければならない。☞㊤P266 他

4　×　課題分析標準項目には、地域の社会資源に関する項目は含まれていない。☞㊤P274

5　○　<u>アセスメント結果の記録は、2年間保存しなければならない</u>とされている。☞㊤P426

問題21　正解 3、4

1　×　居宅サービス計画の作成では、利用者が希望するサービスを優先するが、地域におけるサービス提供体制についても考慮しなければならない。☞㊤P281 他

2　×　地域の住民による自発的な活動によるサービスも含めて、総合的な居宅サービス計画となるようにしなければならない。☞㊤P281 他

3　○　居宅サービス計画の作成では、生活全般の解決すべき課題も記載する。☞㊤P283

4　○　被保険者証に介護認定審査会の意見の記載がある場合には、利用者に説明をして、これに沿って作成する。☞㊤P283

5　×　居宅サービス計画の作成に当たっては、同一事業主体が提供するものだけでなく、利用者の希望や選択を広く反映できるようにしなければならない。☞㊤P281他

問題22　正解1、3、5

1　○　施設サービス計画書の「目標」は、実際に解決が可能と見込まれるものでなければならない。☞㊤P395

2　×　目標の「期間」については、「認定の有効期間」内で設定するとされている。☞㊤P396

3　○　サービス事業の「頻度」には、週1回、1日に1回のように、明確に一定期間内での回数、実施曜日等を記載する。☞㊤P397

4　×　「利用者及び家族の生活に対する意向」には、利用者及びその家族の生活に対する意向が異なる場合には、利用者と家族の意向を区別して記載する。☞㊤P394

5　○　「サービス内容」には、「短期目標」の達成に必要であって最適なサービス内容とその方針を明らかにして記載する。☞㊤P396

問題23　正解1、3、5

1、3、5　○　Aさんと夫の状況について、福祉事務所のケースワーカー、Aさんが利用している居宅サービス事業所から詳しく情報を収集する必要がある。そのうえで、Aさんとの面談日を調整することが適切といえる。地域包括支援センターに説得を依頼するのは不適切といえる。

2、4　×　上記記述を参照。

問題24　正解3、4

1、2、5　×　ケアプランの依頼を断

るのではなく、Aさんの希望をできるだけ取り入れて、自立支援・重度化防止につながるようなプランを、医師にも相談をして作成することが適切といえる。いたずらに、Aさんの希望どおりのプランを作ったり、区分支給限度基準額の上限までのサービス利用を提案することは不適切といえる。デイサービスの体験利用の提案も適切といえる。

3、4　○　上記記述を参照。

問題25　正解1、2、4

1、2、4　○　医師などから情報を確認するとともに、夫も含めて改めてAさんの状態についてアセスメントを行うことが適切といえる。Aさんに施設入所を勧めたり、虐待案件として通報する段階ではない。

3、5　×　上記記述を参照。

令和3年度

保健医療サービスの知識等

問題26　正解2、3、5

1　×　薬疹は、薬剤服用後1〜2週間で出ることが多いといえる。☞⬇P154

2　○　高齢者の肺炎は、再発・再燃を繰り返して難治化することがあることから、体力強化・維持や感染予防に配慮する。☞⬇P150

3　○　白内障は、水晶体の混濁により視力低下をきたすもので、加齢により増加する。☞⬇P159

4　×　脱水により、めまいやふらつき、頭痛、吐き気などを生じることがある。☞⬇P9

5　○　ナトリウムが欠乏すると、嘔気や頭痛などの自覚症状が現れるが、すぐに症状が現れない場合もある。

問題27　正解1、2、5

1　○　**バイタルサイン**とは、生命の維持に関わる最も基本的な情報であり、体温、脈拍、血圧、意識レベル及び呼吸である。☞⬇P68

2　○　高齢者では、感染症に罹患しても、発熱がみられないことがある。☞⬇P68

3　×　1分当たりの心拍数100以上を**頻脈**、60未満を**徐脈**という。☞⬇P69

4　×　前期高齢者では、血圧は、130／80㎜Hg未満、後期高齢者では、140／90㎜Hg未満を目指すことが推奨されている。☞⬇P70

5　○　口すぼめ呼吸は、慢性閉塞性肺疾患（COPD）によくみられる呼吸である。☞⬇P73

問題28　正解3、4

1、2　×　高齢者の長期にわたる栄養状態をみる指標として用いる指標として、**血清アルブミン値**などがある。**血清クレアチニン値**は、腎機能を見る指標であり、腎機能が悪化すると、この値が高値になる。☞⬇P75

3　○　上腕や下腿の周囲長は、寝たきりなどで体重測定が難しい場合の低栄養の判定に使われる。上腕周囲長が男性20cm未満、女性19cm未満の場合には低栄養のリスクが疑われる。☞⬇P74

4　○　胸部X線検査は、呼吸器疾患、心疾患の診断に用いられ、心不全の診断にも有用である。☞⬇P77

5　×　解熱せずに持続する発熱を**稽留熱**、急激な発熱と解熱を繰り返すものを**間欠熱**という。☞⬇P69

問題29　正解1、4、5

1　○　排泄のアセスメントでは、排泄場所がトイレの場合には、居室、廊下、トイレの温度や明るさを確認する必要がある。☞⬇P391

2　×　排泄のアセスメントでは、排便については、1週間の回数だけでなく、食事内容や量、食事時間などの確認も必要といえる。☞⬇P391

3　×　**腹圧性尿失禁**とは、くしゃみや咳などで腹圧が上昇した場合に尿漏れが起きることである。☞⬇P12

4　○　排泄の介助に伴い、家族は腰痛や睡眠不足などの身体的影響を受けることがあることから、家族への配慮も必要となる。☞⬇P392

5　○　食事内容の確認は、排泄のコントロールに必要といえる。☞⬇P390

問題30　正解2、3、4

1 ×　予定より早く目覚め、その後ねむれなくなってしまうことを**早朝覚醒**という。**熟眠障害**とは、眠りが浅く、すっきりと目覚めることができない状態をいう。☞下P397

2 ○　唾液には、口腔内の自浄作用があり、口腔内の清潔を保つ効果がある。☞下P403

3 ○　誤嚥性肺炎の発症を防ぐためにも、口腔内の環境を整えることが重要といえる。☞下P405

4 ○　本人から訴えがなくとも、義歯が合わないなど口腔に何らかの問題がある場合は、歯科受診を検討する。

5 ×　**ヒートショック**とは、温熱環境における身体適応の障害によって起こる病態である。

問題31　正解1、3、5

1 ○　**認知症施策推進大綱**では、認知症の予防法・診断法・治療法等の研究を進めるなど、医療従事者等の認知症対応力向上の促進を図ることとしている。☞下P203

2 ×　**認知症疾患医療センター**は、地域の医療提供体制の中核として介護関係者等への研修も含め、さまざまな活動を行っている。☞下P255

3 ○　**認知症ケアパス**とは、認知症の人の状態に応じた適切な医療や介護サービスの提供の標準的な流れを示したものである。☞下P254

4 ×　**認知症初期集中支援チーム**とは、複数の専門職が家族の訴え等により認知症が疑われる人や認知症の人及びその家族を訪問し、アセスメント、家族支援などの初期の支援を包括的、集中的（おおむね6か月）に行い、自立生活のサポートを行うチームをいう。☞

下P254

5 ○　**認知症地域支援推進員**は、認知症の人やその家族を支援する相談支援や支援体制を構築するための取り組みを行う。☞下P255

問題32　正解1、2、5

1 ○　高齢者の精神症状は、定型的でなく、訴えが多彩かつ曖昧なのが特徴である。☞下P262

2 ○　老年期の抑うつの背景要因としては、仕事からの引退などの社会的役割の喪失などがある。☞下P264

3 ×　老年期うつ病は、認知症に移行することもあるが、1年後に半数以上が移行するという具体的なデータは存在しない。☞下P264

4 ×　アルコール依存症の患者数に占める高齢者の割合は、近年、増加傾向にある。

5 ○　老年期のアルコール依存症には、発症時期の違いによって、若年発症型と老年発症型がある。☞下P267

問題33　正解2、3

1 ×　医学的診断のプロセスでは、主訴と現病歴の聴取を行ってから、家庭歴や既往歴の聴取を行う。☞下P24

2 ○　診察や検査は、患者の身体的負担が小さいものから行い、身体的負担の大きい診察や検査の場合は、その必要性を説明して、同意を得てから行うようにする。☞下P24

3 ○　治療は、診断に基づいて行うことが重要といえる。☞下P26 他

4 ×　治療には、患者の忍耐や苦痛を伴うことがあり、最も治療効果の高い治療法を常に選択するとは限らないといえる。☞下P26

5 ×　介護支援専門員の病院への情報

令和3年度

提供は、介護支援専門員が把握している利用者の情報を、医学的な立場ではなく介護支援専門員の立場から提供するものである。☞下 P30

問題34　正解2、3、4

1　×　誤嚥性肺炎の予防には、嚥下機能の維持だけでなく口腔内の清潔を保つことに留意する必要がある。☞下 P405

2　○　大腿骨頸部骨折では、立位・歩行が困難になることから、寝たきりの原因となりやすいことに留意する。☞下 P122

3　○　高齢者では、薬の副作用によるふらつきにより、転倒を起こすことがあることに留意する。☞下 P165

4　○　排泄物による皮膚の湿潤が加わることで、褥瘡が生じやすくなることから、皮膚の清潔に留意しなければならない。☞下 P394

5　×　褥瘡ができた直後から約1～2週間の時期を**急性期**、それ以降を**慢性期**と呼んでいる。☞下 P155

問題35　正解2、3、4

1　×　高齢者は、若年者に比べてエネルギー消費量は少なくなるが、食欲低下から低栄養となることもあり、エネルギー摂取量が少ないことを当然の前提としてはならない。☞下 P8

2　○　低栄養状態の徴候には、BMI、筋肉量の減少、血清たんぱく質の減少などの指標がある。☞下 P75・P360

3　○　低栄養状態は、フレイルや要介護状態の要因の一つとなることから、留意が必要である。☞下 P11

4　○　認知症高齢者については、拒食、偏食、異食、盗食などの**摂食行動**の有無を把握する必要がある。☞下 P369

5　×　高齢者の摂食・嚥下障害は、低栄養状態を引き起こすおそれがあるといえる。☞下 P368

問題36　正解1、3、5

1　○　すべての人が感染症にかかっている可能性があると考え、感染予防に努めることが重要である。☞下 P189

2　×　症状のある人だけでなく、症状のない人も、マスクを着用して感染予防に努めなければならない。☞下 P192 他

3　○　感染対策の基本である手洗いでは、指先、指の間、親指、手首を洗い忘れないようにする。☞下 P190

4　×　マスクや手袋、エプロンやガウンは、使い回しは避けて使い捨てにすることが望ましい。☞下 P191

5　○　高齢者は、一般的に感染症に対する抵抗力が低下していることを前提として感染予防策を講じるようにする。☞下 P194

問題37　正解1、4、5

1　○　**在宅中心静脈栄養法**は、点滴栄養剤を太い静脈である中心静脈に直接入れる方法である。☞下 P51

2　×　**在宅自己注射**は医療処置であり、訪問介護員は行うことはできない。☞下 P51

3　×　**経鼻胃管**は、1か月をめどに交換を行う必要がある。☞下 P54

4　○　**悪性腫瘍疼痛管理**とは、がんの痛みへの対応のことであり、身体的側面だけでなく、精神的側面からも考えることが重要である。☞下 P47

5　○　**人工呼吸療法**には、気管切開などによって行う侵襲的な陽圧換気法、専用マスクを用いて非侵襲的に行う方法の2種類がある。☞下 P56

問題38　正解1、4、5

1　○　喘息や心不全による呼吸困難では、**起座呼吸**で病状が楽になることが多いという特徴がある。☞下P182

2　×　心筋梗塞の症状である胸痛については、高齢者の場合には自覚症状が非特異的であり、必ずしも痛みを訴えるとは限らず、発見が遅れることもある。☞下P123

3　×　高齢者の脚の骨折で多い部位は、**大腿骨頚部骨折**である。☞下P122

4　○　寝たきりの高齢者は、吐いたものが気管や肺に入り、誤嚥性肺炎を起こすことがあることから、口腔ケアの徹底、夜間の胃食道逆流を防ぐための頭部挙上などの予防対策が適切といえる。☞下P13

5　○　心不全の症状は、その重症度によりさまざまだが、急激に浮腫が出現した場合には、心不全の増悪なども考えられる。☞下P127

問題39　正解3、4、5

1　×　めまいやふらつきは、さまざまな疾患から生じるが、目の疾患も含まれる。☞下P165

2　×　薬の副作用は、医師に指示通りに服用しても起きることがあるように、若年者、高齢者の区別もなく、起こりうるものである。☞下P341

3　○　骨粗鬆症では、無症状のうちに骨が弱くなり、骨折後に診断されることもある。☞下P120

4　○　脳卒中は、発症から3年以内に10〜15％の人が再発するとされており、再発すると後遺症が重くなることがある。☞下P98

5　○　糖尿病の薬物療法を受けている患者が食事をとらない場合には、糖質不足から低血糖にある可能性も考えられ

る。☞下P143

問題40　正解1、2、4

1　○　つじつまの合わないことを言う場合も、それを否定せずに付き合い、利用者が安心できるような会話で対応する。☞下P330

2　○　耳は最後まで聞こえるといわれている。反応がないように見えても、いつもどおりの声かけをして尊厳を保持する。☞下P330

3　×　息苦しさが楽になるように、頭を少し高くするなど、状況に応じてベッドの角度調整など姿勢の工夫を行うようにする。☞下P330

4　○　うがいをしたり、スポンジブラシや口腔内用ウェットティッシュでこまめに拭くなど、口腔内の保湿や清潔を保つようにする。☞下P331

5　×　高齢者の臨死期のケアに際しては、あらかじめ、医療機関、医療関係者などとの緊密な連携をしておく必要がある。☞下P319

問題41　正解1、2、5

1　○　訪問看護では、高齢者が自立した日常生活を営むことができるよう、その療養生活を支援し、心身の機能の維持、回復及び生活機能の維持または向上を目指すものでなければならない。☞上P453

2　○　訪問看護事業所には、言語聴覚士、理学療法士、作業療法士を配置することができるとされている。☞上P464

3　×　訪問看護では、服薬の管理は行うが、薬剤の処方は行わない。☞上P457

4　×　訪問看護事業所は、在宅の要介護者を対象にサービスを提供しており、

介護老人保健施設の入所者には訪問看護サービスを提供できない。☞⊕P453

5 ○ 訪問看護の提供内容には、家族支援も含まれる。☞⊕P456

問題42　正解1、2、5

1 ○ 指定訪問リハビリテーションの介護支援専門員は、指定訪問介護事業等の従業者に対し、介護の工夫に関する指導を行うことができる。☞⊕P475

2 ○ リハビリテーション会議は、指定居宅サービスの担当者も含む多職種で開かれる。☞⊕P475

3 × 訪問リハビリテーションは、サービスの提供回数・提供時間に制限がある。☞⊕P475 他

4 × 訪問看護ステーションは訪問看護事業者であり、その理学療法士がサービスを提供した場合は、訪問リハビリテーションではなく訪問看護に分類される。☞⊕P453・P475

5 ○ 訪問リハビリテーションの対象者は、居宅において心身の維持回復を図るものであり、通院でのリハビリテーションが困難な利用者である。☞⊕P466 他

問題43　正解1、3、5

1 ○ 看護小規模多機能型居宅介護は複合型サービスであり、訪問看護及び小規模多機能型居宅介護の組み合わせも含まれる。☞⊕P669

2 × 登録者の居宅サービス計画は、看護小規模多機能型居宅介護事業所の介護支援専門員が作成する。☞⊕P671

3 ○ 居宅サービス事業者その他保健医療サービス又は福祉サービスを提供

する者と連携し、サービス提供終了時には情報の提供等を行うとされている。☞⊕P424

4 × 看護小規模多機能型居宅介護は、要介護度別の月単位の定額制であり、そのサービスを利用しない日であっても、通所介護を利用して通所介護費を算定することはできない。☞⊕P673

5 ○ 看護小規模多機能型居宅介護には訪問看護サービスも含まれており、利用者に対しターミナルケアを行うことができる。☞⊕P669

問題44　正解1、3

1 ○ 介護老人保健施設は、居宅における生活を営むことができるようにするための支援が必要な者を対象としている。☞⊕P714

2 × 介護老人保健施設は要介護者を対象としており、要支援者は入所できない。☞⊕P717

3 ○ サテライト型小規模介護老人保健施設は、**定員29人以下**とされている。☞⊕P716

4 × 介護老人保健施設では、介護給付等対象サービス以外の、地域の住民による話し相手、会食などの自発的な活動によるサービスも含めて、総合的なサービス計画を立てるとしており、施設内で提供される保健医療サービスだけで完結するものではない。☞⊕P698

5 × 災害や虐待等のやむを得ない事情がある場合には、入所定員を超えて入所させることができる。☞⊕P701

問題45　正解4、5

1 × 介護医療院は、主として長期的な療養が必要である者を対象としている。☞⊕P726

2　×　介護医療院の開設に当たっては、介護保険法に基づく都道府県知事の許可を受けなければならないとされている。☞㊤P142

3　×　介護医療院は、2020（令和2）年3月末時点で全国で572施設となっている。☞「介護医療院の開設状況について」厚生労働省

4　○　介護医療院には、ユニットケアを行うユニット型介護医療院がある。☞㊤P727

5　○　介護医療院では、介護給付等対象サービス以外の、地域の住民による話し相手、会食などの自発的な活動によるサービスも含めて総合的なサービス計画を立てるとしており、入所者のためのレクリエーション行事も行うよう努めるとされている。☞㊤P698

福祉サービスの知識等

問題46　正解1、3、4

1　○　「なぜ」で始まる質問は、「はい」か「いいえ」では答えることができない質問であり、クライエントの戸惑いが増幅することが多いので、注意が必要である。☞㊤P441

2　×　**オープンクエスチョン**とは、「はい」か「いいえ」のように簡単には答えることができない質問である。簡単に答えることができるのは、**クローズドクエスチョン**である。☞㊤P441

3　○　要約とは、相手の話を自分の中でまとめて伝え返すことである。焦点化の技法で用いられる。☞㊤P442

4　○　面接における時間の配分、情報のまとめ方など面接場面の構造的な配置に関わる技術は、コミュニケーション技術に含まれる。☞㊤P429他

5　×　初回面接では、チェックリストに従って次々と質問し、答えてもらうのではなく、利用者の面接者に対する親近感、信頼感が醸成できるような対応が適切といえる。☞㊤P430

問題47　正解1、4、5

1　○　支援困難事例では、他職種・多機関のかかわりが求められ、専門職と関係機関が連携して支援することが望ましいといえる。☞㊦P443

2　×　物が散乱し、異臭がする家屋に住んでいる独居高齢者に対しては、なぜこのような事態に至ったのか、その経緯を理解することが解決への端緒になるといえる。☞㊦P444他

3　×　近隣住民からの訴えだけで通報するのではなく、事実を確認するために情報を集め、関係機関との連携、相

令和3年度

談をすることが適切といえる。☞下
P443 他

4 ○ 経済的困窮を理由にクライエントがサービスの中止を希望したが、福祉制度の利用など、できる限りサービスを継続できるような支援方法を検討することが適切といえる。☞下P443他

5 ○ クライエントへの介護サービスが途絶えることなく、同時に、家族がなんらかの福祉制度を利用することなどで、状況を好転できる支援方法はないかを検討することは適切といえる。☞下P443 他

問題48 正解1、2、4

1 ○ インテークでは、面接者とクライエントが信頼関係を築き、クライエントの主訴と支援機関の役割が合致するかを確認することが重要といえる。☞下P440 他

2 ○ アセスメントでは、解決する問題、クライエント、取り巻く環境及びそれらの相互関係を確定することが必要である。☞下P440 他

3 × 支援計画では、目標達成まで長期間で取り組む目標、短期間で取り組む目標などと期間を分けて目標を立てることが重要である。☞下P440 他

4 ○ 支援を終結する際は、終結に伴うクライエントの不安に配慮する必要がある。☞下P440 他

5 × 支援の記録は後の経過評価、事後評価に欠かせないが、スーパービジョンに使用することは、禁止されていない。☞下P433

問題49 正解1、3、4

1、3、4 ○ ソーシャルワークにおける地域援助技術とは、地域社会に働きかけ、それらの変革を通して個人や集団のニーズの充足を目指すアプローチである。いずれもソーシャルワークにおける地域援助技術に該当する。☞下P419 他

2 × 自治体職員による外国人に対する入院費用等の個別相談は、個人・家族に対するソーシャルワークである。☞下P419 他

5 × 社会福祉協議会による視覚障害者団体の会員に対するレクリエーション活動は、集団に対するソーシャルワークである。☞下P421 他

問題50 正解3、5

1 × 嚥下困難な利用者のための流動食の調理は、特段の専門的配慮をもって行う調理とされており、**身体介護**に該当する。☞上P431

2 × 利用者とその家族が通院で使用している自家用車の洗車・清掃は、<u>生活援助行為についての不適正事例</u>であり、生活援助として算定できない。☞上P436

3 ○ 手助け及び見守りをしながら利用者と一緒に行う被服の補修は、**身体介護**として算定できる。☞上P433

4 × 正月、節句等のために特別な手間をかけて行う調理は、年に一度であっても、<u>生活援助行為についての不適正事例</u>であり、生活援助として算定できない。☞上P436

5 ○ 専門的な判断や技術が必要でない場合における手足の爪切りは、身体整容となり、**身体介護**として算定できる。☞上P431

問題51 正解1、3、4

1 ○ 送迎に要する時間は、通所介護費算定の基準となる所要時間には含ま

れないとされている。

2　×　通所介護サービスを利用する場合には、必ず、通所介護計画を作成しなければならない。☞⊕P483

3　○　通所介護サービスを利用する場合には、利用料以外の料金として、おむつ代の支払いを受けることができるとされている。☞⊕P490

4　○　通所介護の利用者が当該事業所の設備を利用して宿泊する場合には、延長加算は算定できないとされている。

5　×　災害等のやむを得ない事情により利用定員を超えてサービスを提供した場合には、所定単位数から減算されないとされている。

問題52　正解2、3、4

1　×　訪問入浴介護費は、サービス提供時間に関わらず、1回につき設定される。

2　○　訪問入浴介護事業者は、利用者の選定により提供される特別な浴槽水等に係る費用を、通常の利用料以外の料金として受け取ることができるとされている。☞⊕P452

3　○　利用者の肌に直接触れるタオル等は、個人専用のものを使うなど安全清潔なものを使用しなければならない。☞⊕P452

4　○　利用者の身体の状況等に支障を生じるおそれがない場合には、主治の医師の意見を確認した上で、看護職員に代えて介護職員のみで実施することができるとされている。☞⊕P452

5　×　利用者の心身の状況から全身入浴が困難であって、利用者の希望により清拭のみを実施した場合には、単位数は減算される。☞⊕P447

問題53　正解4、5

1　×　短期入所生活介護計画は、短期入所生活介護事業所の管理者が作成しなければならないとされている。☞⊕P514

2　×　短期入所生活介護計画は、おおむね4日以上継続して利用する場合に作成することになっている。☞⊕P509

3　×　短期入所生活介護計画の内容については、利用者への説明と同意はもとより、家族等の希望や同意に基づいて作成することが原則である。☞⊕P509

4　○　短期入所生活介護計画の記録は、その完結の日から2年間保存しなければならないとされている。☞⊕P426、☞指定居宅サービス等の事業の人員、設備及び運営に関する基準第139条の2第2項

5　○　短期入所サービスの連続した利用は30日までと制限されている。利用者が連続して30日を超えて指定短期入所生活介護を受けている場合には、30日を超える日数以降については短期入所生活介護費は算定できないとされている。☞厚生省告示第19号「指定居宅サービスに要する費用の額の算定に関する基準」

問題54　正解1、4、5

1　○　取り付けに際し工事の必要のない、便器を囲んで据え置いて使用する手すりは、住宅改修費の支給対象にはならないとされている。☞⊕P543

2　×　浴室の段差解消に伴う給排水設備工事は、住宅改修費の支給対象とされている。☞⊕P559

3　×　非水洗和式便器から水洗洋式便器に取り替える場合、水洗化工事の費

用は住宅改修費の支給対象とはならない。☞⊕ P559

4　○　引き戸への取替えに合わせて自動ドアを設置した場合は、自動ドアの動力部分の設置は、住宅改修費の支給対象にはならないとされている。☞⊕ P558

5　○　畳敷から板製床材への変更は、住宅改修費の支給対象とされている。☞⊕ P558

問題55　正解１、３、４

1　○　既に居宅サービス計画が作成されている場合には、当該居宅サービス計画の内容に沿って夜間対応型訪問介護計画を作成しなければならないとされている。☞⊕ P616

2　×　サービスの提供時間については、22時から6時までの間を最低限含むものとされている。☞⊕ P616

3　○　夜間対応型訪問介護事業所がオペレーションセンターを設置している場合には、基本夜間対応型訪問介護費に加え、定期巡回サービス及び随時訪問サービスのそれぞれについて1回ごとに介護報酬を算定できるとされている。☞⊕ P619 他

4　○　夜間対応型訪問介護事業所のオペレーターは、定期巡回サービスを行う訪問介護員に同行し、地域を巡回しながら利用者からの通報に対応することができるとされている。

5　×　夜間対応型訪問介護の利用者は、一人暮らしの高齢者又は高齢者のみの世帯や中重度の要介護者等を想定しているが、利用者をこれらの者に限定しているわけではない。☞⊕ P616

問題56　正解２、５

1　×　認知症対応型通所介護事業所の

管理者は、認知症対応型通所介護計画を作成するとされている。☞⊕ P635

2　○　認知症対応型通所介護利用者は、栄養改善サービスを利用することができるとされている。

3　×　認知症対応型通所介護の利用対象者は、日常生活に支障が生じる程度にまで認知機能が低下した状態にある認知症の要介護者であり、要介護の若年性認知症の者も対象となる。☞⊕ P635

4　×　認知症対応型共同生活介護事業所の居間や食堂を活用して行うのは、共用型指定認知症対応型通所介護である。☞⊕ P636

5　○　指定認知症対応型通所介護は、事業所内でサービスを提供することが原則だが、あらかじめ認知症対応型通所介護計画に位置付けられ、効果的な機能訓練等のサービスが提供できる場合は、事業所の屋外でサービス提供をすることができる。☞⊕ P637、☞指定地域密着型サービスの事業の人員、設備及び運営に関する基準第50・51条、指定居宅サービス等及び指定介護予防サービス等に関する基準について（解釈通知）

問題57　正解２、３、５

1　×　介護支援専門員は、入所者の処遇に支障がない場合は、他の職務と兼務することができるとされている。☞⊕ P711

2　○　管理者は、常勤の者でなければならないが、管理上支障がない場合には、同一敷地内にある他の事業所、施設等の職務との兼職もできるとされている。☞⊕ P711

3　○　居宅において日常生活を営むことができると認められる入所者に対し

ては、円滑な退所のために必要な援助を行わなければならないとされている。☞上P697

4 × 介護保険施設の計画担当介護支援専門員は、苦情の内容等を記録しなければならないとされている。☞上P701

5 ○ 入所者が医療機関に入院しなければならなくなった場合、3か月以内に退院できる見込みのときには、原則として、退院後再び当該施設に円滑に入所できるようにしなければならないとされている。☞上P713

問題58　正解２、３、５

1 × 生活保護制度は、日本国憲法第25条「**生存権の保障**」の理念に基づき設けられており、生活保護法には国家責任の原則が示されている。☞下P468

2 ○ 生活保護制度は、生活困窮に陥った原因による差別を否定して、**無差別平等の原理**が示されている。☞下P468

3 ○ 医療扶助による医療の給付は、医療保護施設又は生活保護の指定医療機関に委託して行うことができる。☞下P470

4 × 介護扶助には、介護保険制度に基づく住宅改修と同一の住宅改修が含まれる。☞下P472

5 ○ 住宅扶助は、原則として、金銭給付で行われる。☞下P470

問題59　正解１、３、５

1 ○ 生活困窮者自立支援法の支援対象は、現に経済的に困窮し、最低限度の生活を維持することができなくなるおそれのある者であり、親に扶養されている成人の子も支援の対象となる。

☞下P475

2 × 生活困窮者自立相談支援事業の自立相談支援機関には、主任相談支援員、相談支援員、就労支援員が配置されるが、弁護士の配置は義務付けられていない。☞下P476

3 ○ 生活困窮者自立相談支援事業の実施主体は、都道府県、市及び福祉事務所を設置する市町村とされている。☞下P476

4 × 生活困窮者自立相談支援事業は、社会福祉法人、NPO法人等に委託することができるとされている。☞下P476

5 ○ 生活困窮者一時生活支援事業は、任意事業とされている。☞下P476

問題60　正解１、３、５

1 ○ 成年後見人になることができるのは、親族以外に弁護士、司法書士、社会福祉士などの専門職、社会福祉協議会などの法人である。☞下P513

2 × 市長村長は、65歳以上の者につき特に必要があると認めるときには、後見開始の審判を請求することができる。☞下P508

3 ○ 成年後見制度の理念の一つとして、成年被後見人等の**自発的意思の尊重**がある。☞下P506

4 × 成年後見人が、成年被後見人の居住用不動産を処分する場合には、家庭裁判所の許可が必要となる。☞下P508

5 ○ 後見開始の審判を請求することができるのは、本人、配偶者、四親等内の親族などである。☞下P508

令和3年度

令和2年度（第23回）試験問題の解答・解説

介護支援分野

問題1　正解2、4

1 ×　要介護（要支援）認定者641万人のうち、第2号被保険者は13万人（0.02％）である。☞⊕P35 他

2 ○　平成29年度末現在の要介護（要支援）認定者数は、第1号被保険者は男性193万人、女性435万人、第2号被保険者は男性7万人、女性6万人であり、女性は男性の認定者数の約2倍となる。☞⊕P35、☞平成29年度介護保険事業状況報告（厚生労働省）

3 ×　要介護（要支援）認定者数は、前年度末に比べ、第1号被保険者は9.6万人（1.5％）増、第2号被保険者は0.3万人（1.9％）減となっている。☞⊕P35、☞平成29年度介護保険事業状況報告（厚生労働省）

4 ○　認定者を要介護（要支援）状態区分別にみると、要支援1：88万人、要支援2：88万人、要介護1：129万人、要介護2：112万人、要介護3：85万人、要介護4：79万人、要介護5：60万人となっており、認定者数が最も多いのは、要介護1である。☞⊕P35、☞平成29年度介護保険事業状況報告（厚生労働省）

5 ×　第1号被保険者3,488万人のうち要介護（要支援）認定者は628万人であり、その割合は、18％となる。25％は超えていない。☞⊕P35、☞平成29年度介護保険事業状況報告（厚生労働省）

問題2　正解1、2、5

1 ○　**認知症対応型共同生活介護**は、認知症（急性を除く）の高齢者に対して、共同生活住居で、家庭的な環境と地域住民との交流の下、入浴・排せつ・食事等の介護などの日常生活上の世話と機能訓練を行い、能力に応じ自立した日常生活を営めるようにするものであり、<u>要支援2及び要介護1以上の認定を受けた者を対象としている。</u>要支援1の者は利用できない。☞⊕P650

2 ○　**認知症対応型通所介護**は、認知症である利用者（認知症の原因となる疾患が急性の状態にある者を除く）が可能な限り自身の居宅において、持っている能力に応じて自立した日常生活を営むことができるよう生活機能の維持や機能向上を目指し、社会的孤立感の解消及び心身の機能の維持、利用者の家族の負担の軽減などを図るものである。対象は、認知症と診断された要介護1以上で、事業者と同一の市町村に居住している者であるが、<u>要支援者は、介護予防を目的とした「介護予防認知症対応型通所介護」を利用することができる。</u>☞⊕P635

3 ×　**看護小規模多機能型居宅介護**は、要介護状態となった場合においても、利用者が可能な限り居宅において、利用者自身が持っている能力に応じ自立した日常生活を営むことができるよう、その療養生活を支援し心身の機能の維持回復及び生活機能の維持又は向上を目指すサービスである。退院直後の在宅生活へのスムーズな移行、がん末期等の看取り期、病状不安定期における

在宅生活の継続、家族に対するレスパイトケア、相談対応による負担軽減といったニーズのある要介護1以上の者を対象としている。☞㊤P671

4 × 地域密着型介護老人福祉施設入所者生活介護は、地域密着型介護老人福祉施設に入居する利用者に対して、その居宅における生活への復帰を念頭に置いて、入居前の居宅における生活と入居後の生活が連続したものとなるよう配慮しながら、各ユニットにおいて入居者が相互に社会的関係を築き、自律的な日常生活を営むことを支援するサービスである。地域密着型介護老人福祉施設は、入所定員が29人以下の特別養護老人ホームであって、地域密着型施設サービス計画に基づいてサービスを提供する施設であり、要介護3〜5の認定を受けた、利用施設と同一の市町村に住んでいる者が対象となる。☞㊤P663

5 ○ 小規模多機能型居宅介護は、中重度の要介護者となっても、在宅での生活が継続できるように、1つの事業者と契約するだけで、「通い（デイサービス）」を中心に、要介護者の様態や希望に応じて、随時「訪問（訪問介護）」や「泊まり（ショートステイ）」のサービスを、組み合わせて利用できる。要介護の認定を受けた、利用施設と同一の市町村に住んでいる者が対象となるが、要支援1、2の者は、「介護予防小規模多機能型居宅介護」のサービスを利用できる。☞㊤P640・P685

問題3　正解1、2、3

1 ○ 老老介護とは、介護を要する高齢者を高齢者が介護することであり、主に65歳以上の高齢の夫婦や親子、兄弟などのどちらかが介護者で、もう一方が介護される側となることをいう。☞㊤P14

2 ○ 「**8050問題**」とは、80代の親

●生活保護の基本と原則

基本原理・原則 （法：生活保護法）		概　　要
基本原理	法の目的 （法第1条）	憲法第25条に規定する理念に基づき、国が生活に困窮するすべての国民に対し、その困窮の程度に応じ、必要な保護を行い、その最低限度の生活を保障するとともに、その自立を助長することを目的としている。
	無差別平等 （法第2条）	すべて国民は、法の定める要件を満たす限り、法による保護を無差別平等に受けることができる。
	最低生活 （法第3条）	法により保障されている最低限度の生活は、健康で文化的な生活水準を維持することができるものでなければならない。
	保護の補足性 （法第4条）	保護は、生活に困窮する者が、その利用し得る資産、能力その他あらゆるものをその最低限度の生活の維持のために活用することを要件として行われる。他の法律に定める扶助は、生活保護に優先して行われなければならない。
基本原則	申請保護 （法第7条）	保護は、要保護者、その扶養義務者又は、その他の同居の親族の申請に基づいて開始される。ただし、要保護者が急迫した状況にあるときは、保護の申請がなくても必要な保護を行うことができる。
	基準及び程度 （法第8条）	保護の基準は、厚生労働大臣が定める。保護は、その者の金銭又は物品で満たすことができない不足分を補う程度において行うものとされ、最低限度の生活の需要を満たすに十分であって、かつ、これを超えないものでなければならない。
	必要即応 （法第9条）	保護は、要保護者の年齢、性別、健康状態といった個々の事情を考慮して、有効かつ適切に行われる。
	世帯単位 （法第10条）	保護は、世帯を単位として、その要否及び程度を定める。ただし、これによりがたいときは、個人を単位として定めることがある。

が 50 代の子どもの生活を支えるという問題である。子どもが引きこもりなどの問題を抱えていることが多い。☞⊥P14

3 ○ **ダブルケア**とは、育児と介護を同時に行うことである。少子化、高齢化、女性の晩婚化による出産年齢の高齢化などによって、増加が予測されている。☞⊥P14

4 × **介護離職**とは、家族や親族の介護を理由に仕事を辞めることをいう。介護職員の離職率の増加は問題となっているが、介護離職とは呼ばない。

5 × **限界集落**とは、中山間地域や山村地域、離島など、主に社会経済的条件に恵まれない地域で見られるものであり、人口の 50％ 以上が 65 歳以上の高齢者となった集落をいう。

問題 4　正解 1、4

1 ○　市町村の介護保険財政の安定化を図るために、都道府県には財政安定化基金が設置されている。☞⊥P69

2 ×　地域支援事業支援交付金とは、社会保険診療報酬支払基金が、介護保険法に基づく地域支援事業を実施するために必要な費用を市町村に交付するものである。☞⊥P68

3 ×　第 2 号被保険者負担率の設定は、国（第 1 号被保険者の保険料率の決定は市町村）が行っており、3 年に 1 回見直されている。☞⊥P68

4 ○　介護保険審査会は各都道府県に設置され、都道府県区域内の市町村の行った処分に対する不服申し立ての審理・裁決を執行している。☞⊥P176

5 ×　介護給付費等審査委員会は、国民健康保険団体連合会に設置されており、介護給付費、介護予防・日常生活支援総合事業の費用について審査を

行っている。☞⊥P173

問題 5　正解 1、3、4

1 ○　2017（平成 29）年の介護保険制度改正の根拠法は「地域包括ケアシステムの強化のための介護保険法等の一部を改正する法律」である。☞⊥P8・P29

2 ×　改正では、高齢者と障害児者が同一の事業所でサービスを受けやすくするため、介護保険と障害福祉両方の制度に新たに共生型サービスが位置付けられたが、対象となる介護保険サービスは、訪問介護、通所介護、短期入所生活介護、地域密着型サービスである小規模多機能型居宅介護であり、居宅介護支援は含まれていない。☞⊥P8・P29

3 ○　改正では、全市町村が保険者機能を発揮し、自立支援・重度化防止に向けて取り組む仕組みの制度化が行われ、国から提供されたデータを分析の上、市町村介護保険事業計画に、自立支援、介護予防、重度化防止等への取組を記載することとした。☞⊥P8・P29・P165

4 ○　今後、増加が見込まれる慢性期の医療・介護ニーズへの対応のため、施設サービスとして、介護医療院サービスを追加した。☞⊥P8・P29・P726

5 ×　介護保険の第 2 号被保険者の保険料は、その加入する医療保険の人数に応じて負担する額が決められていたが、被用者保険間の介護納付金の負担率のばらつきが大きいことが問題とされていた。そのため、改正により、人数割ではなく、報酬額に比例して負担するしくみ（総報酬割）になった。第 1 号被保険者は誤り。☞⊥P63・P68

問題6　正解2、3、5

1　×　介護保険の保険給付は、要介護状態等の軽減又は悪化の防止に資するよう行われるとともに、医療との連携に十分配慮して行われなければならないされている。☞⊕P41

2、3　○　介護保険の保険給付は、被保険者の選択に基づき、適切な保健医療サービス及び福祉サービスが、多様な事業者又は施設から、総合的かつ効率的に提供されるよう配慮して行われなければならないとされている。☞⊕P41

4　×　介護保険の保険給付は、被保険者が要介護状態となった場合においても、可能な限り、その居宅において、その有する能力に応じ自立した日常生活を営むことができるように配慮されなければならないとされている。快適な日常生活とはされていない。☞⊕P41

5　○　介護保険は、被保険者の要介護状態又は要支援状態に関し、必要な保険給付を行うとされている。☞⊕P41

問題7　正解1、3、4

1　○　介護サービスの利用者負担には、所得区分に応じて月々の負担の上限額が設定されている。☞⊕P109

2　×　1か月に支払った利用者負担の合計が負担の上限を超えたときは、現物給付ではなく、超えた分が払い戻されるようになっている。☞⊕P105

3　○　高額介護サービス費は、市区町村民税の課税状況などによる世帯の区分によって支給額が定められている。☞⊕P109

4　○　高額介護サービス費の支給対象とならないのは、利用限度額を超えた自己負担分、福祉用具購入費、住宅改

修費の1割負担、ショートステイなどの入所の食費や居住費、差額ベッド代、日常生活費であり、施設介護サービス費に係る利用者負担は、支給対象となる。☞⊕P111

5　×　**高額医療合算介護サービス費**とは、介護保険の保険者が給付する給付のことである。また、**高額医療・高額介護合算制度**とは、介護保険と医療保険における自己負担の合算額が著しく高額になる場合に、申請により負担額の一部が払い戻されるものである。払い戻しは、医療保険と介護保険のそれぞれの自己負担額の比率に応じて按分して各保険の保険者が負担する。☞⊕P106

問題8　正解1、2、4

1、2　○　特定入所者介護サービス費は、介護保険施設入所者で、所得や資産等が一定以下の場合は、負担限度額を超えた居住費と食費の負担額が介護保険から支給されるものである。☞⊕P109

3　×　特定入所者介護サービス費の対象となるサービスが受けられる施設は、介護老人福祉施設（特別養護老人ホーム）、介護老人保健施設、介護療養型医療施設、介護医療院、地域密着型介護老人福祉施設入所者生活介護である。☞⊕P111

4　○　特定入所者介護サービス費の対象となるサービスには、特定施設入居者生活介護は含まれない。特定施設とは、有料老人ホーム、軽費老人ホーム（ケアハウス）、養護老人ホームである。☞⊕P109

5　×　特定入所者介護サービス費の利用者負担段階は、所得により4段階に分けられており、生活保護受給者は第

1段階に該当し、支給対象者となる。
☞上P110

問題9　正解3、5

1、2、4　×　定率の利用者負担を市町村が減免する場合として、次のケースが示されている。①震災・風水害・火災等で住宅等の財産が著しく損害を受けた。②死亡、心身の重大な障害や長期入院で収入が著しく減少した。③事業の休廃止や著しい損失、失業等で収入が著しく減少した。④干ばつ、冷害等による農作物の不作や不漁等で収入が著しく減少した。☞上P105

3、5　○　正しい。上記記述を参照。
☞上P105

問題10　正解2、4、5

1　×　**指定地域密着型通所介護**では、要介護状態となった場合においても、その利用者が可能な限りその居宅において、その有する能力に応じ自立した日常生活を営むことができるよう生活機能の維持又は向上を目指し、必要な日常生活上の世話及び機能訓練を行うとされている。☞上P482

2　○　**指定介護予防通所リハビリテーション**では、要介護者が介護老人保健施設、病院、診療所等に併設された施設、介護医療院に通い、理学療法士、作業療法士、言語聴覚士等の専門スタッフによる「機能の維持回復訓練」や「日常生活動作訓練」が受けられる。サービスの提供に際しては、医師等の従業者により介護予防通所リハビリテーション計画の実施状況の把握が行われなければならないといえる。☞上P582

3　×　**介護予防・日常生活支援総合事業**における通所型サービスは、介護予防を目的とし、デイサービスセンター等の施設で、入浴、排泄、食事等の介護、日常生活上の支援や機能訓練、レクリエーション等を日帰りで利用できるサービスである。専門職による運動器の機能向上に限定されてはいない。☞上P154

4　○　**共用型指定認知症対応型通所介護**は、要介護状態となった場合においても、認知症である利用者（認知症の原因となる疾患が急性の状態にある者を除く）が可能な限り自身の居宅において、持っている能力に応じて自立した日常生活を営むことができるよう生活機能の維持や機能向上を目指し、必要な日常生活上の世話及び機能訓練を行うものである。このサービスは、認知症の利用者を対象とした利用定員12人以下の通所介護事業所（デイサービスセンター等）で、特別養護老人ホーム、介護老人保健施設等に併設されているもの（併設型）と、認知症対応型デイサービスとして単独で設置されているもの（単独型）、グループホームのリビングや食堂の共用スペースで提供（共用型）される。☞上P636

5　○　**指定療養通所介護**は、難病等を有する重度要介護者又はがん末期の者のうち、常時看護師による観察が必要なものなど、医療的なケアを要し、看護師の観察が必要な場合に利用することができる。☞上P631

問題11　正解1、4

1　○　普通徴収による第1号被保険者の保険料については、その配偶者及び世帯主に対して連帯納付義務が課せられている。☞上65

2　×　年金保険者は、第1号被保険者

のうち年額 18 万円以上の年金の受給者について、年金支給の際に年金から介護保険料を特別徴収して市町村に納入する事務を行う。社会保険診療報酬支払基金は行っていない。☞⊥ P64

3　×　国民健康保険に加入する第 2 号被保険者の保険料は、世帯単位で合算して世帯主から市町村が徴収する。☞⊥ P69

4　○　所得段階別定額保険料の所得区分は原則 9 段階であるが、市町村の条例でさらに細分化したり、各段階の保険料率を変更することができるとされている。☞⊥ P63

5　×　第 2 号被保険者負担率は、市町村間の保険料水準の格差が大きくなる恐れがあることなどから、3 年ごとに国が政令で定めることになっている。☞⊥ P63

問題12　正解 2、3、5

1　×　介護給付費の法定給付について、国の負担分は、すべての市町村について同率の定率給付と、市町村の財政力の強弱に応じて傾斜的に交付される調整交付金からなっている。☞⊥ P61

2　○　費用の総額は、国、都道府県、市町村による公費と、被保険者から徴収する保険料によりそれぞれ**50%**ずつ賄われる。☞⊥ P62

3　○　市町村の一般会計における介護給付及び予防給付に要する費用の負担分は、介護給付費の 12.5%、地域支援事業の 19.25% と、すべての市町村において同率である。

4　×　第 2 号被保険者の保険料負担分は、社会保険診療報酬支払基金から各市町村に交付される。☞⊥ P68

5　○　介護保険の保険料は、すべての市町村に係る第 1 号被保険者と第 2 号

被保険者の一人当たりの平均的な保険料が同じ水準になるように、それぞれの見込数の総数の割合で按分されている。☞⊥ P61

問題13　正解 1、4、5

1　○　指針は、市町村介護保険事業計画及び都道府県介護保険事業支援計画の策定のための基本的事項を定めるとともに、地域の実情に応じた介護給付等対象サービスを提供する体制の確保及び地域支援事業の実施が計画的に図られるようにすることを目的とするものとされている。☞⊥ P165

2　×　指針は**厚生労働省告示**であり、都道府県知事ではなく厚生労働大臣が定めるものである。☞⊥ P165

3　×　指針については、法の施行状況等を勘案して、必要な見直しを行うものとされている。変更に当たって、総務大臣その他関係行政機関の長に協議をするが、市町村長と協議しなければならないとはされていない。☞⊥ P165

4　○　指針は、地域における医療及び介護の総合的な確保の促進に関する法律に規定する総合確保方針に即して定めるとされている。☞⊥ P165

5　○　指針は、介護給付等対象サービスを提供する体制の確保に関する基本的事項を定める。☞⊥ P165

問題14　正解 2、5

1　×　地域リハビリテーション活動支援事業は、介護予防・日常生活支援総合事業のなかの一般介護予防事業である。☞⊥ P148

2、5　○　家族介護支援事業、介護給付等費用適正化事業は、地域支援事業の任意事業である。☞⊥ P148

3、4　×　在宅医療・介護連携推進事

令和2年度

業及び地域ケア会議推進事業は、包括的支援事業（社会保障充実分）に含まれている。☞㊤P148

問題15　正解1、3

1、3　○　保険者の行った行政処分に関して不服がある場合は、**介護保険審査会**に審査請求を行うことができる。審査請求の対象となる処分は、要介護・要支援認定に関する処分を含む保険給付に関する処分、保険料その他の徴収金に関する処分である。要介護認定に関する処分について不服がある被保険者、保険料の滞納処分について不服がある被保険者による審査請求は認められる。☞㊤P176

2、4、5　×　いずれも審査請求の対象とはならない。☞㊤P176

問題16　正解1、2、4

1　○　市町村は、第1号被保険者の保険料算定に関し、被保険者の収入について調査する権限を有している。☞㊤P63・P119他

2　○　保険者である市町村は、住宅改修費の支給を受けようとする者に対して、住宅改修の内容などに関する文書の提出を求めることになる。☞㊤P560

3　×　**社会保険診療報酬支払基金**は、介護給付費・地域支援事業支援納付金の算定のために、医療保険者から報告を徴収することになる。☞㊤P67

4　○　市町村は、保険料の特別徴収のために、第1号被保険者に対する老齢等年金給付の支給状況について、年金保険者に対し資料の提供を求めることができる。☞㊤P63〜P65他

5　×　都道府県知事は、介護サービス情報について、指定調査機関に指定居宅サービス事業者を調査させることができる。☞㊤P146

問題17　正解2、5

1　×　正当な理由なしに、介護給付等対象サービスの利用に関する指示に従わないことにより、要介護状態の程度を増進させたときや、不正な受給があるときなどは、居宅サービス事業者は、意見を付して市町村に通知することになっているが、この場合に、被保険者の要介護認定を市町村が取り消すことはできない。☞㊤P86

2、5　○　市町村が被保険者の要介護認定を取り消すことができるのは、次の場合である。①被保険者が要介護者に該当しなくなったと認めるとき。②正当な理由なしに、職権による要介護状態区分の変更認定を行うための市町村による調査に応じないとき。☞㊤P86

3　×　市町村は、保険給付が適正に行われることを確保するために、保険給付に関して必要があると認めるときは、受給者、事業者・施設のサービス担当者、住宅改修を行う者に対し、文書等の提出要求、職員による質問等を行うことができる。そして、受給者が、正当な理由なしに、この求めに応じないときには、保険給付の一部または全部の制限を行うことができるとされているが、要介護認定の取り消しはできない。☞㊤P119

4　×　介護保険料は、災害などの特別な事情がある場合を除き、滞納した場合には滞納期間に応じて**給付制限**が行われる。1年間滞納した場合には償還払い、1年6か月間滞納した場合には保険給付の差し止め、納期限から2年以上滞納した場合には、時効により保

険料を納付することができなくなり、滞納期間に応じて自己負担割合が変更されることになる。こうした措置は、市町村により異なる場合があるが、要介護認定の取り消しはできない。☞上P66

問題18　正解 2、4、5

1　×　介護認定審査会の審査、判定結果に基づき、要介護の認定あるいは要介護者に該当しない旨の決定を行い、審査及び判定の結果を申請者に通知するのは市町村である。☞上P83

2　○　介護認定審査会は、要介護者等の保健・医療・福祉に関する学識経験者の委員によって構成される専門機関で、市町村の付属機関である。☞上P82

3　×　認定有効期間は原則6か月間だが、介護認定審査会の意見に基づき市町村が特に必要と認める場合には、3か月間から12か月間までの範囲内で市町村が定める期間となる。☞上P84

4　○　介護認定審査会は、審査・判定にあたり、必要があると認めるときは、被保険者、家族、主治医等の関係者から意見を聴くことができる。☞上P82

5　○　介護認定審査会の委員には、職務上知り得た秘密についての守秘義務が課せられている。☞上P82

問題19　正解 2、3、4

1　×　主治医意見書の項目には、「社会生活への適応」という項目は存在しない。介護認定申請時の認定調査票の項目に存在する。☞上P78

2、3　○　主治医意見書の項目には、「認知症の中核症状」、「サービス利用による生活機能の維持・改善の見通し」が含まれている。☞上P78

4　○　市町村は、認定調査の結果（**一次判定結果**）や主治医の意見書等を介護認定審査会に通知して**二次判定**を求めることになる。☞上P80

5　×　被保険者から認定申請を受けた市町村は、申請した被保険者の主治の医師から医学的な意見を求めることとされている。被保険者が、申請書に添付する必要はない。☞上P77

問題20　正解 1、2、5

1　○　要介護認定を受けている利用者が要支援認定を受けたときは、介護予防サービス計画を作成することになるため、介護支援専門員は、指定介護予防支援事業者と当該利用者に係る必要な情報を提供する等の連携を図るものとされている。☞上P333

2　○　被保険者証に認定審査会意見の記載があるときは、利用者にその趣旨を説明して、理解を得た上で、その内容に沿って居宅サービス計画を作成しなければならないとされている。☞上P333

3　×　継続して居宅サービス計画に福祉用具貸与を位置付けるときは、その必要性を検証して、貸与が必要な場合にはその理由を記載しなければならないとされている。☞上P331

4　×　居宅サービス計画に厚生労働大臣が定めた回数以上の訪問介護を位置付けるときは、介護支援専門員は、その利用の妥当性を検討し、それが必要な理由を居宅サービス計画に記載するとともに、当該計画を市町村に届け出なければならないとされている。☞上P327

5　○　介護支援専門員は、利用者が訪問看護、通所リハビリテーション等の医療サービスの利用を希望している場

令和2年度

65

合、その他必要な場合は、利用者の同意を得て主治の医師等の意見を求めなければならないとされている。☞㊤P329

問題21　正解 2、4、5

1　× 指定居宅介護支援事業者は、指定居宅介護支援の提供の開始に際し、利用者が複数の指定居宅サービス事業者等を紹介するよう求めることができることなどについて説明し、理解を得ることとされているが、必ず複数の指定居宅サービス事業者等を紹介しなければならないとはされていない。☞㊤P312

2　○ 指定居宅介護支援事業者は、指定居宅介護支援の提供の開始に際し、利用者・家族に対して、利用者が入院する場合は、担当介護支援専門員の氏名と連絡先を入院先の医療機関に伝えるよう、依頼しなければならないとされている。☞㊤P312

3　× 指定居宅介護支援事業者は、指定居宅介護支援の提供の開始に際し、<u>要介護認定申請が行われていない場合は、利用申込者の意思を踏まえて必要な協力を行い、申請を援助しなければならない</u>とされている。利用申込者の意思にかかわらず行うものではない。☞㊤P312

4　○ 指定居宅介護支援事業者は、事業の実施地域等の関係で適切な提供が困難な場合は、他事業者の紹介を行うなどの必要な措置を講じなければならないとされている。☞㊤P312

5　○ 指定居宅介護支援事業者は、利用者の選定により通常の事業の実施地域以外の地域で指定居宅介護支援を行うときは、要した交通費の支払いを利用者から受けることができるとされて

いる。☞㊤P312

問題22　正解 1、2、3

1　○ サービス担当者会議には利用者およびその家族の参加は原則だが、利用者やその家族の参加が望ましくない場合（家庭内暴力等）には、必ずしも利用者や家族の参加を求めるものではないとされている。☞㊤P320

2　○ 介護支援専門員は、サービス担当者会議開催の日程調整を行ったが、サービス担当者の事由によりサービス担当者会議への参加が得られなかったときは、サービス担当者への照会等により意見を求めることができるとされている。☞㊤P321

3　○ 末期の悪性腫瘍の利用者について、日常生活上の障害が1か月以内に出現すると主治の医師等が判断した場合には、その時点以降において、その助言を得た上で、サービス担当者への照会等により意見を求めることができるとされている。☞㊤P321

4　× 指定居宅介護支援事業者は、サービス担当者会議をはじめ、一定のサービス提供の記録を整備し、その完結の日から<u>2年間保存しなければならない</u>とされている。要介護認定の有効期間に合わせて最長3年間ではない。☞㊤P426

5　× 介護支援専門員は、利用者が、<u>①要介護更新認定を受けた場合、②要介護状態区分の変更の認定を受けた場合</u>には、サービス担当者会議を開催しなければならないとされている。要介護状態区分に変更がなかった場合でも開催することがある。☞㊤P325

問題23　正解 3、5

1　× 介護予防サービス・支援計画書

の「課題に対する目標と具体策の提案」欄には、計画作成者が提案した目標と具体策について記載する。この欄には利用者や家族の意向は記載しない。☞⊕P350・P366

2 × 「【本来行うべき支援ができない場合】妥当な支援の実施に向けた方針」欄には、計画作成者と利用者・家族の考え方の違いが大きい場合や必要な社会資源が地域にない場合等に、支援の方向性や方策を記入する。☞⊕P352・P367

3 ○ 「目標とする生活」の「1年」欄には、利用者とともに、生きがいや楽しみを話し合い、今後の生活で達成したい比較的大きな目標を設定する。☞⊕P350・P367

4 × 「期間」は、利用者の要支援認定の有効期間と同じ期間でなければならないというものではない。☞⊕P350・P367

5 ○ 「本人等のセルフケアや家族の支援、インフォーマルサービス」欄には、地域のボランティアや近隣住民の協力のほか、本人の取り組みや家族の支援なども記載する。☞⊕P350・P367

問題24　正解 3、5

1 × 施設サービス計画は入所者の日常生活全般を支援する観点に立って作成されるものであり、看護職員が作成した**看取り介護計画**がある場合でも、作成しなければならない。☞⊕P393・P705

2 × Aさんと家族の意向が明らかであっても、計画担当介護支援専門員は、アセスメントに当たっては必ず入所者及びその家族に面接して行わなければならない。面接をせずに、単独でター

ミナル期の施設サービス計画を作成してはならない。☞⊕P390

3 ○ 看取りに対する家族の意思を確認するため、介護支援専門員がAさんの家族、嘱託医、生活相談員等との面談の日程調整を行い、家族に対しては医師等と共同して十分な説明を行い、同意を得る等をしなければならない。☞⊕P707

4 × **看取り介護加算**は、常勤の看護師により24時間連絡体制を確保して、あらかじめ見取りに対する指針を入所時に説明を行い、医師が回復の見込みがないと判断した入所者に対して、医師等が共同して入所者等に対して十分な説明を行って同意を得ること等を行った場合に算定できるものである。☞⊕P707

5 ○ 終末期の身体症状の変化や介護の状況等を記録し、医師、看護職員、介護職員、介護支援専門員等の多職種連携による情報の共有に努めなければならない。☞⊕P707

問題25　正解 2、3、5

1 × Aさんの家庭の事情も考慮しなければならず、長女に対し、仕事を辞めて介護や家事に専念すべきであると説得するのは不適切といえる。

2 ○ 家族と介護支援専門員で、家事や介護の家庭内での分担及び介護サービス利用の見直しについて話し合う場を設けることで、Aさんや家族が納得できる方法を探すことは重要といえる。

3 ○ 長女及び長女の夫に勤務先の介護に関する支援制度を確認して、問題解決につなげるように図ることは適切といえる。

4 × Aさんを孫が介護しているのは、Aさんの意向や家庭の事情もあると考

慮すべきであり、直ちにＡさんの短期入所生活介護の手配をするのは不適切といえる。

5　○　孫の話を傾聴し、必要に応じて**若年介護者（ヤングケアラー）**としての悩みを持つ者同士の懇談会などに関する情報を提供することで、孫の負担を軽減する方法を探すことは適切といえる。以上、☞⬆第２編第４章他

保健医療サービスの知識等

問題26　正解１、２、４

1　○　**老年症候群**とは、加齢に伴い高齢者に多くみられるもので、医師の診察や介護・看護を必要とする症状・徴候の総称である。老年症候群では、生活機能の低下がみられる。☞⬇P5

2　○　高齢者では、身体的な衰えや機能障害、慢性疾患の罹患、家族との死別などにより抑うつが高頻度にみられる。☞⬇P7

3　×　高齢者では、エネルギーの消費が少なくなるため、食欲が低下する傾向がある。☞⬇P8

4　○　高齢者では、若年者に比べて体内水分貯蔵量が少なく、口渇も感じにくいため、脱水のリスクが高い。☞⬇P9

5　×　内耳から大脳に異常があるために生じる難聴は**感音性難聴**であり、高齢者に多くみられるものである。☞⬇P10

問題27　正解２、４、５

1　×　激しく出血している場合は、出血部位よりも心臓に近い部位を圧迫して止血する。☞⬇P174

2　○　誤嚥による呼吸困難では、「喉に手を当てる」などの窒息サインや、酸欠によるチアノーゼで唇が紫色になるなどの症状が出現する。☞⬇P175・P332

3　×　洗剤や漂白剤を飲み込んだ場合に、無理に吐かせると、洗剤や漂白剤によって窒息や誤嚥性肺炎を起こす恐れがあることから、速やかに医療機関にかかるようにする。☞⬇P176

4　○　衣服の下をやけどしている場合は、皮膚が衣服に貼りついている恐れ

があることから、衣服を脱がさずその上から流水を当てる。☞下P177

5　○　寝たきりの高齢者に吐き気があるときは、身体を横向きにして、吐物による誤嚥を防ぐようにする。☞下P180

問題28　正解 1、3、5

1　○　**変形性関節症**は最も多い関節疾患であり、高齢者に多く発症する。☞下P115

2　×　**筋萎縮性側索硬化症**（ALS）では、四肢の筋力低下による運動や歩行などの生活機能障害、嚥下障害、言語障害などを生じる。☞下P104

3　○　高次脳機能障害における**失語症**には、主に言葉の表出が障害される運動失語、理解が障害される感覚失語、物の名前を呼ぶことが困難になる失名詞失語、言われたことのまねが障害される伝導失語、言語機能全般が障害される全失語に分けられる。☞下P292

4　×　**パーキンソン病**が進行すると、自律神経障害、認知症及び治療薬の副作用としての幻覚、妄想などの精神症状が加わる。☞下P107

5　○　**骨粗鬆症**は、無症状のうちに骨が弱くなるもので、骨折の大きな危険因子である。☞下P120

問題29　正解 2、4、5

1　×　**稽留熱**とは、解熱せずに持続する発熱のことである。急激な発熱と解熱を繰り返すものではない。☞下P69

2　○　**心房細動**は、心房の正常な収縮と拡張ができなくなる不整脈である。☞下P128

3　×　飲酒は、起立性低血圧の原因となる。☞下P71

4　○　意識レベルの評価方法である**ジャパン・コーマ・スケール**（JCS）では、数値が大きいほど意識レベルが低い。☞下P71

5　○　**口すぼめ呼吸**とは、鼻から息を吸った後、口をすぼめて長く息をはく呼吸法である。口すぼめ呼吸で息を吐くと、気管支内の圧力が高くなり、気管支の閉塞を防ぐ効果があることから、呼吸器の機能が慢性的に低下している場合には適切な呼吸法といえる。☞下P73

問題30　正解 4、5

1　×　高齢者では膝などの関節が十分に伸びなくなり、身長が低くなることから**BMI**（Body Mass Index）は本来の値より大きくなる。☞下P360

2　×　**CRP**（C反応性たんぱく質）は、感染症などの炎症性疾患における炎症の程度を判定する検査であり、体内で炎症が起きているときには高値となる。☞下P77

3　×　**ヘモグロビンA1c**の値は、過去1～2か月の平均的な血糖レベルを反映している。☞下P76

4　○　腹囲が男性85cm以上、女性90cm以上の場合は、**メタボリックシンドローム**の診断において腹部型の肥満とされる。☞下P74

5　○　**24時間心電図**（ホルター心電図）**検査**は、不整脈がある場合や狭心症が疑われる場合に行われる。☞下P77

問題31　正解 2、3、4

1　×　摂食・嚥下プロセスの**口腔期**では、食塊は、舌と上顎に挟まれ喉（咽頭）に運ばれる。視覚、触覚、嗅覚の認知により、無条件反射で唾液が分泌されるのは**先行期**である。☞下P386

2　○　摂食・嚥下プロセスの**咽頭期**では、咽頭に食塊が入ると、気道が閉じられて食道に飲み込まれる。☞下P386

3　○　食事の介護のアセスメントでは、摂食動作ができているかを確認する。☞下P386

4　○　食事の介護のアセスメントでは、食欲がない場合には、痛み、口腔内の状態、服薬状況など、その原因を確認する。☞下P387

5　×　食事には多くの概念を含むものであり、食事の介護のアセスメントには、医師、看護師、歯科医師、歯科衛生士、理学療法士、作業療法士、言語聴覚士、管理栄養士、福祉用具専門相談員等が関わることになる。☞下P387

問題32　正解 1、3、4

1　○　**褥瘡**とは、体外からの圧力による皮下の血流障害により、細胞が壊死してしまう状態をいう。一般に「**床ずれ**」といわれる。☞下P393

2　×　半座位や座位でも、肩甲骨部などの耐圧がかかる部位には褥瘡が発生する。☞下P393

3　○　褥瘡の発生要因には、病気や加齢による身体組織の耐久性低下がある。☞下P393

4　○　同一部位への長時間にわたる圧力を減少させるためには、特殊ベッド、マットレス、いす、車いすに敷くクッションやパッドなどの体圧分散用具を用いるとよい。☞下P394

5　×　指定介護老人福祉施設において、褥瘡ケア計画を作成するなど、継続的に入所者ごとの褥瘡管理をした場合には、褥瘡マネジメント加算を算定することができる。

問題33　正解 1、2、4

1　○　通常は、嚥下反射により、食物が気管に入らないように喉頭蓋が後屈して気管口を閉鎖し、声門も閉鎖するが、<u>高齢者では、特に疾患がなくても、気道の閉じるタイミングが遅れることで誤嚥が生じやすくなる。</u>☞下P293

2　○　歯のかみ合わせなどの口腔内の環境、口腔機能は、咀嚼だけでなく、嚥下にも影響する。☞下P293

3　×　唾液腺を刺激することにより、唾液分泌が促進される。☞下P403

4　○　食物残渣は、口臭の原因となるだけでなく、う歯、歯周病の原因ともなる。☞下P406

5　×　摂食・嚥下リハビリテーションは、医師だけでなく、歯科医師、歯科衛生士、言語聴覚士、管理栄養士などの多職種連携で行われる。☞下P408

問題34　正解 3、4、5

1　×　**認知症初期集中支援チーム**とは、複数の専門家が、認知症の人、認知症が疑われる人やその家族を訪問して、アセスメント、家族支援などの初期の支援を包括的、集中的に行うものである。都道府県ではなく市区町村が配置する。☞下P254

2　×　**認知症カフェ**とは、認知症の人や家族の集いの場づくりのことであり、「認知症の人と家族、地域住民、専門職の誰もが参加でき、集う場所」とされている。認知症初期集中支援チームが運営するとは定められていない。☞下P257

3　○　認知症初期集中支援チームの対象者は、原則として、「<u>40歳以上で、在宅で生活しており、かつ認知症が疑われる人又は認知症の人</u>」で、認知症疾患の臨床診断を受けていない者など、

一定の基準に該当する者である。☞下 P255

4 ○ パーソン・センタード・ケアとは、従来の介護者本位で効率を重視したものではなく、認知症を持つ人を一人の「人」として尊重し、その人の立場に立って考え、ケアを行おうとする認知症ケアの１つの考え方である。☞下 P243

5 ○ 新オレンジプランの後継に当たる**認知症施策推進大綱**では、認知症の人本人からの発信支援を推進するよう明記されている。☞下 P202

問題35 正解2、3、5

1 × 老年期うつ病では、特に心気的な訴えが多くなり、めまい、しびれ、排尿障害、便秘などの自律神経症状が目立つといえる。☞下 P263

2 ○ 老年期うつ病では、気分の落ち込みよりも、不安、緊張、焦燥が目立つといえる。☞下 P263

3 ○ 老年期の統合失調症の症状の再発要因としては、配偶者や近親者の死、生活環境の変化があげられる。☞下 P264

4 × 老年期のアルコール依存症には、①離脱症状が遷延しやすい、②糖尿病、高血圧などの身体合併症が高率に出現する、③認知症やうつ病を合併する割合が高い、という特徴がある。☞下 P267

5 ○ 人格と感情反応がよく保たれ、体系化された妄想である**遅発パラフレニー**は、老年期の妄想性障害の代表的な疾患とされている。☞下 P266

問題36 正解1、4

1 ○ 患者が医師から説明をきちんと受けた上で同意することをインフォー

ムド・コンセントという。インフォームド・コンセントは、診断後の治療においても同様である。☞下 P25

2、3 × 医師個人の経験だけに頼るのではなく、科学的な根拠に基づいた医療をエビデンス・ベースド・メディスン（Evidence Based Medicine：EBM）、個々の人間の感じ方や考え方に耳を傾けて自己決定を促す医療をナラティブ・ベースド・メディスン（Narrative Based Medicine: NBM）という。☞下 P25

4 ○ 予後とは、疾患が今後たどり得る経過のことをいい、診断された疾患に基づき判断されるが、高齢者では、併せ持つ疾患の種類や重症度によっても変わる。☞下 P27

5 × 基本的には、疾患の予後に関する情報は、本人に説明されるべきものだが、認知機能や理解力の低下、心理状態なども考慮し、家族の立ち合いを求めることも必要になる。☞下 P27

問題37 正解2、4、5

1 × 通所リハビリテーションに係る費用（介護報酬）は、①事業所の規模、②介護の所要時間、③要介護度に応じて単位が決められている。☞上 P94

2 ○ リハビリテーション会議では、リハビリテーションに関する専門的な見地から利用者の状況に関する情報を、会議の構成員と共有するように努めなければならない。会議には、利用者及びその家族の参加が基本とされている。☞上 P500・P502

3 × 通所サービスは、基本的に事業所内で行われるものだが、事業所外でのサービス提供については、あらかじめ通所サービス計画に位置付けられており、一定の条件を満たしたものにつ

令和２年度

いては報酬算定を行ってもよいとされ
ている。☞㊤P488・P490、指定通所
介護の基本取扱方針及び具体的取扱方
針（解釈通知）他

4　○　介護予防通所リハビリテーショ
ンにおいて、利用者の居宅と指定介護
予防通所リハビリテーション事業所と
の間の送迎を実施しない場合であって
も、利用者の同意があれば、片道につ
き所定の単位数を減算することで基本
報酬を算定できる。

5　○　指定通所リハビリテーション事
業所の管理者は、医師、理学療法士、
作業療法士もしくは言語聴覚士または、
専ら指定通所リハビリテーションの提
供に当たる看護師に管理の代行をさせ
ることができるとされている。☞運営
基準（居宅）116条1項

問題38　正解2、5

1　×　**メタボリックシンドローム**とは、
栄養素の過剰、栄養素の不適切な摂取、
あるいは運動量・活動量不足によって
引き起こされる過栄養である。

2　○　摂食・嚥下機能に合わない食事
形態での食事の提供は、誤嚥や窒息を
招くことがあるので、注意が必要であ
る。☞㊦P12・P359

3　×　**栄養マネジメント加算**とは、入
所者ごとに栄養ケア計画を作成し、計
画に従って継続的な栄養管理を行った
場合に算定されるが、定期的なモニタ
リングが必要とされており、数日から
数週間の利用となる短期入所療養介護
では算定できない。☞㊦P374他

4　×　**経口維持加算**は、誤嚥などによ
り、継続して経口による食事の摂取を
進めるための特別な管理が必要である
ものとして、医師又は歯科医師の指示
を受けた者を対象としており、現に経

管により食事を摂取できている者は対
象とならない。☞㊦P375

5　○　★介護保険の施設サービスにお
ける栄養マネジメント加算は、入所者
ごとの栄養ケア計画を作成して、管理
栄養士が継続的に入所者ごとに栄養管
理をした場合に算定できるものであっ
た。ただし、令和3年度より施設系
サービスについて、栄養マネジメント
加算は廃止されたことにより、現在で
は不適切な問題となる。☞㊦P374

問題39　正解1、2、4

1　○　**標準予防策**（スタンダード・プ
リコーション）とは、感染症の有無に
かかわらず、すべての人に実施する感
染予防対策である。感染症の有無を正
確に把握することは困難であり、すべ
ての人が感染症にかかる可能性がある
と考え、感染予防に努めることになる。
☞㊦P189

2　○　感染症を予防するためには、感
染源の排除、感染経路の遮断、宿主の
抵抗力の向上が重要といえる。☞㊦
P191

3　×　手袋を使用後も手指衛生は必要
である。☞㊦P192

4　○　インフルエンザの主な感染経路
は、**飛沫感染**である。☞㊦P191

5　×　肺炎球菌ワクチンを接種すれば、
すべての肺炎を予防できるわけではな
い。☞㊦P194

問題40　正解1、3、5

1　○　在宅中心静脈栄養法は、医療処
置として栄養を補う方法の一つである。
☞㊦P51

2　×　在宅中心静脈栄養法では、長期
にカテーテルが体内にあることから、
細菌感染を引き起こすことがある。☞

⑦P52

3 ○　ストーマには、消化管ストーマと尿路ストーマ（ウロストミー）がある。☞⑦P59

4 ×　腹膜透析のメリットは、利用者の都合の良い時間に行えること、食事内容の制限が血液透析に比べて緩いことなどがあげられる。利用者や家族などの介護者でも処置ができることが特徴である。☞⑦P50

5 ○　在宅酸素療法では、利用者が携帯用酸素ボンベを使用して外出することができる。☞⑦P57

問題41　正解2、3、4

1 ×　本人の人生観や生命観などの類推に役立つような情報は貴重であり、関係者で共有すべきといえる。☞⑦P325

2 ○　**リビングウィル**とは、本人の意思が明確なうちに、医療やケアに関する選択を本人が表明しておくことをいう。表明された意思は、尊重されるべきといえる。☞⑦P325

3 ○　重度の認知機能障害などを有する利用者の場合には、本人の意向を明確に確認できないこともある。こうした場合に、家族に加えて複数の医療・介護専門職が集まって方針を決める方法を**コンセンサス・ベースド・アプローチ**という。☞⑦P326

4 ○　医学的観点だけに基づく診療方針の決定では、本人の意向に反する結果となるおそれがあることから、リビングウィルやコンセンサス・ベースド・アプローチの必要性が認められる。☞⑦P326

5 ×　一定の要件を満たしていれば、介護保険の特定施設でも、看取り介護加算が算定できるように、ターミナル

ケアを提供することができる。☞⑦P310

問題42　正解3、4、5

1 ×　**特別訪問看護指示書**があるときは、14日間を限度として、月1回まで、医療保険による訪問看護のサービスを受けることができる。☞⑥P454

2 ×　訪問看護事業を行う事業所には、指定訪問看護ステーション、病院又は診療所から訪問看護を提供する指定訪問看護事業所がある。☞⑥P463

3 ○　指定訪問看護事業者は、訪問看護の提供の開始に際し、主治の医師による指示を文書で受けなければならない。また、主治の医師に訪問看護計画書及び訪問看護報告書を提出しなければならないとされている。☞⑥P465

4 ○　訪問看護の根拠法である高齢者の医療の確保に関する法律に基づく後期高齢者医療給付には、訪問看護療養費が含まれている。☞⑦P481

5 ○　利用者が短期入所療養介護を利用している場合には、訪問看護費は算定できないとされている。☞⑥P515他

問題43　正解1、3、4

1 ○　事業所の登録定員は、**29人**（サテライト型は**18人**）以下である。☞⑥P675

2 ×　事業者は、看護サービスを提供する場合は、1人の利用者について主治の医師から指示を受けなければならないとされているが、複数の医師からとはされていない。☞⑥P676

3 ○　事業所の管理者は、事務所などで3年以上認知症ケアに従事した経験があり、厚生労働大臣の定める研修（認知症対応型サービス事業管理者研

令和2年度

修）を修了した者または保健師もしくは看護師とされている。☞㊤P674

4 ○ 看護小規模多機能型居宅介護を受けている間は、訪問リハビリテーション費及び福祉用具貸与費を除く指定居宅サービス並びに指定地域密着型サービスにかかる費用の額は算定できないとされている。

5 × 事業所には、厚生労働大臣が定める研修を終了した介護支援専門員を配置する必要がある。☞㊤P674

問題44　正解 3、4

1 × 介護老人保健施設は「<u>要介護者であって、主としてその心身の機能の維持回復を図り、居宅における生活を営むことができるようにするための支援が必要である者</u>」に対してサービスを行う施設と定義されている。☞㊤P714

2 × 従来型の多床室に係る介護報酬は、在宅強化型、基本型、その他の3類型である。

3 ○ 介護老人保健施設の人員に関する基準には、医療分野から介護分野まで幅広い職種が含まれている。☞㊤P722

4 ○ 介護老人保健施設の利用者の平均要介護度は、介護老人福祉施設の入所者のそれより低いといえる。☞㊤P717

5 × 最近では、終末期を介護老人保健施設で過ごす利用者が増えている。☞㊤P718

問題45　正解 2、4、5

1 × **介護医療院**とは、「要介護者であって、主として長期にわたり療養が必要である者に対し、施設サービス計画に基づいて、療養上の管理、看護、

医学的管理の下における介護及び機能訓練その他必要な医療並びに日常生活上の世話を行うことを目的とする施設。」である。問題文は介護老人保健施設についての記述である。☞㊤P726

2 ○ 身体合併症を有する認知症高齢者はⅠ型療養床の入所対象者である。

3 × 介護医療院の創設により、介護療養型医療施設の廃止は2024年3月末とされている。☞㊤P726

4 ○ 定員100人のⅡ型療養床の介護医療院の場合には、常勤換算で1人の医師の配置が必要とされている。☞㊤P730

5 ○ 介護医療院の入所者1人当たりの療養室の床面積は、**8m² 以上**とされている。☞㊤P732

福祉サービスの知識等

問題46　正解3、4

1　×　チェックリストなどに従って質問していくのは、**クローズドクエスチョン**（閉じられた質問）のことである。☞下P441

2　×　**オープンクエスチョン**（開かれた質問）は、面接を一方通行にしないために有効といえる。☞下P441

3　○　観察は、ジェスチャーや表情など、非言語的なメッセージを感知することを含むといえる。☞下P436

4　○　面接を効果的に実施するためには、面接の焦点を的確に定めることが重要といえる。☞下P442

5　×　クライエントの言葉をそのまま反射するだけでは課題の明確化にはつながらないといえる。明確化には、さまざまな手法が用いられる。☞下P438

問題47　正解2、3、4

1　×　まず、その高齢者に施設への入所を勧めるのではなく、クライアントが近隣住民の理解を得て生活できるような方策を検討すべきといえる。☞下P448

2　○　支援を拒否している高齢者には、親しい人や信頼できる人を探し、支援につなげることも有効といえる。☞下P446

3　○　**アウトリーチ**とは、支援が必要であるにも関わらず、届いていない人に対して行政や支援機関が積極的に働きかけて、情報や支援を届けるプロセスのことである。アウトリーチによる対応には、支援のためのネットワークの構築が含まれる。☞下P443 他

4　○　設問のような支援困難事例では、援助者が地域包括支援センターの専門的な知識を有する担当者に相談をして助言を求めることも重要といえる。☞下P443 他

5　×　**セルフ・ネグレクト**とは、利用者自身が必要な援助を求めないことである。親族による介護放棄はネグレクトである。☞下P446

問題48　正解3、5

1　×　**インテーク面接**とは、クライエントが相談機関に来談した際に行う最初の面接のことであり、得られた情報が少ない場合であっても、それを記録しなければならない。☞上P267

2　×　クライエントの希望は優先されるべきだが、援助計画はアセスメント・事前評価を基礎として問題解決に最善と考えられる計画を立てることが、重要といえる。☞上P267

3　○　**モニタリング**とは、援助計画の進捗を定期的、継続的に観察して評価することであり、モニタリングで明らかになった改善点はケアプランに反映して介護サービスの向上につなげていく。☞上P245

4　×　他職種連携の際は、それぞれの役割を明確にしておくことが重要といえる。☞上P243

5　○　クライエントとソーシャルワーカーとの契約とは、両者の間で焦点となる問題、目標、調整や介入の方法、および相互の役割や分担課題を明らかにして、援助に関する合意をすることである。☞上P431 他

問題49　正解1、4

1、4　○　人々が集団的に力強く活動することで、一人ひとりの成長・発達や抱えている問題の解決を目指すのが、

集団に対するソーシャルワークである。地域包括支援センターの社会福祉士による一人暮らしの高齢者を集めた生きがいづくりのためのプログラム活動、精神科クリニックで行われるアルコール依存症患者の家族を対象とした交流活動は、いずれもこれに該当するといえる。☞⑦ P419

2　×　医療機関における医療ソーシャルワーカーによる入院中のクライエントへの相談支援は、個人・家族に対するソーシャルワークといえる。☞⑦ P415

3、5　×　社会福祉協議会の職員と民生委員による「福祉マップ」の作成、NPO 法人のスタッフと地域住民による高齢者の見守り活動は、地域に対するソーシャルワークといえる。☞⑦ P417

問題50　正解 4、5

1　×　短期入所生活介護事業所は定員数や事業所形態に関わらず、管理者は常勤でなければならないとされている。☞⑥ P513

2　×　利用者 20 人未満の併設事業所の場合には生活相談員は非常勤も可とされている。☞⑥ P512

3　×　併設施設の場合には、機能訓練指導員は他の職務と兼務も可とされている。☞⑥ P513

4　○　利用者 40 人以下の事業所の場合には、他の施設の栄養士との連携があり、利用者の処遇に支障がなければ、栄養士は配置しなくてもよいとされている。☞⑥ P513

5　○　食事の提供と機能訓練に支障のない広さを確保できる場合には、食堂と機能訓練室は同一の場所とすることができるとされている。☞⑥ P513

問題51　正解 1、5

1、5　○　エアマットレスなどの床ずれ防止用具、特殊寝台からの起き上がりや移乗の際に用いる介助用ベルト（特殊寝台付属品）は、福祉用具貸与の対象となる。☞⑤ P537

2、3、4　×　移動用リフトのつり具の部分、入浴用介助ベルト、浴槽内いすは、いずれも福祉用具貸与の対象とはならない。☞⑤ P537

問題52　正解 1、3、4

1　○　指定訪問介護事業所の管理者については、特段の資格は不要とされている。☞⑤ P440

2　×　サービス提供責任者は、介護福祉士、実務者研修修了者、旧介護職員基礎研修修了者、旧 1 級修了者のいずれかでなければならない。☞⑤ P440

3　○　介護支援専門員は、一定回数以上の生活援助中心型の訪問介護を居宅サービス計画に位置付ける場合には、その利用の妥当性を検討し、訪問介護が必要な理由を記載して、その居宅サービス計画を市町村に届け出なければならないとされている。☞⑤ P439

4　○　利用者が保険給付の範囲外のサービス利用を希望した場合には、訪問介護員は、居宅介護支援事業者又は市町村に連絡するものとされている。利用者の状態によっては必要なサービス行為の場合があるので、希望内容に応じて地域支援事業、有償サービス等の他のサービスの利用を助言するなど、有効な活用を検討する必要がある。☞⑤ P436

5　×　指定訪問介護事業者は、正当な理由なくサービスの提供を拒むことはできないとされている。利用申込者の要介護度が重いことを理由にしてサー

ビスの提供を拒むことはできない。☞
上 P424

問題53　正解４、５

1　×　通所介護にかかる費用（介護報酬）は、①事業所の規模、②介護の所要時間、③要介護度別によって設定されているが、事業所の規模は「通常規模型」「大規模型（Ⅰ）」「大規模型（Ⅱ）」の３つに区分されている。

2　×　通所介護費は、サービスの所要時間によって「３時間以上４時間未満」「４時間以上５時間未満」「５時間以上６時間未満」「６時間以上７時間未満」「７時間以上８時間未満」「８時間以上９時間未満」の６つに分けて設定されている。

3　×　通所介護のサービス提供開始時刻は、それぞれの利用者の希望に沿って開始されることが原則であり、同じにしなければならないという規定は存在しない。

4　○　送迎時に実施した居宅内での介助等は、１日30分以内を限度に、通所介護を行うのに要する時間に含めることができる。

5　○　通常の事業の実施地域以外に住む利用者の送迎にかかる費用は、利用料以外の料金として支払いを受けることができるとされている。

問題54　正解１、２、３

1　○　訪問入浴介護は専用の浴槽を使用して、ベッドのすぐ横で提供される入浴介護であり、利用者宅に浴室があっても、訪問入浴介護を提供することができる。☞上 P442

2　○　利用者が訪問入浴介護事業所と同一の建物に居住する場合でも、訪問入浴介護を提供することができる。た

だし、訪問入浴介護の算定要件には同一建物減算がある。

3　○　短期入所生活介護には入浴または清拭のサービスがあることから、利用者が短期入所生活介護を利用している間は、訪問入浴介護費は算定しないとされている。

4　×　訪問入浴介護事業についても、通常の事業の実施地域を定めなくてもよいという規定はなく、定めなければならない。☞上 P423 ～ P425

5　×　訪問入浴介護サービスは原則として看護職員１人、介護職員２人の計３人で実施するが、そのうち１人がサービスの提供の責任者となる。責任者は、専らその職務に従事する常勤のものとしなければならないという定めはない。☞上 P449

問題55　正解３、４

1　×　小規模多機能型居宅介護は、通所サービスを中心として、訪問サービスや宿泊サービスを、利用者の希望に基づき柔軟に組み合わせて提供するものである。☞上 P640

2　×　従業者は、介護などに関する知識、経験を有する者とされているが、介護福祉士又は訪問介護員でなければならないとはされていない。☞上 P645

3　○　小規模多機能型居宅介護の本体事業所とサテライト事業所の距離は、自動車等でおおむね20分以内の近距離でなければならないとされている。☞上 P645

4　○　利用者と従業者が、なじみの関係を築きながらサービスを提供するという観点から、利用者は１つの事業所にしか登録できないとされている。☞上 P642

令和２年度

5　×　サービスの提供に当たっては、利用者、家族、地域住民の代表者、市町村職員、地域包括支援センター職員、サービスについて知見を有する者などによる運営推進会議を設置するとされている。設置するのは事業者である。☞㊤P648

問題56　正解2、3

1　×　事業所の立地場所については、住宅地または住宅地と同程度に利用者の家族や地域住民との交流の機会が確保される地域にあるようにすることとされている。☞㊤P655

2　○　<u>1つの共同生活住居の入居定員は、5〜9人とされている。</u>☞㊤P655

3　○　複数の共同生活住居がある事業所の場合には、認知症対応型共同生活介護計画の作成担当者のうち1人は、介護支援専門員でなくてはならないとされている。☞㊤P655

4　×　認知症対応型共同生活介護計画を作成した期間についても、居宅サービス計画を作成しなければならないという定めはない。☞㊤P651他

5　×　認知症対応型共同生活介護事業者は、自らその提供するサービスの質の評価を行うとともに、定期的に外部の者による評価を受け、それらの結果を公表し、常にその改善を図らねばならないとされている。☞㊤P657

問題57　正解2、3、5

1　×　身体的拘束等の適正化を図るための委員会の開催、指針の整備、従業者研修を行わなければならないとされている。☞㊤P698

2　○　入所者が居宅での生活を営むことができるかどうかについて、生活相談員、介護職員、看護職員、介護支援専門員等の従業者間で、サービス担当者会等を通じて、定期的に検討しなくてはならない。☞㊤P697

3　○　入所して施設サービスを受ける必要性が高いと認められる入所申込者を優先的に入所させるよう努めなければならないとされている。☞㊤P697

4　×　介護職員は、夜勤を含めて常時1人以上の常勤の職員をおくこととされている。☞㊤P440・P701

5　○　入所者へのサービス提供上必要と認められる場合であれば、1の居室の定員を2人にすることができるとされている。☞㊤P712

問題58　正解2、3、5

1　×　生活保護受給者で介護保険の被保険者は、介護保険の要介護認定を受けるが、介護保険の被保険者ではない生活保護受給者は、介護扶助の必要性を判断するため、生活保護制度で独自に要介護認定を行うとされている。☞㊦P471

2　○　生活保護法には国籍条項があるが、外国人であっても、永住者、日本人の配偶者等、永住者の配偶者等、定住者、特別永住者、認定難民は保護の対象とされている。☞㊦P469

3　○　居宅介護支援事業所が生活保護受給者に対して居宅介護支援を行う場合には、介護保険法の指定のほかに、生活保護法による指定を受けた事業者等（**指定介護機関**）に委託して行われる。☞㊦P473

4　×　葬祭扶助は、原則として、金銭給付とされている。☞㊦P470

5　○　福祉事務所で生活保護を担当する査察指導員と現業員（ケースワーカー）は、社会福祉主事でなければな

らないとされている。☞下 P469

うに監督する。☞下 P511

問題59　正解 1、3、5

1　○　**補助開始の審判**とは精神上の障害によって判断能力が不十分なものを保護するための手続きだが、本人以外の者の請求により補助開始の審判をするには、本人の同意を得る必要がある。☞下 P508

2　×　後見開始の申立は、本人の所在地を管轄する家庭裁判所に行うとされている。☞下 P508

3　○　市町村は、当該市町村における成年後見制度の利用の促進に関する施策についての基本的な計画を定めるよう努めることとされている。☞下 P514 他

4　×　後見開始の審判を行うことができるのは、本人、配偶者、四親等内の親族、検察官、市町村長などであり、事実上婚姻関係と同様の事情にある者は請求することはできない。☞下 P508

5　○　任意後見人の配偶者、直系血族及び兄弟姉妹は、任意後見監督人となることができない。任意後見監督人は、任意後見人に不正や権限濫用がないよ

問題60　正解 1、2

1　○　養護者による高齢者を衰弱させるような著しい減食は、高齢者虐待の**ネグレクト**（介護・世話の放棄・放任）に当たる。☞下 P498

2　○　市町村又は市町村長は、虐待の通報又は届出があった場合には、高齢者を一時的に保護するために老人短期入所施設等に入所させることができるとされている。☞下 P500

3　×　高齢者虐待防止法に定める養介護施設には、地域包括支援センターも含まれる。☞下 P499

4　×　養護者による高齢者虐待により高齢者の生命又は身体に重大な危険が生じているおそれがあると認める場合には、市町村長は、警察の許可なく市町村の職員を高齢者の居所に立ち入り調査を行わせることができるとされている。☞下 P501

5　×　市町村は、養護者の負担の軽減のため、養護者に対する相談、指導及び助言その他の必要な措置を講じなければならないとされている。☞下 P501

令和2年度

●法定後見制度の概要

	後見	保佐	補助
対象者	判断能力が欠けているのが通常の状態の方	判断能力が著しく不十分な方	判断能力が不十分な方
申し立てができる人	本人、配偶者、四親等内の親族、検察官、市町村長など		
成年後見人等の同意が必要な行為	－	借金、訴訟行為、相続の承認・放棄、新築・改築・増築などの行為	申立ての範囲内で家庭裁判所が審判で定める「特定の法律行為」
取消しが可能な行為	日常生活に関する行為以外の行為	申立ての範囲内で家庭裁判所が審判で定める「特定の法律行為」	
代理権の範囲	財産に関するすべての法律行為	申立ての範囲内で家庭裁判所が審判で定める「特定の法律行為」	
制度を利用した場合の制限	医師、税理士等の資格や会社役員、公務員等の地位を失う		－

介護支援分野

問題1　正解1、2、4

1　○　介護医療院は、従来の介護療養病床に代わる要介護高齢者の長期療養・生活施設として、2017（平成29）年の介護保険制度改正の際に創設された。☞上P142

2　○　共生型サービスとは、ホームヘルプ、デイサービス、ショートステイなどにおいて、障害福祉サービスと介護保険サービスのどちらかの基準を満たすことによって、両方の指定を受けることができるという制度であり、2017（平成29）年の介護保険制度改正の際に創設された。☞上P29・P130

3　×　看護小規模多機能型居宅介護は、退院直後の在宅生活へのスムーズな移行、がん末期等の看取り期、病状不安定期における在宅生活の継続、家族に対するレスパイトケア、相談対応による負担軽減を行う新しいサービスとして2011（平成23）年の改正で創設された。☞上P29・P669

4　○　世代間・世代内の公平性を確保しつつ、制度の持続可能性を高めるという観点から、2割負担者のうち特に所得の高い層に対する介護給付及び予防給付について、2017（平成29）年の介護保険制度改正の際に**3割負担**を導入した。☞上P29・P104

5　×　介護予防給付の全国一律のサービスとして提供されていた介護予防訪問介護及び介護予防通所介護は、2014（平成26）年の改正で、各市町村が運営する**介護予防・日常生活支援総合事業**へ移行された。☞上P29・P147

問題2　正解4、5

1　×　サービスの提供は、<u>被保険者（利用者自身）の選択に基づき提供されるよう配慮して行われなければならない</u>とされている。介護支援専門員の選択ではない。☞上P41

2　×　介護保険は、被保険者の要介護状態等に関し、必要な保険給付を行うとされており、所得及び資産による制限は行われない。☞上P45

3　×　保険給付は、被保険者の心身の状況、環境等に応じて、被保険者の選択に基づき、適切な保健医療サービス及び福祉サービスが、<u>多様な事業者又は施設から、総合的かつ効率的に提供されるよう配慮して行われなければならない</u>とされている。☞上P41

4　○　保険給付は、要介護状態等の軽減又は悪化の防止に資するよう行われるとともに、医療との連携に十分配慮して行われなければならない。☞上P41

5　○　保険給付の内容及び水準は、被保険者が要介護状態となった場合においても、<u>可能な限り、その居宅において、その有する能力に応じ自立した日常生活を営むことができるように配慮</u>されなければならないとされている。☞上P41

問題3　正解2、5

1　×　軽費老人ホームは、無料又は低額な料金で、身体機能の低下等により自立した日常生活を営むことについて不安があると認められる者であって、家族による援助を受けることが困難なものを入所させ、食事の提供、入浴等の準備、相談及び援助、社会生活上の

便宜の供与その他の日常生活上必要な便宜を提供する施設であり、入所者は、介護保険の被保険者となる。☞上P530

2 ○ 生活保護法に規定する**救護施設**とは、<u>身体上又は精神上著しい障害がある為に日常生活を営むことが困難な要保護者を入所させて、生活扶助を行うことを目的とする施設</u>であるが、入所は、都道府県知事、市長、福祉事務所を設置する町村長による措置により決定し、介護保険の適用除外者とされている。☞上P46

3 × 生活保護法に規定する**更生施設**とは、<u>身体上又は精神上の理由により養護及び生活指導を必要とする要保護者を入所させて、生活扶助を行うことを目的とする施設</u>であり、福祉事務所長が認めた者が入所し、入所者は介護保険の被保険者となる。また、介護サービスの費用について本人負担はない。☞上P46

4 × 障害者総合支援法の自立訓練及び施設入所支援の支給決定を受けて、指定障害者支援施設に入所している知的障害者は、介護保険の被保険者となるが、生活介護及び施設入所支援の支給決定を受けて入所している身体障害者は適用除外者となる。☞上P46

5 ○ 障害者総合支援法の生活介護及び施設入所支援の支給決定を受けて、指定障害者支援施設に入所している知的障害者及び精神障害者は、介護保険の適用除外者とされているが、障害者総合支援制度などに基づくサービスが受けられる。☞上P46、下P465

問題4 正解 1、4、5

1、4、5 ○ 要介護者とは、要介護状態（原因を問わない）にある65歳

以上の者と、要介護状態にある40歳以上65歳未満の者であって、その要介護状態の原因である身体上又は精神上の障害が加齢に伴って生ずる心身の変化に起因する疾病であって政令で定めるもの（特定疾病）によって生じたものであるものとされている。筋萎縮性側索硬化症、脊柱管狭窄症、閉塞性動脈硬化症は、いずれも、この特定疾病とされている。☞上P71

2 × **黄色靭帯骨化症**とは、脊髄の後ろの黄色靭帯が、骨になって大きくなり、神経を圧迫して、足のしびれや歩きにくさ、膀胱の働きの悪化などを起こす病気である。特定疾病には含まれない。☞上P71

3 × **心筋梗塞**とは、冠動脈が動脈硬化によって詰まり、周囲にある心臓の筋肉が壊死してしまう病気である。特定疾病ではない。☞上P71、下P123

問題5 正解 2、3、4

1 × **共生型サービス**とは、介護保険法または障害者総合支援法に基づく制度の指定を受けている事業所が、もう一方の制度の指定も受けやすくするように2017（平成29）年の改正（施行は2018（平成30）年）で設けられたものである。児童福祉法に基づく指定障害児通所支援事業者、または障害者総合支援法に基づく指定障害福祉サービス事業者から、介護保険法に基づく居宅サービスにかかる指定の申請があった場合に都道府県知事が共生型居宅サービス事業者としての指定を行うものである。☞上P130

2 ○ 指定居宅サービス事業者の指定は、居宅サービスの種類ごと、居宅サービスの事業を行う事業所ごとに行われる。☞上127

令和元年度

81

3 ○　指定居宅サービス事業者の指定は、**6年ごとの更新**を受けなければ、その効力を失うとされている。☞上 P130

4 ○　都道府県の条例は、厚生労働省令で定める基準に従って定められており、指定居宅サービス事業者の指定については、申請者が都道府県の条例で定める者でないときは指定をしてはならないとされている。☞上 P127

5 ×　都道府県介護保険事業支援計画の見込量に達している、または指定によってこれを超えるときなどは、都道府県知事<u>指定をしないことができる</u>とされているが、指定をしてはならないとはされていない。☞上 P128

問題6　正解1、2

1 ○　介護認定審査会は、審査・判定結果の通知にあたり、被保険者にリハビリテーションや医学的管理の必要性が高いなど、要介護状態の軽減や悪化の防止に必要な事項、サービスの適切かつ有効な利用等に関し被保険者が留意すべき事項について<u>必要があれば、市町村に対して</u>**附帯意見**<u>を述べることができる</u>。市町村は、被保険者証にこの記載があるときは、その意見に配慮したサービスの提供に努めなければならないとされている。☞上 P82

2 ○　指定居宅介護支援事業者は、正当な理由なくサービスの提供を拒んではならないが、事業所の現員では利用申込に応じきれない、申込者の居住地が事業の実施地域外である、利用者が他の事業者にも併せて依頼しているといった場合には、サービスの提供を拒むことができる。☞上 P424

3 ×　指定居宅介護支援事業所の管理者に対して、管理者研修の受講は義務づけられていない。☞上 P134・P422

4 ×　利用者の居住地が、事業所の通常の事業の実施地域を超える場合は、交通費を受け取ることができるとされている。☞上 P424

5 ×　介護支援専門員は、事業所ごとに常勤で1人以上が必要であり、利用者35人、またはその端数が増すごとに1人（増員は非常勤でも可）が必要となる。☞上 P312

問題7　正解2、3、5

1 ×　介護支援専門員の義務として、介護保険事業の円滑な運営に必要な助言をしなければならないという定めはない。☞上 P125

2 ○　介護支援専門員には**秘密保持義務**があり、介護支援専門員でなくなった後も、正当な理由なしに、その業務に関して知り得た人の秘密を漏らしてはならないとされている。☞上 P125

3 ○　介護支援専門員には**公正・誠実な業務遂行義務**があり、特定の種類のサービスに不当に偏ることのないよう、業務を行わなければならないとされている。☞上 P125

4 ×　介護支援専門員の義務として、認知症に関する施策を総合的に推進しなければならないという定めはない。☞上 P125

5 ○　介護支援専門員には**名義貸しの禁止義務**があり、その名義を他人に介護支援専門員の業務のため使用させてはならないとされている。☞上 P125

問題8　正解2、3、5

1 ×　市町村介護保険事業計画は、<u>市町村が国の基本方針に即して、3年を1期として作成する</u>ものである。☞上 P165

2 ○　市町村介護保険事業計画は、市

町村老人福祉計画と一体のものとして作成されなければならないとされている。☞㊤P165

3 ○ 市町村介護保険事業計画は、市町村地域福祉計画、市町村高齢者居住安定確保計画その他の要介護者等の保健・医療・福祉・居住に関する計画と調和が保たれたものでなければならないとされている。☞㊤P165

4 × 介護サービス情報の公表に関する事項は、都道府県介護保険事業支援計画において定めるよう努める事項である。☞㊤P167

5 ○ 市町村介護保険事業計画を変更したときは、遅滞なく、都道府県知事に提出しなければならない。☞介護保険法第117条第13項、☞㊤P166

問題9　正解2、4

1 × 第1号被保険者の保険料の額は、**3年に1度**設定される保険料率に基づき、算定される。☞㊤P63

2 ○ 特別徴収とは、被保険者が受給している年金から天引きで保険料を徴収して納入するしくみのことである。年額18万円以上の遺族厚生年金受給者は、この特別徴収の対象となっている。☞㊤P64

3 × 公的年金を受給していない者を含み、受給額が年額18万円未満の者の保険料は、納入通知書を送付して納入する普通徴収で行われる。市町村民税に合算して徴収されない。☞㊤P65

4 ○ 普通徴収の場合には、その世帯に属する第1号被保険者の世帯主及び配偶者に対して、連帯して納付する義務が課されている。☞㊤P65

5 × 保険料減免の対象者は、政令ではなく市町村の条例により定められる。☞㊤P66

問題10　正解1、3、4

1 ○ 介護保険の調整交付金は、国から市町村に一律に交付される定率負担とは別に、市町村の財政力の強弱に応じて国から傾斜的に交付されるものである。☞㊤P61

2 × 介護保険の調整交付金は、市町村の財政力の強弱に応じて交付されるものであり、一律に交付されるものではない。☞㊤P61

3 ○ 介護保険の調整交付金の総額は、介護給付費及び予防給付費の総額の5%に相当する額である。☞㊤P61

4 ○ 介護保険の調整交付金は、要介護状態となる危険性が高い75歳以上の後期高齢者の加入割合の違いなど、市町村ごとの第1号被保険者の年齢階級別の分布状況を考慮して交付されている。☞㊤P61

5 × 介護保険の調整交付金は、市町村ごとの第1号被保険者の所得の格差などを考慮して交付される。☞㊤P61

問題11　正解1、3

1、3 ○ 医療保険の各保険者は、介護給付費・地域支援事業支援納付金を社会保険診療報酬支払基金に納付する。支払基金は、納付金のうちから所要額を、各市町村に対し、介護給付費交付金及び地域支援事業支援交付金として交付する。☞㊤P68

2 × 介護保険財政の収入不足が生じた市町村に対して不足額を交付するのは、都道府県に設置された**財政安定化基金**である。☞㊤P69

4 × 国民健康保険団体連合会は、市町村からの委託を受けて介護給付費の審査・支払業務を行っているが、介護保険サービスに関する苦情処理業務も行っている。☞㊤P174

令和元年度

5 × 社会保険診療報酬支払基金は、業務の一部を年金保険者に委託することができるとはされていない。☞上P68

問題12　正解 1、3、5

1、3、5 ○ **地域支援事業**とは、被保険者が要介護状態等になることを予防し、要介護状態となった場合でも、地域で自立した日常生活を営むことができるように支援することなどを目的として、市町村が責任主体となって実施するものであり、介護予防・日常生活支援総合事業、包括的支援事業、任意事業によって構成されている。

介護予防・日常生活支援総合事業には、要支援者に対して訪問、通所など必要な支援を行う**介護予防・生活支援サービス事業**（第1号事業）と、第1号被保険者に対して介護予防活動等を行う**一般介護予防事業**からなっている。

包括的支援事業とは、地域支援事業のうち、市町村の必須事業であり、高齢者が地域で安心してその人らしく生活を継続できるように、地域のケアマネジメントを総合的に行うものである。**任意事業**は、介護保険事業の運営の安定化を図り、地域の実情に応じた必要な支援を行うものであり、市町村の実情に応じて実施しない場合もある。

次の事業は、いずれも包括的支援事業のうちの社会保障充実分の事業である。**生活支援体制整備事業**とは、生活支援コーディネーターの配置、協議体の設置により、高齢者の社会参加及び生活支援の充実を支援する事業である。**認知症総合支援事業**とは、認知症初期集中支援チーム及び認知症地域支援推進員の設置により、認知症の本人の意思が尊重されできる限り住み慣れた地域で自分らしく暮らすことができる地域の構築を推進する事業である。**在宅医療・介護連携推進事業**とは、医療と介護の両方を必要とする高齢者に、関係機関が連携して在宅医療と介護を一体的に提供するためのさまざまな取り組みを行う事業である。☞上P147〜P156

2 × **介護予防把握事業**とは、地域住民からの情報提供により地域の実情に応じて、効果的かつ効率的に収集した情報を通じて対象者等の把握を行い、支援を要する者を介護予防等へつなげる、一般介護予防事業（総合事業）の一つである。☞上P154

4 × **介護給付等費用適正化事業**とは、利用者に適切なサービスを提供できる環境の整備を図り、介護給付等に要する費用の適正化のための事業を実施する任意事業の一つである。☞上P159

問題13　正解 1、3、5

1 ○ 指定居宅サービス事業者などの介護サービス事業者は、その介護サービス情報を、当該介護サービスを提供する事業所又は施設の所在地を管轄する都道府県知事に報告しなければならないとされている。☞上P144

2 × 指定地域密着型サービス事業者は、その介護サービス情報を市町村長ではなく都道府県知事に報告しなければならないとされている。☞上P144

3 ○ 都道府県知事は、介護サービス事業者が、その介護サービス情報を報告しないなど、命令に従わなかった場合には、その指定又は許可を取り消すことがある。☞上P145

4 × 介護サービス事業者が、その介護サービス情報を報告するのは、その介護サービスの提供を開始するとき、及び、都道府県知事が毎年定める計画

で定めるときである。☞上P144

5 ○ 介護サービス事業者が報告する介護サービス情報には、「第三者による評価等の実施状況」が含まれている。☞介護保険法第115条の35・140条の45、同法施行規則別表第1、☞上P144

問題14 正解 1、2、4

1、2、4 ○ 介護保険審査会は専門の第三者機関として介護保険に関する不服申立（審査請求）を受理し、審理・採決を行っている。被保険者証の交付の請求に関する処分、市町村特別給付に関する処分、特定入所者介護サービス費の支給に関する処分は、いずれも審査請求が認められる処分である。☞上P176

3 × 介護保険審査会は、<u>市町村が行った処分に対する審査請求の事件を管轄</u>しており、国民健康保険団体連合会が行う介護報酬の請求に関する審査は、介護保険審査会に審査請求ができる事項ではない。☞上P173・P176

5 × 財政安定化基金拠出金、介護給付費・地域支援事業支援納付金に関する処分は審査請求ができる事項から除外されている。☞上P173・P176

問題15 正解 3、4、5

1 × 介護支援専門員の行うアセスメントは、利用者の身体機能に特化したものではなく、利用者について、その有する能力、既に提供を受けている指定居宅サービス等のその置かれている環境等の評価を通じて利用者が現に抱える問題点を明らかにし、利用者が自立した日常生活を営むことができるように支援する上で解決すべき課題を把握しなければならない。☞上P319

2 × 指定居宅介護支援事業者は、指定居宅介護支援の提供の開始に際し、要介護認定を受けていない利用申込者については、要介護認定の申請が既に行われているかどうかを確認し、申請が行われていない場合は、<u>当該利用申込者の意思を踏まえて速やかに当該申請が行われるよう必要な援助を行わなければならない</u>とされており、利用希望者が要介護認定の結果の通知を受ける前でも、必要な居宅介護支援を提供することも可能である。☞上P312

3 ○ 指定居宅介護支援事業者は、地域ケア会議から支援対象被保険者が地域において自立した日常生活を営むために必要な支援体制に関する検討を行うための資料又は情報の提供、意見の開陳その他必要な協力の求めがあった場合には、これに協力するよう努めなければならないとされており、地域で不足するサービスがあった場合には、それが地域で提供されるよう関係機関に働きかけることが望ましい。☞上P333

4 ○ 介護支援専門員は、利用者が訪問看護、通所リハビリテーション等の医療サービスの利用を希望している場合その他必要な場合には、利用者の同意を得て主治の医師等の意見を求めなければならない。☞上P329

5 ○ 指定居宅介護支援事業者は、指定居宅介護支援の提供の開始に際し、あらかじめ、居宅サービス計画が運営基準に規定する基本方針及び利用者の希望に基づき作成されるものであり、利用者は複数の指定居宅サービス事業者等を紹介するよう求めることができること等につき説明を行い、理解を得なければならないとされている。指定居宅介護支援事業者は、支援の提供の開始に際し、<u>あらかじめ、複数の指定</u>

居宅サービス事業者等の紹介を求める<u>ことができることを利用者に説明しなければならない。</u>☞⊕P312

問題16　正解 3、4

1　×　介護保険サービスの選択・活用は、<u>利用者の主体性を尊重し、利用者の自立支援を促進する</u>ものでなければならない。利用者の心身機能が一時的に低下した場合には、介護支援専門員は、利用者の状態を勘案して、より適切な支援サービスを受けられるように努める必要がある。いたずらに区分支給限度基準額まで活用するよう勧めるのは、公平中立ではなく不適切といえる。☞⊕P233

2　×　介護支援専門員は、利用者が必要なサービスを受けられるように、利用者に対してサービス利用に関する情報提供を行う必要がある。☞⊕P233

3　○　利用者が認知症のために自分の意向をうまく伝えられない場合には、介護支援専門員は、その意向を推し測り、利用者の尊厳が保持されるように努める必要がある。☞⊕P232

4　○　介護支援専門員は、特定のサービス事業者に不当に偏ることなく、公正中立に支援しなければならない。☞⊕P233

5　×　利用者と家族の意向が一致しない場合であっても、<u>介護支援専門員は中立性を保ち、両者の間に立って関係者が納得できる方法を模索する必要がある。</u>☞⊕P234

問題17　正解 2、4、5

1、3　×　介護サービス計画作成のための課題分析標準項目は、**基本情報**9項目、**課題分析**14項目からなっている。資産の状況、改善／維持の可能性

は、これに含まれていない。☞⊕P274

2、4、5　○　コミュニケーション能力、口腔衛生は、課題分析に関する項目。課題分析（アセスメント）理由は、基本情報に関する項目である。☞⊕P274

問題18　正解 1、4、5

1　○　施設サービス計画の作成に当たり、アセスメントは、必ず入所者及びその家族に面接して行わなければならない。☞⊕P699

2　×　原案の内容については、サービス内容を説明して入所者の同意を文書で得る必要がある。☞⊕P700

3　×　モニタリングのための利用者との定期的な面接は行わなければならない。他の担当者との連携体制は定期的な面接にかかわりなくとれている必要がある。☞⊕P699

4　○　施設サービス計画の作成に際しては、地域住民による自発的な活動によるサービスの利用を含めるよう努め、総合的な施設サービス計画を作成しなければならない。☞⊕P698

5　○　作成した施設サービス計画は、遅滞なく入所者に交付しなければならないとされている。☞⊕P700

問題19　正解 3、4

1　×　地域包括支援センターは、第1号介護予防支援事業の一部については指定居宅介護支援事業所に委託することができるとされている。☞⊕P160

2　×　<u>第1号介護予防支援事業については、利用者本人が居住していない地域の地域包括支援センターでは、実施できない</u>とされている。**住所地特例**対象施設居住者で居宅予防サービスの利用者の担当地域包括支援センターは、2014（平成26）年の改正により、施

設所在地の地域包括支援センターとなった。☞㊤P48

3、4 ○ 介護予防ケアマネジメントのケアマネジメントB、Cについてはサービス担当者会議を、ケアマネジメントCについてはモニタリングを行わないとされている（必要に応じて確認する）。☞㊤P153

5 × 第1号介護予防支援事業の対象となるのは、要支援者である。☞㊤P152

問題20　正解 1、3、5

1 ○ 指定介護予防支援の運営基準では、目標指向型の介護予防サービス計画を策定しなければならないとされている。☞㊤P373

2 × 指定介護予防支援事業所では常勤（専従）の管理者は兼務可とされている。地域包括支援センターの業務との兼務も可能である。☞㊤P371

3 ○ 苦情を受け付けた場合には、その内容等を記録しなければならないとされている。☞㊤P373

4 × 指定介護予防支援の運営基準では、モニタリングの実施が求められており、サービス提供事業者と継続的な連絡が行われている場合であっても、利用者との面接や連絡は行わなければならない。☞㊤P374

5 ○ 指定介護予防支援の運営基準では、地域ケア会議への協力が求められており、地域ケア会議から個別のケアマネジメントの事例の提供の求めがあった場合には、これに協力するよう努めなければならない。☞㊤P374

問題21　正解 2、4、5

1、3 × 指定地域密着型特定施設入居者生活介護事業者、指定認知症対応

型共同生活介護事業者は、要介護認定について申請代行を行うことはできない。☞㊤P74

2、4、5 ○ 地域包括支援センター、指定居宅介護支援事業者、地域密着型介護老人福祉施設は、いずれも要介護認定について申請代行を行うことができるとされている。☞㊤P74

問題22　正解 3、4

1 × 被保険者が、正当な理由なく必要な調査に応じない場合は、市町村は、要介護認定の申請を却下することができるとされている。申請を却下しなければならないとはされていない。☞㊤P77

2 × 新規申請にかかる要介護認定調査は、市町村または**指定市町村事務受託法人**に限って実施できるとされている。地域包括支援センターには委託できない。☞㊤P75

3 ○ 更新認定の調査は、指定居宅介護支援事業者に委託できるとされている。☞㊤P76

4 ○ 指定市町村事務受託法人は、要介護認定調査を実施できるとされている。☞㊤P75

5 × 遠隔地に居住する被保険者から要介護認定の申請があった場合には、被保険者が居住する市町村に調査を委託することができるとされている。居住する市町村が実施しなければならないわけではない。☞㊤P75

問題23　正解 2、5

1 × 更新認定の申請ができるのは、原則として、有効期間満了日の**60日前**から満了の日までである。☞㊤P85

2 ○ 新規認定の効力は、申請のあった日にさかのぼって生ずる。☞㊤P83

3 × 介護認定審査会は、市町村に審査・判定結果を通知する際に附帯意見を述べるが、申請者が利用できる介護サービスの種類を指定することができるのは市町村である。☞⑤ P82

4 × 要介護認定の処分は、申請のあった日から**30日以内**に行わなければならないが、その決定が遅れる場合の処理見込期間の通知も、申請日から30日以内に行わなければならない。☞⑤ P83

5 ○ 新規認定の有効期間は**6か月間**だが、市町村が特に必要と認める場合には、有効期間を3か月間から12か月間までの範囲内で定めることができるとされている。☞⑤ P84

問題24 正解 3、4

1 × Aさんの意向は尊重するが、訪問介護サービス以外のサービスであっても、Aさんにとって有効と思われるサービスは、利用を勧めるのが適切といえる。☞⑦ P443 他

2 × Aさんは自宅での訪問介護サービスを希望しており、施設での居住系サービスを利用するように説得するのは不適切といえる。☞⑦ P443 他

3、4 ○ Aさんの希望も踏まえて、在宅生活を続けるうえでの機能回復の重要性を説明し、訪問リハビリテーションの利用を勧めるのは適切といえる。同様に、福祉用具や住宅改修を利用して、住環境を改善することを勧めることも適切といえる。☞⑦ P443 他

5 × 妻を亡くした悲しみがあるAさんに対して、近隣住民から高齢者サロンに誘ってもらうのは、現時点では不適切といえる。☞⑦ P443 他

問題25 正解 1、2、5

1 ○ Bさんの状況から、外に出て戻れなくなったときの対応のために、地域包括支援センターに協力を依頼し、民生委員や近隣の商店との連携を図っておくことは、重要な対応である。☞⑦ P443 他

2 ○ 対策を検討するためにも、夜中に外に出ていく背景や理由についてアセスメントを行うことは適切といえる。☞⑦ P443 他

3 × Bさんは、すでに高血圧及び糖尿病のため、近所の診療所に定期的に通院しており、主治医の変更はBさんを混乱させる可能性もあり、不適切といえる。☞⑦ P443 他

4 × 夫はできる限り在宅生活を継続したいと思っており、介護老人福祉施設への入所を提案するのは不適切といえる。☞⑦ P443 他

5 ○ 認知症対応型通所介護の利用の提案は、Bさんの生活リズムを整え、夫の体息にもつながることから、適切といえる。☞⑦ P443 他

保険医療サービスの知識等

問題26 正解 2、5

1 × **1回換気量**とは、安静時呼吸において出入する空気量のことである。通常、1回換気量は、高齢者と一般成人に違いはみられない。☞⑦ P72

2 ○ **頻呼吸**とは、呼吸の深さに変化はなく、呼吸回数が25回／分以上となる場合のことである。頻呼吸は、発熱や心不全でもみられる。☞⑦ P72

3 × 呼吸は、横隔膜の動きで換気のほとんどをまかなっており、横隔膜が下がり、呼吸面積が広がる座位のほうが臥位よりも呼吸は軽減する。☞⑦ P72

4 × **下顎呼吸**とは、終末期や意識障害における呼吸困難の症状として認められるものである。慢性閉塞性肺疾患とは、喫煙や化学物質などの有害物質を吸入することで、気管支や肺胞が損傷をうけて、呼吸障害を来した病態であり、下顎呼吸はみられない。☞下 P73

5 ○ **チェーンストークス呼吸**とは、小さい呼吸から徐々に大きい呼吸となり、その後徐々に小さい呼吸となって、一時的な呼吸停止を伴う呼吸状態を繰り返すもので、脳血管障害、心不全など重症の疾患時にみられる。☞下 P73

問題27　正解 3、5

1 × 摂食・嚥下プロセスの**先行期**（認知期）は、視覚、触覚、嗅覚等で食べ物を認知するし、唾液が分泌される時期である。咀嚼する段階ではない。☞下 P386

2 × 摂食・嚥下プロセスの**咽頭期**は、食塊が咽頭に入ると気道が閉じられ食道に飲み込まれる。咽頭期の障害では、咽頭に食塊が残りやすい。胃からの逆流はみられない。☞下 P386

3 ○ 食事の介護のアセスメントには、福祉用具専門相談員が関わり、使いやすい箸やスプーン、食器などの選択に関わることもある。☞下 P386

4 × 食事の介護のアセスメントには、利用者が調理を行っているかどうかの確認も行う。☞下 P387

5 ○ 食事は、生活に関連する行為ができるかどうかをアセスメントする項目の中でも、非常に多くの概念を含んでおり、食事の介護のアセスメントでは、利用者の普段の活動性や睡眠状況も確認する必要がある。☞下 P386

問題28　正解 3、4、5

1 × **熟眠障害**とは、眠りが浅く、途中で目が覚めるなどにより、体がだるく疲れが取れない、頭痛や肩こりなどの症状が起きる障害であり、なかなか眠れないのは**入眠障害**である。☞下 P397

2 × **早朝覚醒**とは、夜中や早朝に目が覚めて、寝付けなくなる状態をいう。眠りが浅く、すっきりと目覚められないのは熟眠障害である。☞下 P397

3 ○ 慢性的な肝臓病では症状が進行すると、かゆみが生じることがある。また、アトピーなどの皮膚の炎症によってもかゆみが生じ、**睡眠障害**が生じることがある。☞下 P397

4 ○ 薬の副作用によって、夜間に興奮又は覚醒し、不眠になることがある。夜間は、体がリラックスすることでかゆみに意識が集中しやすくなるほか、ホルモンの分泌が減ってかゆみが増すこともある。☞下 P398

5 ○ 利用者の生活に合わせて起床時の覚醒水準を高めるケアを行うことで、規則的な排便リズムへの効果が期待できるといえる。☞下 P391

問題29　正解 1、2、4

1 ○ 摂食・嚥下は、中枢神経と末梢神経が一連のシステムにより制御している。☞下 P293・385

2 ○ **嚥下反射**とは、食物を口から喉、喉から食道にまで運ぼうとする運動のことであり、この嚥下反射により、気管の入り口が閉鎖されて誤嚥を防いでいる。☞下 P293

3 × 食物を歯でかみ砕くことを**咀嚼**というが、歯の喪失は咀嚼能力の低下につながる。☞下 P403

4 ○ 食物残渣や脱落した粘膜上皮細

胞等が口腔内の嫌気性細菌により分解される際に発生する揮発性硫黄化合物が、口臭の原因となる。☞下 P406

5 × 口腔内を清掃する際は、まず義歯を外してから行う。☞下 P407

問題30　正解　1、3、4

1 ○ 抗精神病薬やメマンチン（認知症治療薬）が過量だと、意欲や自発性などの低下（アパシー）をきたす場合がある。☞下 P218

2 × **若年性認知症支援コーディネーター**は、若年性認知症の人の自立支援に関わる関係者のネットワークの調整役として都道府県ごとに配置された。すべての市町村に配置されたものではない。☞下 P256

3 ○ 認知機能全般を簡便に評価するテストとして、**改訂長谷川式認知症スケール（HDS-R）**が用いられている。☞下 P221

4 ○ 認知症の評価として、**Mini-Mental State Examination（MMSE）**が用いられているが、このMMSEは学歴の影響を受けやすく、高学歴では、認知症でも満点近い高得点となることがある。☞下 P221

5 × レビー小体型認知症では、リアルな**幻視**が特徴的な症状の一つである。☞下 P227

問題31　正解　1、2、5

1 ○ **フレイル**とは、高齢になって筋力や活動が低下している状態をいい、健康な状態と介護を要する状態の中間的な状態である。☞下 P11

2 ○ **高次脳機能障害**の主な症状には、失語症、失行、失認、注意障害、記憶障害などが含まれる。☞下 P292

3 × **心筋梗塞**とは、冠動脈の動脈硬

化病変の粥腫（アテローム）が破綻して血管を閉塞することで心筋が壊死して、心臓のポンプ機能が低下して起こる疾患である。☞下 P123

4 × **糖尿病**は、膵臓で作られるインスリンの不足によるものである。インスリンは、ブドウ糖を細胞内に取り込み、エネルギーとして利用するために必要不可欠なホルモンである。☞下 P141

5 ○ 加齢に伴い、骨密度が低下するとともに、筋力・耐久力・バランス力が低下して転倒リスクが増大する。高齢者に多い骨折部位には、大腿骨頸部や胸腰椎、橈骨、肋骨、上腕骨などが含まれる。☞下 P175

問題32　正解　1、3、4

1 ○ 救急受診するべきかどうか迷うときには、一般救急相談センター、救急安心センター、救急医療情報センターと呼ばれる自治体が設置するセンターの窓口に電話をして、相談することもできる。☞下 P173

2 × **喀痰吸引**は医療行為であり、従来は医師・看護師のみが行えたが、2011（平成23）年の法改正により、一定の研修を受けた介護職員等が一定の条件のもとに行うことができるようになった。☞下 P171

3 ○ 骨粗鬆症は骨折の要因となり、脳卒中は構音障害や失語の要因となるなど、高齢者によくみられる疾患には、日常の生活機能に障害を引き起こすものが多くみられる。☞下 P171

4 ○ 高齢者は、加齢により生体機能が低下しているため、薬剤の副作用が出やすく、少量でも強い副作用が出る場合がある。☞下 P171

5 × **一次救命処置**とは、まずその場に居合わせた人が、対象者に対して、

医師や救急隊員に引き継ぐまでに行う応急手当のことである。☞下P182

問題33　正解 1、3、5

1　○　心肺蘇生時の胸骨圧迫は、対象者を仰臥位にして行う。対象者が柔らかなベッドで寝ているときには、床に降ろすか、背中に平らな板を入れて行うとよい。☞下P178

2　×　出血量が多い場合は、傷口を清潔なタオルなどで圧迫し、<u>出血部位を心臓の位置より高くすることで出血量を減らすことができる</u>。☞下P174

3　○　両手足に力が入らず、頸椎損傷が疑われる場合には、動かすと損傷が悪化するおそれがあるので、極力身体を動かさないようにする。☞下P174

4　×　服の下をやけどしたときは、皮膚が衣服に貼りついていることがあるので、服を脱がさず衣服の上から流水で冷やすようにする。☞下P177

5　○　食物で窒息したときは、**腹部突き上げ法（ハイムリック法）**を行うこともある。ただし、この方法は、<u>腹部を強く圧迫するために内臓を損傷する場合があり、救急隊員や医師、看護師にこの方法を行った旨を伝える必要がある</u>。☞下P176

問題34　正解 2、3、5

1　×　**腹膜透析**は、血液透析に比べて食事内容の制限が緩いことがメリットとしてあげられる。☞下P50

2　○　人工的に造設した便や尿の排泄口のことを、**ストーマ**といい、消化管ストーマ、尿路ストーマなどがある。☞下P59

3　○　**在宅経管栄養法**で栄養剤を注入する際の体位は、寝たままの姿勢では、逆流のリスクがあることから、座位又

は半座位が望ましい。☞下P53

4　×　**在宅酸素療法**の利用者が呼吸苦を訴えた場合は、速やかに医師や看護師に連絡をして対応する。<u>介護福祉士の判断だけで酸素流量を増やすのは危険である</u>。☞下P57

5　○　**在宅中心静脈栄養法**は太い静脈から点滴を行う方法であり、これを実施している利用者が入浴する場合には、事前に医師や看護師の指示を受けるなど、特別な配慮が必要である。☞下P51

問題35　正解 1、3、5

1　○　老年期うつ病では、心気的な訴えが多くなり、めまい、便秘などの自律神経症状が目立つといえる。☞下P263

2　×　老年期うつ病の発症要因としては、女性ホルモン・脳内神経伝達物質の異常といった脳の器質的疾患も原因としてあげられる。☞下P263

3　○　老年期うつ病の発症要因としては、家族、友人などの喪失体験もきっかけになるといえる。☞下P263

4　×　老年期うつ病が悪化すると、罪業妄想、貧困妄想、心気妄想をもち、自殺企図の危険性が高まる場合もある。☞下P264

5　○　老年期うつ病は長引き直りにくいという特徴があり、認知症に移行する場合もある。☞下P264

問題36　正解 1、2、3

1　○　著しくやせているため体温計を腋窩部に密着できない場合には、正確に体温を測定できないこともある。☞下P68

2　○　脈拍の**結滞**（拍動が欠けること）は、健常高齢者でもよくみられるので、頻度が高くなければ通常は問題

91

ないと考えられる。☞下P70

3　○　大動脈疾患、片麻痺や進行した動脈硬化では、血圧に左右差がみられることがあり、左右両方の腕で血圧測定を行うこともある。☞下P70

4　×　呼吸数は、寝ている状態でみぞおちの上下運動を1分間目視で図るなど、聴診器以外でも計測することができる。☞下P72

5　×　**パルスオキシメータ**とは、指先に光センサーを装着して血液中の酸素飽和度を測定する機器であり、血液を針で採取することはない。☞下P65

問題37　正解2、5

1　×　**血清グロブリン**には、細菌やウイルスから人体を守るために抗体を作るはたらきがある。栄養状態をみる指標としては、血清の主成分であるアルブミンがある。☞下P75

2　○　**BMI**（Body Mass Index）は、体重を身長の2乗で割って算出することから、脊椎の圧迫骨折で身長が低くなると、BMIは、骨折前と比較して高くなる。☞下P74

3　×　**血中尿素窒素（BUN）**は、腎機能が悪くなると高値になる。肥満の程度を示すものではない。☞下P75

4　×　**24時間心電図（ホルター心電図）**とは、長時間の心臓の動きを調べるものであり、日常生活を続けながら検査を行うものである。臥床している必要はない。☞下P77

5　○　**C反応性たんぱく質（CRP）**は、感染症で高値になることが多く、炎症の程度を判定する検査で用いられる。☞下P77

問題38　正解3、4、5

1　×　**インフォームド・コンセント**とは、患者が医師の説明をきちんと受けてから、治療や検査に同意することである。治療だけに関わるものではない。☞下P24

2　×　患者の認知機能が低下している場合には、<u>患者の理解力に応じて具体的にわかりやすく説明をするといった工夫が必要である。</u>本人への説明を省略してはならない。☞下P25

3　○　指定居宅介護支援事業者は、利用者が入院する場合には、あらかじめ、利用者又はその家族に対し、担当の介護支援専門員の氏名及び連絡先を入院先に伝えるよう求めなければならないとされている。<u>入院する病院と担当の介護支援専門員が、情報を共有することは重要である。</u>☞上P312

4　○　認知症高齢者では、<u>住環境や暮らしている地域の気候や風習も大きな影響を与える</u>ことから、生活や療養の場所が変わることは心身の状況に悪影響を及ぼすおそれがある。☞下P244

5　○　**入院時情報連携加算**は、指定居宅介護支援事業者が、その利用者が入院した医療機関に対し、利用者の心身の状況や生活環境等の情報を、入院後3日または7日以内に提供した場合に算定されるものである。情報の提供方法は問わない。☞上P337

問題39　正解1、4

1　○　**標準予防策（スタンダード・プリコーション）**は、すべての人の体液や分泌物、排泄物、創傷のある皮膚、粘膜には感染性があると考えて取り扱うことである。☞下P189

2　×　インフルエンザは飛沫感染をする感染症であるが、罹患した者が職場に復帰する場合に治癒証明書を提出しなければならない法的な義務はない。

自治体によっては、学校保健安全法第19条により出席停止となった学生に対しては、治癒後、登校する際に学校保健感染症治癒証明書（登校許可書）の提出を求めている。☞⑦ P194 他

3　×　ウイルス性肝炎は、輸血等の血液を介して接触感染する。☞⑦ P193

4　○　ノロウイルス感染者の便や吐物には、ノロウイルスが排出されることから接触感染、飛沫感染に注意する。☞⑦ P192

5　×　肺炎球菌ワクチンの有効性は長期にわたり、その効果は数年に及ぶと考えられる。毎年接種しなければならないものではない。☞⑦ P194

問題40　正解 1、3、5

1、3、5　○　高齢者は、多くの疾患と複数要因による**老年症候群**を併せ持つことが多くなる。老年症候群の現れ方には個人差が大きく、かつ、その症状はしばしば非定型的である。慢性の疾患が多いことも特徴である。また、予後は社会的要因に影響されやすいといえる。☞⑦ P83

2、4　×　上記記述を参照。

問題41　正解 1、3

1、3　○　**アドバンス・ケア・プランニング（ACP）**とは、自らが望む人生の最終段階における医療・ケアについて、前もって考え、医療・ケアチーム等と繰り返し話し合い共有する取り組みのことである。あらかじめ、終末期を含めた今後の医療や介護について納得するまで話し合い、意思決定が出来なくなったときに備えて、本人に代わって意思決定をする人を決めておく。話し合った内容は、その都度、文書にまとめておくことが望まれる。☞⑦ P325

2、4、5　×　上記記述を参照。

問題42　正解 2、4、5

1　×　指定短期入所療養介護は、利用者の家族の疾病、冠婚葬祭、出張等の理由での利用も可能である。☞⑤ P516

2　○　指定短期入所療養介護では、喀痰吸引や酸素療法などの医療ニーズが高い要介護者も利用できるとされている。☞⑤ P519

3　×　指定短期入所療養介護では、緊急事態に対応するための予定外の利用も可能とされ、虐待等やむを得ない事情がある場合には、利用定員を超えて受け入れることができる。☞⑤ P519

4　○　指定短期入所療養介護サービスを提供する施設としては、介護老人保健施設、介護医療院、指定介護療養型医療施設、療養病床を有する病院又は診療所がある。☞⑤ P522

5　○　介護老人保健施設のサービス類型は、「基本型」、「加算型」、「在宅強化型」、「超強化型」、「その他」の5タイプがあるが、このうち、療養型以外の介護老人保健施設が提供する短期入所療養介護には、「在宅強化型」、「基本型」、「その他」がある。☞⑦ P716

問題43　正解 2、3、5

1　×　事業者は、主治医の指示に基づいて看護サービスが提供されるように、看護サービスの提供の開始に際し、主治の医師の指示を文書で受けるようにしなければならない。☞⑤ P676

2　○　看護小規模多機能型居宅介護計画の作成に当たっては、地域における活動への参加の機会も考慮し、利用者の多様な活動が確保できるよう努めなければならないとされている。☞⑤ P671

3　○　事業者は、看護小規模多機能型

令和元年度

居宅介護計画及び看護小規模多機能型居宅介護報告書を主治の医師に提出し、主治医と密接な連携を図らなければならないとされている。☞㊤P676

4　×　看護小規模多機能型居宅介護では、看護と介護の連携を図りながら、訪問介護・訪問看護サービス、通いサービス、宿泊サービスを提供する。☞㊤P672

5　○　看護小規模多機能型居宅介護を受けている間についても、訪問リハビリテーション費、居宅療養管理指導費及び福祉用具貸与費を算定することができる。☞㊤P673

問題44　正解　1、4、5

1　○　医師が行う居宅療養管理指導は、要介護状態の悪化の防止等に資するよう、計画的に行われなければならないとされている。☞㊤P478

2　×　居宅療養管理指導では、通常の事業の実施地域であるか否かに関わらず、交通費（実費）の支払いを受けることができる。☞㊤P481

3　×　医師が行う居宅療養管理指導費は、主に医学的管理の必要性から行われることから、区分支給限度基準額の対象とはならない。☞㊤P480

4　○　保険医療機関の指定を受けている病院は、介護保険法に基づく指定申請をすることなく、都道府県知事の指定があったとみなされる。☞㊤P479

5　○　サービス担当者会議への参加が困難な場合には、原則として、必要な内容を記載した文書により情報提供・助言を行わなければならない。☞㊤P480

問題45　正解　2、4

1　×　介護医療院の施設基準では、療養室の定員は**4人以下**とされている。☞㊤P732

2　○　介護医療院は、「看取り・ターミナル」等の機能を有している。☞㊤P733

3　×　介護医療院には医師が配置されているほか、診察室、処置室なども有しており、医療法の医療提供施設に該当する。☞㊤P726

4　○　必要な医療の提供が困難な場合には、協力病院等への入院または他の医師の対診を求める等適切な措置を講じなければならないとされている。☞㊤P733

5　×　介護医療院Ⅰ型は、Ⅱ型に比して、より重篤な身体疾患を有する者、身体合併症を有する認知症高齢者等を入所させる体制が求められる。☞㊤P726

福祉サービスの知識等

問題46　正解　1、4、5

1　○　**共感**とは、クライエントの考え方について、援助者がクライエントの立場に立って理解しようとすることをいい、援助者がクライエントの世界を、クライエント自身がとらえるように理解する能力といえる。☞㊦P439

2　×　援助者は、クライエントの立場に立ってクライエントを理解するように努めなければならないが、援助者自身の過去を安直にクライエントに投影させることは避けなければならない。共感とは同情ではない。☞㊦P439

3　×　クライエントが沈黙している場合には、援助者は、積極的に話しかけていたずらにクライエントからの反応を引き出すのではなく、沈黙に込められたメッセージの意味を深く考えなければならない。☞㊦P439 他

4 ○ **クローズドクエスチョン**では、「はい」「いいえ」や、2、3語で答えられる質問をすることで、クライエントの語る世界を明確化することができることから、事実の確認を行う場合にも用いられる。☞下P441

5 ○ **直面化**は成長を促すコミュニケーションの技能であり、感情・体験・行動の三者間で、何かが相異なる状況に対して問いかけることで、自身の感情・体験・行動を見直していくことへと誘うものといわれている。クライエントが目を背けていることに気づかせることができる。☞下P439

問題47 正解3、5

1 × **ラポール**とは、支援者と利用者の両者間相互の信頼関係をいう。主訴をとらえてニーズを確定することではない。☞下P430 他

2 × **アセスメントシート**は、ケアプランの作成に際してもっとも基本となる情報であり、質問の順番にこだわることなく利用者のニーズに合わせて、柔軟に対応すべきである。すべての項目を尋ねなければならないというものではない。☞下P257

3 ○ アセスメントでは、クライエント本人からの情報のみではなく、他の介助者や家族などからも情報を収集して、よりクライエントのニーズを把握するように努めなければならない。☞下P431 他

4 × 援助計画は、柔軟に変更できるようにするためにも、可能な限り具体的にわかりやすく立てることが重要といえる。☞下P433 他

5 ○ **スーパービジョン**とは、対人援助を行う者（スーパーバイジー）が、指導者（スーパーバイザー）から教育

や指導を受ける過程のことである。事後評価には、このスーパービジョンを受けることも含まれている。☞下P442 他

問題48 正解1、3

1 ○ 社会福祉協議会の社会福祉士による成年後見制度の利用に関する面接は、個人を対象に行われるものであり、個別援助に当たる。☞下P419 他

2 × 介護老人福祉施設の生活相談員によるカラオケ大会などのレクリエーション活動は、施設の入所者等の集団を対象に行われるものであり、集団援助に当たる。☞下P421 他

3 ○ 地域包括支援センターの主任介護支援専門員による家族介護者との相談は、個人を対象に行われるもので、個別援助に当たる。☞下P419 他

4 × キャラバン・メイトによる認知症サポーター養成講座は、講座の参加者等の集団を対象に行われるもので、集団援助に当たる。☞下P421 他

5 × 社会福祉協議会のボランティアコーディネーターによる災害ボランティアセンターの設置準備は、地域援助に当たる。☞下P421 他

問題49 正解1、3、5

1 ○ 地域の問題や多様な社会資源について評価するために、地域アセスメントを行うことは、地域社会を対象としており地域援助に当たる。☞下P421 他

2 × 病院の専門職で構成されたメンバーで退院促進のためのチームアプローチを行うのは、病院の患者を対象としており、地域援助には当たらない。☞下P419 他

3 ○ **アウトリーチ**とは、サービス提

供を拒否するなどの支援困難な利用者に対して、実施機関が利用を実現させるように積極的に働きかけることをいう。地域におけるニーズ把握では、潜在的ニーズを掘り起こすアウトリーチを行うことは、地域社会を対象としており地域援助に当たるといえる。☞下P421 他

4　×　地域課題には、さまざまな要因があり、行政機関等のフォーマルな社会資源による地域ネットワークを構築だけでは解決できない事例もあると考えられ、それだけで地域課題が解決するとはいえない。☞下P421 他

5　○　障害者が福祉サービスにアクセスしやすくなるよう自治体に働きかけることは、地域社会を対象としており地域援助に当たるといえる。☞下P421 他

問題50　正解 1、4、5

1　○　自動血圧測定器により血圧を測定することは、厚生労働省の通達により**医療行為**に当たらないとされており、訪問介護員が行うことができる。☞上P435、☞「医師法第17条、歯科医師法第17条及び保健師助産師看護師法第31条の解釈について」平成17年7月26日・医政発第0726005号

2　×　利用者が大切にしている花木の水やりは、短時間であっても生活援助の対象とはならない。☞上P430

3　×　生活援助とは、掃除や洗濯など、本人の代行的なサービスと位置づけることができるが、ゴミの分別が分からない利用者と一緒に分別し、ゴミ出しのルールを理解してもらうよう援助することは、生活援助ではなく身体介護の対象となる。☞上P430

4　○　ボタン付け等の被服の補修、

夏・冬物の入れ替え等の衣類の整理は、生活援助として算定される。☞上P434

5　○　配剤された薬をテーブルの上に出し、本人が薬を飲むのを手伝うことは服薬介助に当たり、身体介護として算定される。☞上P432

問題51　正解 2、3

1　×　**中重度者ケア体制加算**とは、一定基準の事業所が、中重度の要介護者を受け入れる体制を整備してサービスを提供した場合に加算されるものであり、喀痰吸引は、中重度者ケア体制加算の対象ではない。

2　○　**生活機能向上連携加算**を算定するためには、外部の理学療法士等と当該事業所の機能訓練指導員等のリハビリテーション専門職等が共同してアセスメントや個別機能訓練計画の作成等を行わなければならないとされている。

3　○　入浴介助を適切に行うことができる人員及び設備を有する事業所が入浴介助を行った場合には、1日につき所定の**入浴介助加算**を算定することができる。

4　×　**生活相談員配置等加算**とは、共生型通所介護事業所に生活相談員を1人以上配置し、かつ、地域交流の場の提供等地域貢献活動を実施している場合に加算されるものであり、生活相談員が要介護認定の申請に係る援助を行った場合に加算されるものではない。

5　×　**栄養改善加算**とは、管理栄養士を1人以上配置し、低栄養状態またはそのおそれのある利用者に対して、栄養改善サービスを行った場合に加算されるものであり、看護師が低栄養状態にある利用者に対して栄養ケア計画を作成した場合に算定できるものではな

い。

問題52　正解 2、3、5

1　×　訪問入浴介護のサービス提供は、原則として、1回の訪問につき、看護職員1名と介護職員2名の計3名で行うとされている。☞⊕P452

2　○　終末期にあるなど医療依存度が高い者も、主治の医師の指示のもとで訪問入浴介護を利用できるとされている。☞⊕P450

3　○　同一時間帯での同一利用者に対する入浴介助については、別に訪問介護費を算定することはできないとされている。

4　×　利用者に病状の急変が生じた場合には、看護職員の判断により速やかに主治医へ連絡・相談し、判断を仰ぐ必要がある。☞⊕P447

5　○　訪問入浴介護のサービス提供時に利用者に急変があった場合には、協力医療機関への連絡・対応を行うこともあり、協力医療機関は、事業の通常の実施地域内にあることが望ましいとされている。☞指定居宅サービス等の事業の人員、設備及び運営に関する基準第51条

問題53　正解 3、4、5

1　×　認知症行動・心理症状緊急対応加算とは、認知症の行動・心理症状が認められるため、在宅での生活が困難であることから、緊急に短期入所生活介護を利用することが適当であると医師が判断した場合に7日を限度に算定されるが、これが加算されている場合は、若年性認知症利用者受入加算は、同時に算定できない。

2　×　医療連携強化加算とは喀痰吸引など医療ニーズの高い利用者に対して

一定の基準に適合する対応を行っている場合に算定されるが、在宅中重度者受入加算を算定している場合は、同時に算定できない。

3　○　医師の発行する食事箋に基づいた糖尿病食等を提供した場合には、1日につき3回を限度として、療養食加算を算定できるとされている。

4　○　夜勤職員配置加算とは、夜勤を行う職員数が最低基準よりも1人以上多く配置されている場合に算定されるものだが、共生型短期入所生活介護を算定している場合には、算定できないとされている。

5　○　利用者の状態や家族等の事情により、居宅サービス計画にない指定短期入所生活介護を緊急に行った場合は、原則として、7日を限度として緊急短期入所受入加算を算定できるとされている。

問題54　正解 1、3、5

1　○　転居前に住宅改修費の支給を受けた場合でも、転居後の住宅について支給限度基準額の20万円まで住宅改修費を受給できる。☞⊕P562

2　×　リフトなど動力によって段差を解消する機器に係る工事の費用は、住宅改修費の支給対象とはならない。☞⊕P558

3　○　扉の取替えに伴う壁や柱の改修工事の費用も、住宅改修費の支給対象となる。☞⊕P558

4　×　ポータブルトイレの設置は、居宅介護福祉用具購入費の支給対象となる。☞⊕P546

5　○　住宅改修に着工した日の要介護状態区分に比べて、要介護状態区分が3段階以上上がった場合には、それまでに支給を受けた住宅改修費の額にか

かわらず、改めて住宅改修費を受給できるとされている。☞⤒P562

問題55　正解 2、3、5

1　×　機能訓練指導員による機能訓練は個別に行われるが、利用者の日常生活やレクリエーション、行事等を通じて行われる機能訓練では、看護師、介護職員などのサービス担当者も行うことがある。☞⤒P636 他

2　○　指定認知症対応型共同生活介護事業所等の居間や食堂を活用して行う共用型指定認知症対応型通所介護の利用定員は、共同生活住居（1ユニット）ごとに1日当たり3人までとされている。☞⤒P636

3　○　利用者、家族へのサービスの提供方法等の説明には、認知症対応型通所介護計画の目標及び内容や利用日の行事及び日課も含まれ、わかりやすく理解しやすいように説明しなければならない。☞⤒P639

4　×　既に居宅サービス計画が作成されている場合には、その居宅サービス計画に沿って認知症対応型通所介護計画を作成しなければならず、その内容について利用者または家族に説明をして、利用者の同意を得なければならない。☞⤒P639

5　○　事業者は、運営推進会議における報告、評価、要望、助言等について記録を作成し、公表しなければならないとされている。☞⤒P630

問題56　正解 3、4、5

1　×　事業者は、利用者へ配布するケアコール端末に係る設置料、リース料、保守料の費用を利用者から徴収することはできない。ただし、ケアコール端末の設置に必要となる固定電話の設置

料金と電話料金は利用者の実費負担となる。☞⤒P618

2　×　利用者から合鍵を預かる場合は、その管理を厳重に行うとともに、管理方法、紛失した場合の対処方法その他必要な事項を記載した文書を利用者に交付しなければならない。従業者であれば容易に持ち出すことができるような管理は、不適切といえる。☞⤒P621

3　○　随時訪問サービスは、利用者の処遇に支障がないときは、例えば利用者が昼間の時間帯に利用している他の指定訪問介護事業所の訪問介護員等に行わせることができる。☞指定地域密着型サービスの事業の人員、設備及び運営に関する基準第6条第1項第1号

4　○　夜間対応型訪問介護計画は居宅サービス計画に沿って作成されていなければならず、夜間対応型訪問介護計画作成後に居宅サービス計画が作成された場合には、必要に応じて変更しなければならないといえる。☞⤒P616

5　○　面接相談員はオペレーターと同資格、または同等の知識を持つ者とされており、看護師及び介護福祉士は、面接相談員になることができるとされている。☞⤒P620

問題57　正解 1、2、5

1　○　指定介護老人福祉施設は要介護度3以上の高齢者を対象としているが、虐待等のやむを得ない事由があれば、要介護1又は2の者を入所させることもできる。☞⤒P706

2　○　感染症や食中毒の予防又はまん延防止のため、その対策を検討する委員会をおおむね3月に1回以上開催しなければならないとされている。☞指定介護老人福祉施設の人員、設備及び運営に関する基準第27条第2項第1号

3 × 入所者に対する施設サービス計画等の記録は、その完結の日から2年間保存しなければならないとされている。☞上 P426

4 × 広告をする場合は、その内容が虚偽又は誇大なものであってはならないとされており、禁じられてはいない。☞上記基準第31条

5 ○ 入浴または清拭は1週間に2回以上行うとされており、健康状態によって入浴が困難な入所者に対しては、清拭を1週間に2回以上行わなければならない。☞上 P712

問題58　正解 1、3、4

1 ○ 生活困窮者自立支援法は、生活困窮者対策及び生活保護制度の見直しの一体的な検討を経て国会に提出され、2013（平成25）年に成立、2015（平成27）年4月より施行された。☞下 P475

2 × 生活困窮者自立支援法の対象者は、生活困窮者である。具体的には、現在生活保護を受給していないが、生活保護に至る可能性がある者で、自立が見込まれる者である。稼働年齢層という限定はない。☞下 P475

3 ○ 生活困窮者自立支援法に基づく事業の実施機関は、都道府県、市及び福祉事務所を設置する町村であり、生活困窮者自立相談支援事業は必須事業である。☞下 P475

4 ○ 直ちに一般就労への移行が困難な生活困窮者に対して、一般就労に必要な基礎能力の形成を支援する生活困窮者就労準備支援事業は、任意事業である。☞下 P476

5 × 経済的に困窮し、住居を失った、またはその恐れのある者に住居確保給付金を支給する、生活困窮者住居確保給付金の支給事業は、必須事業である。

☞下 P476

問題59　正解 1、2、5

1 ○ 生活保護は、世帯を単位として、その要否と程度が決められるが、世帯単位にできない場合には、個人を単位とする。☞生活保護法第11条

2 ○ 介護扶助には、「介護予防・日常生活支援」に関する給付も含まれている。☞下 P472

3 × 介護扶助における居宅介護は、居宅介護支援計画に基づくものに限られている。☞下 P472

4 × 65歳以上の被保護者の介護保険料は、年金がある場合は年金収入から控除され、ない場合には生活扶助の介護保険料加算により対応することになる。☞下 P471

5 ○ 就労に必要な費用のための給付である生業扶助は、原則として、金銭給付である。☞下 P470

問題60　正解 2、3、5

1 × 成年後見制度の利用の促進に関する法律では、国民が成年後見制度を利用する義務は定められていない。☞下 P506

2 ○ 成年後見制度の利用の促進に関する法律では、成年被後見人の意思決定の支援を定めている。☞下 P506

3 ○ 65歳以上の者につき、その福祉を図るため特に必要と認めるときは、市町村長は、後見開始の審判の請求をすることができる。☞下 P508

4 × 親族が成年後見人に選任される割合は、年々減少し、親族ではない第三者後見人が増えている。☞下 P513

5 ○ 任意後見契約は、公証人が作成する公正証書によってしなければならないとされている。☞下 P511

令和元年度

平成30年度（第21回）試験問題の解答・解説

介護支援分野

問題1　正解3、4

1、2、5　×　介護保険法第1条（目的）の条文は次の通り。「この法律は、加齢に伴って生ずる心身の変化に起因する疾病等により要介護状態となり、入浴、排せつ、食事等の介護、機能訓練並びに看護及び療養上の管理その他の医療を要する者等について、これらの者が尊厳を保持し、その有する能力に応じ自立した日常生活を営むことができるよう、必要な保健医療サービス及び福祉サービスに係る給付を行うため、国民の共同連帯の理念に基づき介護保険制度を設け、その行う保険給付等に関して必要な事項を定め、もって国民の保健医療の向上及び福祉の増進を図ることを目的とする。」☞介護保険法第1条、☞⊥P40

3、4　○　上記記述を参照。

問題2　正解1、2、5

1、2、5　○　「認知症施策推進総合戦略（新オレンジプラン）」は2015年1月に厚生労働省が公表した、認知症の人が住み慣れた地域の良い環境で自分らしく暮らし続けるために必要としていることに的確に応えていくことを旨とした施策である。この施策には次の7つの柱がある。①認知症への理解を深めるための普及・啓発の推進、②認知症の容態に応じた適時・適切な医療・介護等の提供、③若年性認知症施策の強化、④認知症の人の介護者への支援、⑤認知症の人を含む高齢者にやさしい地域づくりの推進、⑥認知症の予防法、診断法、治療法、リハビリテーションモデル、介護モデル等の研究開発及びその成果の普及の推進、⑦認知症の人やその家族の視点の重視。☞⊥P202 他

3、4　×　上記記述を参照。

問題3　正解4、5

1　×　平成30年4月より創設された「**介護医療院**」は、長期的な医療と介護のニーズを併せ持つ高齢者を対象とし、「日常的な医学管理」や「看取りやターミナルケア」等の医療機能と「生活施設」としての機能とを兼ね備えた施設であり、2024年3月末までに廃止される予定の「介護療養型医療施設」から転換する受け皿ともなる施設である。介護保険法上は介護保険施設であり、医療法上は医療提供施設に位置づけられる。介護医療院の開設の許可は、都道府県知事が行うとされている。☞介護保険法第107条第1項、☞⊥P726

2　×　介護医療院の開設者は、「地方公共団体、医療法人、社会福祉法人その他厚生労働大臣が定める者」とされている。☞介護保険法第107条第3項、☞⊥P142・P726

3　×　運営基準には、理美容代の支払いを受けることができるとされている。☞介護医療院の人員、施設及び設備並びに運営に関する基準第14条第3項第5号、☞⊥P679

4　○　介護医療院は、居宅介護支援事業者等に対して、入所者に関する情報を提供する際には、あらかじめ文書により入所者の同意を得ておかなければ

ならないとされている。☞上記基準第
36条第3項、☞㊤P726 他

5　○　介護医療院の開設者は、都道府
県知事の承認を受け、医師以外の者に
当該介護医療院を管理させることがで
きるとされている。☞介護保険法第
109条第2項、☞㊤P726 他

問題4　正解1、3、5

1　○　介護保険の第2号被保険者負担
率は、政令で**3年**ごとに定められる。
実際の保険料の額については、第1号
被保険者については市町村、第2号被
保険者については医療保険者が定める
ことになる。☞介護保険法第121条・
125条他、☞㊤P63

2　×　介護報酬の算定基準を定めるの
は、都道府県ではなく国である。☞㊤P53

3　○　医療及び居住に関する施策との
有機的な連携を図るのは、国及び地方
公共団体の責務とされている。☞介護
保険法第5条第3項、☞㊤P54

4　×　財政安定化基金の設置・運営を
行うのは、都道府県である。☞㊤P69

5　○　居宅介護支援事業所の指定は、市
町村の長の事務とされている。☞㊤P57

問題5　正解3、4

1　×　介護保険の被保険者資格につい
ては、居住する市町村から転出した場
合は、その翌日から、その資格を喪失
すると定められており、翌日から転出
先の市町村の被保険者となるのではな
い。☞介護保険法第11条、☞㊤P47

2　×　被保険者が死亡した場合は、死
亡届が提出された日ではなく、**死亡し
た日の翌日**から被保険者資格を喪失す
る。☞介護保険法第11条、☞㊤P47

3　○　第2号被保険者が、国民健康保
険の適用除外に該当した場合などによ

り、医療保険加入者でなくなった場合
には、その日から被保険者資格を喪失
する。☞介護保険法第11条第2項、
☞㊤P47

4　○　障害者総合支援法による指定障
害者支援施設を退所した者が介護保険
施設に入所した場合には、従来は当該
障害者支援施設の所在地の市町村が保
険者となっていたが、平成30年4月
より、当該障害者支援施設入所前の住
所地の市町村が保険者になると見直し
がされた。これにより、障害者総合支
援法による指定障害者支援施設も住所
地特例対象施設となった。☞介護保険
法第13条第1項、☞㊤P49

5　×　当該市町村の区域内に住所を有
する医療保険加入者が40歳に達した
とき（誕生日の前日）に第2号被保険
者資格を取得するとされており、届出
がなくとも遡及適用される。☞介護保
険法第10条、☞㊤P47

問題6　正解3、5

1　×　第三者行為によって給付事由が
生じた場合には、市町村が保険給付の
範囲内（価額の限度内）において当該
第三者への損害賠償請求権を取得する
とされており、保険給付の要件が損害
賠償請求の行使とはいえない。☞介護
保険法第21条第1項、☞㊤P119

2　×　厚生労働大臣または都道府県知
事は、居宅介護・介護予防住宅改修費
を除く介護給付等について、必要があ
ると認めるときは帳簿書類等の提示を
命じることができるとされている。居
宅介護住宅改修費については、市町村
が文書その他の提出・提示を求めるこ
とができる。☞介護保険法第23・24
条、☞㊤P120

3　○　居宅サービスに従事する医師が

診断書に虚偽の記載をすることにより、不正受給が生じた場合には、市町村は当該医師にも受給者に連帯して徴収金の納付を命じることができるとされている。☞介護保険法第22条、☞⊕P119

4 × 保険料の徴収や還付を受ける権利は、**2年**を経過したときに時効によって消滅するとされている。☞介護保険法第200条

5 ○ 指定訪問介護事業者は、サービスの提供を求められた場合は、被保険者証によって被保険者資格、要介護認定の有無、有効期間を確認しなければならないとされている。☞⊕P312

問題7 正解2、3、4

1 × 福祉用具貸与は、区分支給限度基準額に含まれるサービスである。☞⊕P554

2 ○ 福祉用具購入費は、厚生労働大臣により支給限度基準額が定められており、区分支給限度基準額は適用されない。☞⊕P554

3 ○ 居宅療養管理指導は、区分支給限度基準額には含まれないサービスである。☞⊕P98

4 ○ 転居した場合には、転居前の住宅に対する住宅改修費の支給状況に関わらず、改めて支給限度基準額まで居宅介護住宅改修費の支給を受けることができるとされている。☞⊕P563

5 × 種類支給限度基準額は、市町村がサービスの整備状況等に応じて独自に定めるものであり、地域密着型サービスに適用されないというものではない。☞⊕P100

問題8 正解1、3、4

1 ○ 看護小規模多機能型居宅介護は、訪問看護と小規模多機能型居宅介護を組み合わせて提供する地域密着型サービスであり、事業者の指定は市町村長が行うとされている。☞介護保険法施行規則第17条の12、☞⊕P672

2 × 指定定期巡回・随時対応型訪問介護看護事業所のオペレーターは、従来は、夜間・深夜に限り、同一敷地内の施設等の職員を充てることができるとされていたが、<u>平成30年の改正により、時間帯の制約が撤廃された。</u>☞指定地域密着型サービスの事業の人員、設備及び運営に関する基準第3条の30、☞⊕P612

3 ○ 指定療養通所介護事業所の利用定員は、平成30年の改正により「9人以下」から「**18人以下**」となった。☞⊕P632

4 ○ 指定小規模多機能型居宅介護の通いサービス及び宿泊サービスは、<u>特に必要と認められる場合、災害等のやむを得ない事情がある場合には、一時的に利用定員を超えることが認められる。</u>☞上記基準第82条

5 × 指定認知症対応型共同生活介護の共同生活住居は、居間と食堂を同一の場所とすることができるとされている。☞上記基準第93条第5項、☞⊕P655

問題9 正解1、5

1 ○ **共生型居宅サービス**とは、介護保険と障害福祉の両制度に共通するサービスについて、介護保険優先という原則にとらわれず、利用者が利用しやすいサービスを提供できるようにする指定の特例である。これによって、障害福祉サービスのうち介護保険サービスに相当するサービスを提供する指定事業所が、介護保険法に基づく居宅サービス事業所の指定も受けることが

できるようになった。対象となるサービスは、訪問介護、通所介護、短期入所生活介護である。☞㊤P130

2、3 × 障害児通所支援に係る事業所も、共生型居宅サービス事業所の指定を受けることができる。また、短期入所生活介護についても、共生型居宅サービスの対象となる。☞㊤P130

4 × 共生型居宅サービス事業所の従業者の人員は、市町村ではなく都道府県の条例で定める員数を満たさなければならないとされている。☞介護保険法第72条の2第1項第1号

5 ○ 共生型居宅サービス事業の設備及び運営は、都道府県の条例で定める基準に従わなければならないとされている。☞介護保険法第72条の2第1項第2号

問題10　正解2、4

1 × 保険料の**賦課期日**は、市町村の条例ではなく、当該年度の初日と介護保険法に定められている。☞介護保険法第130条

2 ○ 被保険者の配偶者及び世帯主は、被保険者と連帯して保険料を納付する義務を負っている。☞介護保険法第132条第2項、☞㊤P65

3 × 保険料の納期は、厚生労働省令ではなく市町村の条例で定めるとされている。☞介護保険法第133条、☞㊤P65

4 ○ 保険料の収納事務は、私人に委託することができるとされており、市町村と委託契約を結んだコンビニエンスストアで支払うこともできる。☞介護保険法第144条の2、☞㊤P65

5 × 保険料の徴収は、公的年金受給者に対しては**特別徴収**、それ以外の被保険者に対しては**普通徴収**の方法で行われる。被保険者は、保険料の徴収

方法を選択することはできない。☞介護保険法第131条、☞㊤P64

問題11　正解2、3、5

1 × 介護保険給付費の国の負担割合は、**25%**である。☞㊤P62

2 ○ 国の負担は、定率の負担金と市町村の財政力の強弱に応じて交付される**調整交付金**からなっている。☞㊤P62

3 ○ 調整交付金の交付については、市町村の75歳以上の後期高齢者の加入割合、第1号被保険者の所得の格差なども考慮されている。☞㊤P61

4 × 都道府県の負担割合は、一律の定率負担とされている。☞㊤P61

5 ○ 市町村では介護保険事業の収支を経理するために**介護保険特別会計**を設けているが、国および県の支出金、市町村の一般会計からの繰入金を主な歳入としている。☞㊤P61

問題12　正解2、4、5

1 × 財政安定化基金の財源は、国、都道府県、市町村がそれぞれ**3分の1**ずつ負担する。☞㊤P70

2 ○ **基金事業交付金の交付は、介護保険事業計画期間の最終年度において行う**ものとされている。☞介護保険の国庫負担金の算定等に関する政令第6条、☞㊤P69他

3 × 基金事業交付金の額は、介護保険財政の収入不足分の**2分の1**に相当する額である。☞介護保険法第147条第1項、☞㊤P69

4 ○ 基金事業貸付金の償還期限は、次期市町村介護保険事業計画期間（3年間）の最終年度の末日である。☞介護保険の国庫負担金の算定等に関する政令第7条第6項、☞㊤P70

5 ○ 基金事業貸付金は、<u>償還期限までの間は無利子</u>とされている。☞上記政令第7条第7項

問題13　正解1、2、4

1、2、4 ○ 地域住民への普及啓発、医療・介護関係者の研修、地域の医療・介護の資源の把握は、いずれも包括的支援事業の社会保障充実分である在宅医療・介護連携推進事業に該当し、地域支援事業の枠組みを活用して市町村が推進する事業である。☞⊕P158他

3 × 「地域在宅医療推進員」という名称を含む事業は存在しない。

5 × 地域リハビリテーション活動支援体制の構築は、一般介護予防事業である。☞⊕P154

問題14　正解1、4、5

1、4、5 ○ <u>介護サービス事業者は、介護サービスの提供開始時等の場合には、政令で定める事項を都道府県知事へ報告しなければならない</u>が、事業所等の運営に関する方針、介護サービスに従事する従業員に関する事項、苦情に対応する窓口等の状況は、いずれも報告事項に該当する。☞介護保険法第115条の35、介護保険法施行規則第140条の43〜47、別表第1、☞⊕P144

2、3 × 情報の管理・個人情報保護等のために講じる措置、介護サービスの質の確保、透明性の確保等のために講じる措置は、いずれも都道府県の報告計画策定時の報告事項である。☞⊕P145

問題15　正解2、3、5

1 × 第1号被保険者の保険料の特別徴収事務は、市町村が行う業務である。☞⊕P65

2 ○ 介護給付費の審査・支払業務は、国民健康保険団体連合会が行う業務であり、居宅介護サービス計画費の請求に関する審査も含まれる。☞介護保険法第176条、☞⊕P173

3 ○ 第三者行為求償事務は、国民健康保険団体連合会が行う業務である。☞介護保険法第176条、☞⊕P175

4 × 財政安定化基金は都道府県に設置され、運営も都道府県の業務である。☞介護保険法第147条、☞⊕P69

5 ○ 介護保険施設の運営は、国民健康保険団体連合会が行う業務である。☞介護保険法第176条、☞⊕P175

問題16　正解1、3、5

1 ○ 運営基準には、指定居宅介護支援事業者は、障害者総合支援法に規定する指定特定相談支援事業者との連携に努めなければならないとされている。☞指定居宅介護支援等の事業の人員及び運営に関する基準第1条の2第4項、☞⊕P312

2、4 × 利用者の施設入所について配慮すること、利用者の最低限度の生活の維持に努めることは、いずれも運営基準の基本方針には示されていない。

3 ○ 運営基準には、保健医療サービス及び福祉サービスが、多様な事業者から、総合的かつ効率的に提供されるよう配慮して行われるものでなければならないとされている。☞上記基準第1条の2第2項、☞⊕P312

5 ○ 指定居宅介護支援事業者は、居宅介護支援の提供に当たっては、常に利用者の立場に立って公正中立に行わなければならないとされている。☞上記基準第1条の2第3項、☞⊕P312

問題17　正解3、5

1 ×　サービス担当者会議の要点を利用者に交付しなければならないとはされていない。

2 ×　介護支援専門員は、居宅サービス計画の原案に位置付けた指定居宅サービス等について、<u>保険給付の対象となるかどうかを区分した上で、利用者及び家族に説明をして、文書により家族ではなく利用者の同意を得なければならないとされている。</u>☞指定居宅介護支援等の事業の人員及び運営に関する基準第13条第10号、☞㊤P314

3 ○　介護支援専門員は、居宅サービス計画を作成した際には、利用者及び担当者に交付しなければならないとされている。☞上記基準第13条第11号、☞㊤P314

4 ×　居宅サービス計画は、作成後、保険者に提出するとはされていない。

5 ○　介護支援専門員は、居宅サービス計画に位置付けた指定居宅サービス事業者等に対して、訪問介護計画等指定居宅サービス等基準において位置付けられている計画の提出を求めることとされている。☞上記基準第13条第12号、☞㊤P314

問題18　正解3、4

1 ×　指定介護予防支援事業者の担当職員は、指定介護予防サービス事業者等から、サービスの提供状況等の報告を**毎月**聴取しなければならないとされている。☞指定介護予防支援等の事業の人員及び運営並びに指定介護予防支援等に係る介護予防のための効果的な支援の方法に関する基準第30条第14・16号、☞㊤P374

2 ×　指定介護予防支援事業者の担当職員は、介護予防サービス計画を作成

した際には、利用者及び担当者に交付しなければならないが、必ずそれを主治の医師に交付しなければならないとはされていない。☞上記基準第30条第11号、☞㊤P373

3 ○　指定介護予防支援事業者の担当職員は、アセスメントに当たっては、利用者の居宅を訪問し、利用者及びその家族に面接して行わなければならないとされている。☞上記基準第30条第7号、☞㊤P373

4 ○　指定介護予防支援事業者の担当職員は、介護予防サービス計画に位置付けた期間が終了するときは、当該計画の目標の達成状況について評価しなければならないとされている。☞上記基準第30条第15号、☞㊤P374

5 ×　指定介護予防支援事業者の担当職員は、介護予防短期入所生活介護を介護予防サービス計画に位置付ける場合には、その利用する日数が要支援認定の有効期間のおおむね半数を超えないようにしなければならないとされている。1か月の半数ではない。☞上記基準第30条第23号、☞㊤P374

問題19　正解2、4、5

1 ×　指定介護老人福祉施設において、**身体的拘束**等を行う場合に、介護支援専門員が入所者の家族と面談しなければならないという規定はない。☞指定介護老人福祉施設の人員、設備及び運営に関する基準第11条第4～6項、☞平成12年3月17日老企第43号・指定介護老人福祉施設の人員、設備及び運営に関する基準について、☞P697

2 ○　指定介護老人福祉施設の運営基準には、提供する指定介護福祉施設サービスの質の評価を行い、常にその改善を図らなければならないとされて

いるが、これについて「**身体的拘束等の適正化のための指針**」では、身体的拘束等の適正化のための対策を検討する委員会を3か月に1回以上開催するとともに、その結果について、介護職員その他の従業者に周知徹底を図ることとされている。☞上記基準第11条第6項、☞上記基準通知、☞身体的拘束等の適正化のための指針、☞㊤P698

3　×　運営基準には、当該入所者又は他の入所者等の生命又は身体を保護するため緊急やむを得ない場合を除き、身体的拘束その他入所者の行動を制限する行為を行ってはならないとされているが、身体的拘束等を行う場合には、医師の指示によらなければならないという規定はない。☞上記基準第11条第4項、☞上記基準通知、☞身体的拘束等の適正化のための指針、☞㊤P698

4　○　身体的拘束等の適正化のための指針では、従業者に対し、身体的拘束等の適正化のための研修を定期的に実施しなければならないとされている。☞上記基準第11条第6項、☞上記基準通知、☞身体的拘束等の適正化のための指針、☞㊤P698

5　○　指定介護老人福祉施設は、身体的拘束等の適正化のための指針を整備しなければならないとされている。☞上記基準第11条第6項、☞上記基準通知、☞身体的拘束等の適正化のための指針、☞㊤P698

問題20　正解1、4

1　○　介護認定審査会は、認定調査票の基本調査・特記事項・主治医意見書に記載された主治の医師の意見に基づき、要介護認定の**二次判定**を行う。☞㊤P80

2　×　介護認定審査会は、審査・判定の結果を通知する際に、必要があるときは、市町村に対して附帯意見を述べることができるとされているが、この意見を主治の医師に通知しなければならないとはされていない。☞介護保険法第27条第5項、☞㊤P82

3　×　介護認定審査会の審査及び判定の結果は、市町村に通知されるが、介護支援専門員には通知されない。☞介護保険法第27条第5項、☞㊤P82

4　○　要介護認定等基準時間は、5分野の行為に対する1日当たりの時間として**樹形モデル図**を利用して推計される。☞㊤P79

5　×　要介護認定等基準時間の推計の方法は、厚生労働大臣の推計告示により示される。☞平成12年厚生省告示第91号・要介護認定等基準時間の推計の方法、☞㊤P79

問題21　正解1、3、4

1　○　認定調査票の基本調査項目の生活機能に関連する項目には、口腔清潔に関する項目が含まれている。☞㊤P76

2　×　認定調査票の基本調査項目には、主たる介護者に関する項目は含まれない。☞㊤P76

3　○　認定調査票の基本調査項目の社会生活への適応に関する項目には、集団への不適応に関する項目が含まれている。☞㊤P76

4　○　要介護認定等基準時間の算定の合算対象には、疼痛の看護が含まれている。☞㊤P79他

5　×　要介護認定等基準時間の算定の合算対象には、認定調査票の特記事項の内容は含まれない。☞㊤P80他

問題22　正解2、3

1　×　新規申請に係る認定調査を行うのは市町村または指定市町村事務受託法人であり、更新認定調査については、このほか、指定居宅介護支援事業者、介護支援専門員などが行うことができる。介護認定審査会は、認定調査は行わない。☞上P75

2　○　介護認定審査会は、認定有効期間について市町村に対して意見を付すことができるとされている。☞上P82

3　○　介護認定審査会は、要介護状態の軽減のために必要な療養について、市町村に対して意見を付すことができるとされている。☞上P82

4　×　被保険者が受けることができるサービスの種類を指定することができるのは市町村であり、介護認定審査会は、サービスの種類を指定することはできない。☞上P82

5　×　被保険者に主治の医師がいないときに、診断を行う医師を指定することができるのは市町村であり、介護認定審査会は、医師を指定することはできない。☞上P77

問題23　正解2、4、5

1　×　障害者総合支援法のサービスと介護保険のサービスが重なる場合には、介護保険のサービスが優先されるが、障害者総合支援法の行動援護は知的障害や精神障害のある利用者を対象としており、これと同じサービスは、介護保険にはないことから、このサービスを利用している障害者が、要介護認定を受けた場合であっても、引き続き障害者総合支援法の行動援護のサービスを利用できる。☞上P116

2　○　労働者災害補償保険法の通勤災害に関する療養給付は、介護保険から

の給付に優先する。☞上P116

3　×　介護保険の福祉用具購入費は、高額医療合算介護サービス費の利用者負担額の算定対象には含まれない。☞上P106

4　○　生活保護の医療扶助の受給者であって医療保険に加入していない者は、介護保険の第2号被保険者とはならない。☞上P117

5　○　介護老人保健施設は、介護保険法に基づく介護保険施設であり、老人福祉法に基づく老人福祉施設には含まれない。☞介護保険法第94条、☞老人福祉法第5条の3、☞上P141

問題24　正解2、3

1　×　Aさんは自力での排泄や移動にはやや困難が伴うが、自力での排泄は行えることから、おむつを利用するのではなく、排泄や移動の困難を軽減する方法を提案することが適切といえる。

2　○　Aさんの状況から、歩行機能の向上を図るため、通所リハビリテーションの利用を提案することは適切といえる。☞上P492他

3　○　住宅改修によってAさんが快適な在宅生活を送れるように、住環境のアセスメントを提案することは適切といえる。☞上P555他

4、5　×　Aさんの息子夫婦は、介護保険のサービスを利用して自宅で介護を行うつもりであり、訪問介護による生活援助の利用を提案するのは不適切といえる。施設入所の提案も同様に不適切といえる。

問題25　正解3、5

1、2、4　×　同居家族がいても訪問介護を利用できる場合もあり、この段

階で訪問介護の対象外になるとＡさんに伝えるのは不適切といえる。住宅改修を提案するのも同様に早計といえる。同居後も今までのサービスを継続することを約束できる段階ではない。☞⑤P437 他

3 ○　息子に対して、Ａさんに必要な援助ができる状況かを確認することで、これからの対応を検討できることから適切といえる。

5 ○　同居家族ができることで、改めてアセスメントを行い、必要な介護保険のサービスを検討することをＡさんに伝えることは適切といえる。

保健医療福祉サービス分野

保健医療サービスの知識等

問題26　正解２、４、５

1 ×　パーキンソン病の臨床的重症度の評価は、**ホーン - ヤールの重症度分類**（ヤールの重症度分類）によって行われる。NYHA とは、心不全の重症度分類（New York Heart Association）のことである。☞⑤P108

2 ○　ニトログリセリン製剤には、心臓の血管を拡張させて、心臓に血液や酸素を供給するとともに、全身の静脈血管の抵抗を減らして心臓の負担を軽減させる効果があり、狭心症の発作に対して効果的といえる。狭心症は高齢者に多い疾患である。☞⑤P125

3 ×　大転子部とは大腿骨にある大きく膨らんだ部分であり、除圧が不十分になりやすく、褥瘡が発症しやすい部位といえる。☞⑤P155

4 ○　疥癬は、ヒゼンダニ（疥癬虫）が皮膚の角質層に寄生して、人から人へ感染する疾患であり、集団感染の危

険性がある。疥癬は高齢者に多い疾患といえる。☞⑤P153

5 ○　肝臓には、身体に必要な物質を合成し、有害な物質を解毒して排泄するなどの働きがある。肝不全の症状には、食欲不振、全身倦怠感、黄疸などが多くみられる。肝不全は高齢者に多い疾患といえる。☞⑤P133

問題27　正解１、４、５

1 ○　**深部静脈血栓症**（いわゆるエコノミークラス症候群）とは、長時間椅子に座ったままの状態が続いた場合などに足の血液の流れが悪くなって静脈血栓ができやすくなり、この静脈血栓が血液の流れに乗って肺に到着し、肺の動脈を閉塞することで発症する。予防は、こまめに足を動かして血流を良くすることである。

2 ×　**福祉避難所**とは、市町村が必要に応じて保健福祉センターや民間の福祉施設などに開設する二次的な避難所であり、一般の避難所での生活が困難な人が対象となる。高齢者など何らかの特別な配慮を必要とする者や、その家族を対象としている。

3 ×　自宅ではなく避難所で生活している場合にも、介護保険サービスは利用できる。

4 ○　介護老人保健施設は、運営規定に非常災害対策を設けるなど、非常災害に関する具体的計画を立てなければならないとされている。☞介護老人保健施設の人員、施設及び設備並びに運営に関する基準第25条第6号☞⑤P701

5 ○　体を動かす機会が減って筋力が低下し、心身の機能が低下して発症するのが**生活不活発病**であり、避難所のような環境では発生しやすいといえる。

☞下 P5 他

問題28　正解1、4、5

1　○　結核の感染経路は、空気感染である。☞下 P191

2　×　疥癬の感染経路は、接触感染である。☞下 P191

3　×　インフルエンザの感染経路は、飛沫感染である。☞下 P191

4　○　腸管出血性大腸菌感染症の感染経路は、接触感染である。☞下 P191

5　○　流行性耳下腺炎の感染経路は、飛沫感染である。☞下 P191

問題29　正解1、3、5

1　○　腹囲は**メタボリックシンドローム**の診断に使われており、男性85cm以上、女性90cm以上が腹部型の肥満とされている。☞下 P75

2　×　血清アルブミン値は、高齢者の長期にわたる栄養状態をみる指標として使われる。☞下 P75

3　○　腎機能の悪化により高値となることから、血中尿素窒素（BUN）は腎機能の指標として用いられる。☞下 P75

4　×　白血球数は、細菌感染や炎症で高値となる。☞下 P76

5　○　AST（GOT）は、肝・胆道疾患の指標となるが、心臓の疾患でも上昇することがある。☞下 P75

問題30　正解1、3、5

1　○　**バイタルサイン**とは、生命の維持にかかわる最も基本的な情報のことである。☞下 P68

2　×　医療では多くの場合、体温、脈拍、血圧、意識レベル、呼吸の5つが、バイタルサインに含まれる。☞下 P68

3　○　高齢者では、感染症にかかっても発熱しないことがある。☞下 P69

4　×　心拍数100以上を**頻脈**、60未満を**徐脈**というが、脱水では、頻脈がみられる。☞下 P69

5　○　急に立ち上がった時などに、ふらつきやめまい、場合によっては眼前暗黒感、失神などがみられる起立性低血圧は、降圧剤によって起こることがある。☞下 P71

問題31　正解1、3、4

1　○　**フレイル**とは、高齢になって筋力や活動が低下している状態のことである。☞下 P11・P84

2　×　**機能性尿失禁**とは、膀胱や尿道の機能が正常であるにもかかわらず、認知症や麻痺のために、正常に尿器に排尿できない状態をいう。☞下 P12

3　○　40mmHg以上に及ぶ急激な眼圧の上昇により起こる急性緑内障発作では、頭痛、嘔吐がみられることがある。☞下 P161

4　○　**慢性腎不全**とは、腎機能の不可逆的な低下により体液の恒常性を維持できなくなる状態であり、全身倦怠感、動悸、頭痛、浮腫などの症状がみられることがある。☞下 P135

5　×　加齢により腎臓や肝臓の働きが低下することから、高齢者ではインスリンの減少が糖尿病の原因となりやすいといえる。☞下 P141

問題32　正解1、2、4

1　○　レビー小体型認知症では、便秘や立ちくらみ、血圧の変動、失神などの自律神経症状を伴うことがある。☞下 P227

2　○　うつ病と認知症は異なるが、うつ状態が続くと健忘を伴い、認知テストで実力以下の点数になって認知症と

診断されてしまうことがある。☞下 P217

3　×　**ADLとは日常生活動作、IADL とは手段的日常生活動作のことである。**認知症の初期では、服薬管理など IADL の障害がみられるが、進行すると整容・排泄などの ADL の障害を引き起こす。☞下 P210

4　○　認知症には、しばしばせん妄が合併することがあるが、せん妄は意識障害、認知症は認知障害であり、両者は区別する必要がある。☞下 P215

5　×　**認知症初期集中支援チームの**訪問支援対象者は、40 歳以上で、在宅で生活しており、かつ認知症が疑われる人または認知症の人である。☞下 P254

問題33　正解 1、4、5

1　○　腹膜透析を実施している場合は、カテーテルから細菌が入り、感染を起こすことがあるので、注意が必要である。☞下 P50

2　×　在宅中心静脈栄養法を行っている場合であっても、医療関係者と連携して特別な配慮を行えば入浴は可能である。☞下 P51

3　×　在宅経管栄養法では、カテーテルの定期的な交換が必要である。☞下 P53

4　○　気管切開を伴った人工呼吸療法では、感染対策などの気管切開部の管理が必要である。☞下 P55

5　○　在宅酸素療法では、高濃度の酸素を扱うため、機器の周囲 2 m 以内に火気を置かないようにするなどの注意が必要である。☞下 P57

問題34　正解 2、3、5

1　×　**BMI**（Body Mass Index）は、やせや肥満の指標として用いられてお

り、BMI が 18.5 以上 25.0 未満の場合は標準、25.0 以上は肥満とされる。☞下 P360

2　○　喫煙は、狭心症、高血圧症、心不全といった心疾患のリスクを高めるといえる。☞下 P125 他

3　○　多量の飲酒習慣は、糖尿病、高血圧などの身体合併症が出現しやすく、脳卒中のリスクを高める。☞下 P133 他

4　×　骨粗鬆症では骨の脆弱性が増大することから、運動によって骨に適切な負荷をかけることが骨を強く保つことにつながる。☞下 P121

5　○　加齢に伴い大腿骨頸部骨折の発症リスクが高まるが、その予防には、床材の変更やヒップ・プロテクターの装着も効果があるといえる。☞下 P122

問題35　正解 1、3、4

1　○　**ネブライザー**とは吸入薬を霧状にして吸い込む機器であるが、副作用と思われる症状がみられた場合には、直ちに吸入を中止して医療職に報告しなければならない。☞下 P63

2　×　在宅酸素療法を受けている利用者が息苦しさを訴えた場合には、呼吸を確保するとともに速やかに医師の指示を受けるようにする。医師の指示のないままに、酸素流量を増やしてはならない。☞下 P57

3　○　在宅酸素療法を実施している場合には、定期的にバッテリーの充電状態を確認するなど、緊急時の電源の確保をしなければならない。☞下 P57 他

4　○　人工呼吸器を使用する場合には、緊急時の対応方法や連絡先を確認し、利用者自身からの連絡が可能かも確認しておく必要がある。☞下 P55 他

5　×　痰の吸引器は医療機器であり、

医療保険の補助などを受けられる場合もあるが、介護保険の給付の対象とはならない。☞下 P61 他

問題36　正解３、５

1　×　高齢者は消化機能が低下するなど、低栄養状態になりやすく、栄養価に配慮した食事を提供する必要がある。低栄養状態では、水分を必要以上に多く摂取すると食事を十分に摂取できなくなることから不適切である。☞下 P8

2　×　介護保険施設では、栄養価や入所者の嗜好にも配慮した食事を提供する必要はあるが、入所者全員について栄養ケア計画の作成は義務付けられていない。☞下 P698

3　○　栄養マネジメント加算の要件には、栄養に関するスクリーニング、アセスメント及びケア計画の作成が含まれる。

4　×　高齢者は消化機能や食欲が低下するだけでなく、味覚も低下することがある。☞下 P9

5　○　認知症の高齢者への食事摂取の促しとしては、声かけ、見守りなども重要といえる。☞下 P246 他

問題37　正解２、３、４

1　×　体調不良時には薬剤の効果が強く出る場合があり、インスリンの自己注射では、利用者の体調に留意する必要がある。☞上 P46

2　○　人工透析を受けている者は、水分や電解質バランスが崩れて体調を悪化させたり、心筋梗塞や脳卒中などを発症するリスクが高いといえる。☞上 P49

3　○　麻薬の副作用には、吐き気・嘔吐、眠気、便秘などがあり、疼痛に対して麻薬を使用する際には、これらに注意する必要がある。☞上 P48

4　○　**パルスオキシメーター**とは血液中の酸素飽和度を測定する機器である。利用者が気管切開をしていたり、人工呼吸器を装着している場合などには、声で苦痛を訴えることができないことから、パルスオキシメーターによって利用者の状況を判断している。☞下 P65

5　×　**在宅自己導尿**は、膀胱内にカテーテルを留置するバルーンカテーテルよりも、感染リスクが低く、蓄尿バッグを必要としないメリットがある。☞下 P64

問題38　正解２、３、４

1　×　**ジャパン・コーマ・スケール**（Japan Coma Scale：JCS）とは、意識レベルの評価方法であり、数字が大きいほど意識障害が重度である。☞下 P71

2　○　喘息や心不全による呼吸困難では、仰向けで横になっているよりも座位で起座呼吸をとらせることで症状が軽減することがある。☞下 P182

3　○　心筋梗塞による痛みは広がった領域で感じられ、胸痛だけでなく腹痛のこともあり、肩や背中、首などに拡散することもある。☞下 P179

4　○　寝たきりの高齢者が嘔吐した場合には、吐いたものが気管や肺に入ることがあることから、側臥位を取らせた方が吐物で窒息するのを防ぎやすい。☞下 P180

5　×　解熱剤には血圧低下、出血、腎障害、消化性潰瘍などの副作用があり、医師の指示のないまま使用してはならない。発熱時には、速やかに医師の診察を受ける必要がある。☞下 P179

問題39　正解1、4

1、4　○　死亡診断書を交付すること
ができるのは、医師、歯科医師に限定
されている。☞医師法19条他

2、3、5　×　看護師、介護支援専門
員、介護福祉士は、死亡診断書を交付
することはできない。

問題40　正解2、3、5

1　×　定期巡回・随時対応型訪問介護
看護のサービスの対象となるのは、一
定の居宅要介護者であり、要支援者は
対象ではない。☞介護保険法第8条第
15項、☞下P607

2　○　定期巡回・随時対応型訪問介護
看護は、居宅要介護者について、心身
の機能の維持回復を目指すものでなけ
ればならないとされている。☞指定地
域密着型サービスの事業の人員、設備
及び運営に関する基準第3条の2、☞
下P608

3　○　運営基準には、随時訪問サービ
スは、利用者からの随時の連絡に迅速
対応し、必要な援助を行うとされてお
り、随時の通報からおおむね30分以
内に居宅に駆けつけられる体制確保に
努めなければならない。☞上記基準第
3条の22第3号

4　×　介護・医療連携推進会議の会議
記録等は、公表しなければならないと
されている。☞上記基準第3条の37
第2項、☞上P614

5　○　事業者は、苦情を受け付ける窓
口を設置する等必要な措置を講じると
ともに、苦情の内容等を記録しなけれ
ばならないとされている。☞上記基準
第3条の36第2項、☞上P614

問題41　正解2、3、4

1　×　**訪問看護**とは、医師が訪問看護
を必要と認めた要介護者に対して、看
護師等の専門職が行う看護やリハビリ
テーションであり、要介護認定者で
あっても、主治の医師の指示がなけれ
ば利用できない。☞介護保険法第8条
第4項、☞上P453

2　○　訪問看護サービスを行う事業所
の人員基準には、理学療法士、作業療
法士、言語聴覚士も含まれる。☞指定
居宅サービス等の事業の人員、設備及
び運営に関する基準第60条第1項第
1号ロ、☞上P464

3　○　訪問看護の内容は、看護師その
他一定の者による療養上の世話又は必
要な診療の補助とされている。☞介護
保険法第8条第4項、☞上P453

4　○　原則として、介護保険の給付は
健康保険法による訪問看護より優先的
に適用されるとされている。☞上P454

5　×　指定訪問看護は、利用者の要介
護状態の軽減又は悪化の防止に資する
よう、療養上の目標を設定し、計画的
に行われなければならないとされてい
る。☞上記基準第67条第1項、☞上
P462

問題42　正解1、3、5

1　○　看護小規模多機能型居宅介護と
は、居宅要介護者に訪問看護と小規模
多機能型居宅介護を組み合わせて提供
するサービスのことをいうとされてい
る。☞介護保険法施行規則第17条の
12、☞指定地域密着型サービスの事業
の人員、設備及び運営に関する基準第
170条、☞上P669

2　×　看護小規模多機能型居宅介護は
地域密着型サービスである。このサー
ビスを提供する居宅介護支援事業者の
指定は、従来、都道府県・指定都市・
中核市が行ってきたが、平成30年4

月（法改正は平成 26 年）から指定権限は市町村長に移譲された。したがって、居宅介護支援事業所の開設に当たっては、事業者は市町村長に対して指定申請を行うことになった。☞⊕P674

3 ○　看護小規模多機能型居宅介護は、要介護度が高く、医療ニーズの高い高齢者の利用を想定しており、要支援者はサービスの対象とはしていない。☞⊕P670

4 ×　指定看護小規模多機能型居宅介護事業所の管理者の要件は、事業所などで 3 年以上認知症ケアに従事した経験と、厚生労働大臣が定める研修を修了している者、又は保健師若しくは看護師に限定されている。☞上記基準第 172 条第 2 項、☞⊕P674

5 ○　登録者の居宅における生活を継続するための指定看護小規模多機能型居宅介護の提供体制を強化した場合は、訪問体制強化加算として所定単位を加算できるとされている。

問題43　正解 1、4、5

1 ○　指定通所リハビリテーションの提供に当たっては、主治の医師が必要と認めた居宅要介護者に、理学療法、作業療法その他必要なリハビリテーションを提供するとされている。☞指定居宅サービス等の事業の人員、設備及び運営に関する基準第 114・115 条、☞⊕P492

2 ×　指定通所リハビリテーションの提供に当たっては、認知症である要介護者に対しては、必要に応じ、その特性に対応したサービス提供ができる体制を整えるとされている。☞上記基準第 114 条第 3 号、☞⊕P493

3 ×　ADL 及び IADL の維持・回復

も、通所リハビリテーションの目的に含まれている。☞上記基準第 114 条第 3 号、☞⊕P493

4 ○　SPDCA とは、Survey（情報収集、調査）、Plan（計画）、Do（実行）、Check（評価）、Action（改善）の略であり、管理業務を円滑に進める手法の一つである。リハビリテーションマネジメント加算とは、SPDCA サイクルの構築を通じて、多職種協働によりリハビリテーションの質の管理を行うことを目的としている。☞⊕P496

5 ○　介護老人保健施設における通所リハビリテーションの人員基準では、常勤の医師を 1 人以上置かなければならないとされている。☞上記基準第 119 条、☞⊕P501

問題44　正解 3、5

1 ×　要介護 3 以上の者のみが利用できるのは介護老人福祉施設である。介護医療院は、長期にわたり療養が必要である者をサービスの対象としている。☞介護医療院の人員、施設及び設備並びに運営に関する基準第 2 条第 1 項、☞⊕P726

2 ×　介護医療院の創設に伴って介護療養型医療施設が廃止されるのは、**2024 年 3 月末**である。☞⊕P735

3 ○　介護医療院は、主として長期療養が必要な者に対し、必要な医療及び日常生活上の世話を行うことを目的とする施設である。☞介護保険法第 8 条第 29 項

4 ×　運営基準では、入所者のプライバシーの確保に配慮した療養床を備えるとされており、多床室の場合には、カーテンのみで入所者同士の視線等を遮断し、プライバシーを確保できればよいとはされていない。☞上記基準第

5条第2項第1号ホ

5 ○　介護医療院は、主として長期に
わたり療養が必要である者であって、
重篤な身体疾患を有する者等を入所さ
せる**Ⅰ型療養床**と、それ以外の者を入
所させる**Ⅱ型療養床**がある。療養床と
は、療養室のうち、入所者一人当たり
の寝台又はこれに代わる設備の部分の
ことである。☞上記基準第3条、☞㊤
P726

問題45　正解3、4、5

1　×　介護老人福祉施設、介護老人保
健施設、介護医療院では、入所者の症
状の急変や入院に備えるために、**協力
病院**を定めておかなければならない。
また、**協力歯科医療機関**も定めておく
よう努めなければならない。☞介護老
人保健施設の人員、施設及び設備並び
に運営に関する基準第30条、☞㊤
P702

2　×　介護老人保健施設には、定員が
100床程度の施設のほかに、定員29
人以下のサテライト型小規模介護老人
保健施設と医療機関併設型小規模介護
老人保健施設、分館型介護老人保健施
設、介護療養型老人保健施設の類型が
ある。☞㊤P716

3　○　介護老人保健施設は、入所者が
偽りその他不正の行為によって保険給
付を受けた、又は受けようとしたとき
は、市町村に通知しなければならない
とされている。☞上記基準第22条

4　○　介護老人保健施設は、感染症又
は食中毒の予防のため、その対策を検
討する委員会をおおむね**3か月に1
回**以上開催するとともに、その結果に
ついて、介護職員その他の従業者に周
知徹底を図らなければならないとされ
ている。☞上記基準第29条第2項第

1号

5　○　介護老人保健施設は、入所者の
心身の諸機能の維持回復を図り、日常
生活の自立を助けるため、理学療法、
作業療法その他必要なリハビリテー
ションを計画的に行わなければならな
いとされている。☞上記基準第17条

福祉サービスの知識等

問題46　正解2、3、4

1　×　「もう少し詳しく話してくださ
い」という、相手が自由に応えること
ができる質問は、**オープンクエスチョ
ン（開かれた質問）**である。「はい」
「いいえ」などと簡単に応えられる質
問が、**クローズドクエスチョン（閉じ
られた質問）**である。☞㊦P441

2　○　コミュニケーション手段には、
言葉を使う言語的なものと、身振り手
振りなどのジェスチャー、表情、姿勢、
うなずきなどの非言語的なものがある。
☞㊦P436

3　○　**傾聴**には、単に「聞く」のでは
なく、「聴いている」ということをク
ライエントに理解してもらうことが含
まれる。☞㊦P438

4　○　「励まし、明確化、要約」は、
クライエントとの関係を形成するため
のコミュニケーションの重要な技術と
いえる。☞㊦P438～P442

5　×　話すときの表情、抑揚、速さは、
コミュニケーションにおいては重要で
ある。☞㊦P438～P442

問題47　正解1、3、5

1　○　相談援助者は、どのような援助
ができるかについてクライエントに対
して説明することで、信頼関係を形成
することができる。☞㊦P430 他

2 　×　インテークは、重要な初期の面接であり、形式的に1回で終わらせる必要はないといえる。クライアントの状況に応じて行わなければならない。☞下P430 他

3 　○　インテーク面接に当たっては、秘密が保持できる部屋の準備など、クライアントが安心して話しやすい環境を整える必要がある。

4 　×　クライアントの主訴に対して、相談援助者の所属する機関が対応できない場合には、対応できる機関を探すなど、クライアントを突き放すのではなく事実を明確に伝えて、できる限りの援助を行う必要がある。☞下P433 他

5 　○　インテーク面接では、経過や課題について正確かつ迅速に記録することで、適切な過程評価、事後評価を行うことができる。☞下P433

問題48　正解1、2、5

1、2、5 　○　精神科クリニックで行われる、アルコール依存症の当事者による分かち合いの体験、地域包括支援センターによる、介護に悩む家族を対象とした交流活動、地域支援事業として行われる、虚弱高齢者のグループを対象とした介護予防活動への助言は、いずれも、一定のグループを対象とした活動であり、ソーシャルワークにおける集団援助に当たる。☞下P421 ～ P423

3 　×　福祉事務所で行われる、社会福祉主事による生活保護の相談面接とは、一つの家族を対象としており、集団援助ではなく個別援助である。☞下P421 ～ P423

4 　×　ソーシャルワークとは**社会援助技術**であり、特別養護老人ホームの入

居者と地域住民との交流を目的とした夏祭りのためのボランティアの募集とは、地域活動といえ、ソーシャルワークとはいえない。☞下P421 ～ P423

問題49　正解2、4、5

1 　×　難病患者の家族の会による会員向けの介護体験報告会とは、一定のグループを対象とした活動であり、ソーシャルワークにおける地域援助ではなく集団援助に当たる。☞下P421 ～ P423

2 　○　社会福祉協議会による地域住民向けの生活支援サポーター養成講座の開催とは、地域住民を対象としており、ソーシャルワークにおける地域援助に当たるといえる。☞下P421 ～ P423

3 　×　地域包括支援センターに登録された虚弱高齢者向けの健康教室でのプログラム活動とは、一定のグループを対象とした活動であり、ソーシャルワークにおける地域援助ではなく集団援助に当たる。☞下P421 ～ P423

4 　○　精神障害者の地域移行のための病院や障害福祉サービス事業者、不動産会社等のネットワークの構築とは、地域を対象としており、ソーシャルワークにおける地域援助に当たるといえる。☞下P421 ～ P423

5 　○　自治体や社会福祉法人と大学との協働による認知症カフェの設置・運営とは、自治体などの地域を対象としており、ソーシャルワークにおける地域援助に当たるといえる。☞下P421 ～ P423

問題50　正解2、3、4

1 　×　**緊急短期入所受入加算と認知症行動・心理症状緊急対応加算**は、いずれも7日を限度として1日につき所定

の単位数を加算できるが、両者を同時に算定することはできない。

2　○　一定の条件を満たした事業所が、喀痰吸引等の医療ニーズの高い利用者に対してサービス提供を行った場合には、**医療連携強化加算**を算定できるが、在宅重度者受入加算を算定している場合は算定しないとされている。

3　○　利用者の心身状態や家族等の事情から送迎を行う場合には、片道につき所定の単位数を加算できる**送迎加算**を算定できるとされている。

4　○　認知症の利用者の占める割合が2分の1以上であって、認知症介護に係る専門的な研修修了者の配置など、一定の条件を満たした事業所が、認知症の高齢者に対して専門的な認知症ケアを行った場合には、**認知症専門ケア加算**を算定できるとされている。

5　×　連続して30日を超えて同一の事業所に入所して、引き続き指定短期入所生活介護のサービスを受けている利用者については、30日超過減算として1日につき所定の単位数を減算するとされている。

問題51　正解 1、2、3

1　○　取付工事の必要がなく、持ち運びが容易なスロープは、福祉用具貸与の対象となる。玄関の段差の解消のような工事を伴う場合は、住宅改修の対象となる。☞⊕ P543

2　○　特殊寝台と一体的に使用されるマットレスは、特殊寝台付属品として福祉用具貸与の対象となる。☞⊕ P542

3　○　車輪のない歩行器は、車輪のある歩行器とともに福祉用具貸与の対象となる。☞⊕ P544

4　×　空気式又は折りたたみ式の簡易

浴槽は、入浴補助用具とともに特定福祉用具販売の対象となる。また、簡易浴槽は、取水や排水のために工事を伴わないものが対象となる。入浴器具の部類は、衛生面などからレンタルには向かないことから、貸与の対象となっていない。☞⊕ P546

5　×　自動排泄処理装置の専用パッドなどの消耗品は、特定福祉用具貸与・販売の対象となっていない。自動排泄処理装置の交換可能部品は、衛生面などからレンタルには向かないことから、特定福祉用具販売の対象となっている。☞⊕ P546

問題52　正解 1、3、5

1　○　サービスを提供する訪問介護事業所と同一建物、同一敷地内または隣接する敷地内にある建物の居住者に対して訪問介護を提供した場合には、介護報酬は減算される。

2　×　介護職は医療行為を業として行ってはならないが、耳式電子体温計により外耳道で体温を測定することは、医療行為には当たらず、訪問介護員が行うことができる。☞平成17年7月26日医政発0726005号・医師法第17条、歯科医師法第17条及び保健師助産師看護師法第31条の解釈について（通知）、☞⊕ P435

3　○　訪問介護計画において計画的に訪問することとなっていない身体介護を訪問介護員が緊急に行った場合には、緊急時訪問介護加算として、1回につき所定の単位数を加算できるとされている。

4　×　サービス提供責任者については、介護福祉士、実務者研修修了者、旧介護職員基礎研修修了者、(旧)ホームヘルパー1級課程修了者などの資格要件

が定められている。☞⊕P440

5　○　新規に訪問介護計画を作成した利用者に対してサービス提供責任者が初回の訪問介護に同行した場合等には、初回加算として1か月につき所定の単位数を加算できる。

問題53　正解2、3、4

1　×　通所介護に係る介護報酬は、併設事業所の規模、介護の所要時間、要介護度別によって異なる。併設事業所の有無は無関係である。☞⊕P95 他

2　○　通常の事業の実施地域内に住む利用者の送迎に要する費用は、通所介護費に含まれている。通常の事業の実施地域外に住む利用者の送迎に要する費用については、送迎費用を受けることができる。☞⊕P490

3　○　指定通所介護事業所は、利用定員数にかかわらず、事業所ごとにサービス提供時間に応じて専従で1人以上の生活相談員を配置しなければならない。☞⊕P489

4　○　指定通所介護事業所において、夜間及び深夜に、指定通所介護以外の目的で、宿泊サービスを提供する場合は、その開始前に都道府県知事に届け出をしなければならない。☞⊕P490

5　×　非常災害に際して必要な設備や備品を備えておくことは、各事業所に義務付けられている。☞指定居宅サービス等の事業の人員、設備及び運営に関する基準第95条第1項

問題54　正解2、3、5

1　×　訪問入浴介護とは、「その者の居宅を訪問し、浴槽を提供して行われる入浴の介護」であり、使用する浴槽はサービス提供事業者が用意する。☞介護保険法第8条第3項、☞⊕P442

2　○　小規模多機能型居宅介護とは、「その者の心身の状況、その置かれている環境等に応じて、その者の選択に基づき、その者の居宅において、又は厚生労働省令で定めるサービスの拠点に通わせ、若しくは短期間宿泊させ、当該拠点において、入浴、排せつ、食事等の介護その他の日常生活上の世話であって厚生労働省令で定めるもの及び機能訓練を行うこと」である。短期入所を含む入所系のサービスを利用している場合には、入浴介護のサービスは提供されていることから、訪問入浴介護費は算定できない。☞介護保険法第8条第19項、☞⊕P640

3　○　訪問入浴介護の原則は、看護職員1人・介護職員2人でサービスを行うが、利用者の身体状況等に支障がない場合には、主治の医師の意見を確認したうえで、介護職員3人で実施することができるとされている。☞⊕P451

4　×　訪問入浴介護費は、1回につき1,260単位であり、サービス提供時間による区分はない。

5　○　利用者の心身状況及びその希望によって全身入浴から清拭や部分浴に変更した場合など、サービス内容が変更になった場合には、訪問入浴介護費は所定の率により減算される。

問題55　正解1、3、4

1　○　緊急時の連絡体制を確保し、日中においてオペレーションセンターサービスを行う等の要件を満たす場合には、1か月につき所定の単位数を加算する24時間通報対応加算を算定できるとされている。

2　×　夜間対応型訪問介護の人員基準では、定期巡回サービスを行う訪問介

護職員等は必要数以上、随時訪問サービスを行う訪問介護員等はサービスを提供する時間帯を通じて専従で1人以上配置しなければならないとされている。☞㊤P621

3　○　事業者は、利用者からの苦情に関して市町村等が派遣する者が相談及び援助を行う事業に協力するよう努めなければならないとされている。☞指定地域密着型サービスの事業の人員、設備及び運営に関する基準第16条、☞㊤P622

4　○　臨時訪問サービスにおいて、オペレーションセンター従業者は、1か月ないし3か月に1回程度、利用者宅を訪問して、利用者の心身の状況、環境等の把握に努め、利用者や家族に対して適切な相談及び助言を行わなければならないとされている。☞㊤P621

5　×　短期入所を含む入所系のサービスを利用している間は、夜間対応型訪問介護と同様のサービスはすでに提供されていることから、重ねて夜間対応型訪問介護費は算定できない。☞介護保険法第8条第16項

問題56　正解1、3、5

1　○　通いサービス、訪問サービス及び宿泊サービスの算定月における提供回数について、短期利用者を除く登録者1人当たりの平均提供回数が週4回に満たない場合は、**サービス提供過少減算**として介護報酬が減算される。

2　×　従業者のうち1人以上は、常勤でなければならないが、看護師又は准看護師でなければならないのは、通いサービス、訪問サービス、または夜間及び深夜勤務にあたる者のうち1人以上とされている。☞㊤P645

3　○　一定の条件を満たす事業所において、看取り期におけるサービス提供を行った場合には、死亡日及び死亡日以前30日以下について1日につき所定の単位数を加算できる、**看取り連携体制加算**を算定できるとされている。

4　×　利用者の処遇上必要と認められる場合には、一つの宿泊室の定員を2人とすることができるとされている。☞㊤P646

5　○　管理者は、事業所などで3年以上認知症ケアに従事した経験があり、厚生労働省が定める研修を修了した者とされている。介護支援専門員は、原則は専従だが、利用者の処遇に支障がない場合には、管理者と兼務することができる。☞㊤P645

問題57　正解1、2、5

1　○　介護老人福祉施設の人員基準では、介護支援専門員については、常勤の者を1人以上配置しなければならないとされている。☞㊤P711

2　○　看護職員については、常勤の者を施設の規模に応じて1人以上配置しなければならないとされている。☞㊤P711

3　×　栄養士は、1人以上配置しなければならないが、40人以下の施設で他の施設の協力があり、入所者の処遇に支障がない場合には配置しなくてもよいとされている。☞㊤P711

4　×　生活相談員については、常勤の者を配置しなければならないとされている。☞㊤P711

5　○　機能訓練指導員は、同一施設の他の職務に従事することができるとされている。☞㊤P711

問題58　正解2、3、4

1　×　任意後見制度では、家庭裁判所

が選任した任意後見監督人が、本人が選任した任意後見人を監督する。<u>任意後見人には法人や親族もなることができるが、任意後見監督人には本人や親族はなることができない。</u>☞下P511

2　○　精神上の障害により事理を弁識する能力を欠く常況にある者については、配偶者も、家庭裁判所に対して後見開始の審判を請求することができる。☞下P507

3　○　成年後見制度の利用の促進に関する法律では、成年後見制度の基本理念として、「ノーマライゼーション」、「自己決定の尊重」及び「身上の保護の重視」の考え方が示されている。☞成年後見制度の利用の促進に関する法律第3条第1項、☞下P506

4　○　市町村は、民法に規定する後見、保佐及び補助の業務を適正に行うことができる人材の育成及び活用を図るため、必要な措置を講ずるよう努めなければならないとされている。☞老人福祉法第32条の2、☞下P514

5　×　法定後見制度では、後見開始の審判を請求することができるのは、<u>本人、配偶者、四親等内の親族、検察官及び市町村長</u>などである。☞民法第7条、☞任意後見契約に関する法律第10条第2項、☞老人福祉法第32条他、☞下P508

問題59　正解2、3、4

1　×　<u>介護扶助は、現物給付が原則であり、これができない場合に現金給付が行われる。</u>☞生活保護法第15条の2、☞下P472

2　○　生活保護の申請は、要保護者、その扶養義務者又はその他の同居の親族の申請にもとづいて開始するとされている。ただし、要保護者が急迫した状況にあるときは、保護の申請がなくても、必要な保護を行うことができるとされている。☞生活保護法第7条、☞下P469

3　○　住宅扶助には、家賃だけでなく、老朽化に伴う住宅を維持するための補修費用も含まれている。☞生活保護法第14条、☞下P470他

4　○　生活保護受給者である介護保険の第1号被保険者の介護保険料は、年金から特別徴収される場合以外は、生活扶助の介護保険料加算の対象となる。介護保険の利用者負担部分について介護扶助が給付される。☞下P471

5　×　介護保険施設の日常生活費は、介護施設入所者基本生活費として生活扶助の給付となる。☞下P472

問題60　正解3、4

1　×　後期高齢者医療制度の運営主体は、都道府県ごとにすべての市町村が加入して設立された**後期高齢者医療広域連合**である。☞下P479

2　×　75歳以上の者であって生活保護世帯に属する者は、医療扶助の対象となり、後期高齢者医療の被保険者とはならない。☞下P479他

3　○　後期高齢者医療制度の患者の一部負担の割合は、**原則1割**だが、現役並み所得者は3割となる。☞下P480

4　○　後期高齢者医療制度の診療報酬点数表は、健康保険法に基づくものと同一である。

5　×　他の都道府県の特別養護老人ホームに入所するため住所を変更した者は、以前に住んでいた住所地の都道府県の後期高齢者医療広域連合に被保険者の届出を行うことになる。

平成30年度

平成29年度（第20回）試験問題の解答・解説

問題1　正解1、3、5

1、3　○　介護保険法第4条には「国民の努力及び義務」が示され、第1項は「国民は、自ら要介護状態となることを予防するため、加齢に伴って生ずる心身の変化を自覚して<u>常に健康の保持増進に努める</u>とともに、要介護状態となった場合においても、進んでリハビリテーションその他の適切な保健医療サービス及び福祉サービスを利用することにより、<u>その有する能力の維持向上に努める</u>ものとする。」となっている。☞介護保険法第4条、☞⊕P42

2　×　「自立した日常生活の実現に努める。」とはされていない。☞⊕P42

4　×　「地域における互助に資する自発的活動への参加に努める。」とはされていない。

5　○　同法第4条第2項は「国民は、共同連帯の理念に基づき、<u>介護保険事業に要する費用を公平に負担するものとする。</u>」となっている。☞介護保険法第4条、☞⊕P42

問題2　正解3、5

1　×　年度別給付費の額と第1号被保険者数の伸び率は異なっている。平成12年度からの11年間で介護費用の額は約2.3倍になったが、第1号被保険者数は約1.3倍となっている。☞⊕P35〜P38

2　×　介護保険制度は、3年ごとに大きな制度改正が行われており、介護給付の種類も随時、変更されている。☞⊕P27〜P34

3　○　第1号被保険者1人当たりの給付費の額は、全国均一ではなく、都道府県によって差が生じている。例えば、平成28年4月審査分の都道府県別受給者1人当たり費用額は、介護サービス費では、沖縄県が最も高く210.3千円、介護予防サービス費では、佐賀県が最も高く38.9千円となっている。

4　×　要介護認定を受けていても、保険給付を受けていない被保険者は存在する。平成28年4月審査分の要介護・要支援認定者数は6,349.2千人であったが、実受給者数は5,172.4千人であった。☞①P22〜P33・P48〜P51

5　○　平成27年4月から制度改正により、<u>介護予防給付は地域支援事業で行われるサービスとなった。</u>☞⊕P36

問題3　正解2、3、5

1　×　平成27年4月より（法改正は平成26年）、原則として特別養護老人ホーム（指定介護老人福祉施設）への新規入所者は、**要介護3以上**の高齢者に限定されたが、要介護1、2の者でも、やむを得ない事情により、特別養護老人ホーム以外での生活が著しく困難であると認められた場合には、特例的に入所することが可能とされている。☞⊕P706

2　○　平成26年度介護保険法の改正（施行は平成27年）により、市町村は、介護支援専門員、保健医療及び福祉に関する専門的知識を有する者、民生委員その他の関係者、関係機関及び関係団体により構成される会議（**地域ケア会議**）を置くように努めなければならないと法定化された。☞⊕P162

3 ○ 平成26年度介護保険法の改正（施行は平成27年）により、介護予防訪問介護、介護予防通所介護については、市町村により、地域の実情に応じて効果的かつ効率的にサービスを提供できるように、全国一律のサービスから地域支援事業のサービスに移行された。☞⊥P29

4 × 平成26年度介護保険法の改正（施行は平成27年）により、一定以上の所得がある高齢者（第1号被保険者）の自己負担割合は2割となった。引き上げられたのは介護予防ケアマネジメントの利用者負担だけではない。☞⊥P29

5 ○ 平成26年度介護保険法の改正（施行は平成27年）により、2018年4月までに各市町村にNPOや民間企業、協同組合などが参画し連携を図る「協議体」の設置と「**生活支援コーディネーター**（地域支え合い推進員）」の配置が義務付けられた。☞⊥P29

問題4　正解4、5

1 × 介護保険の第2号被保険者は、市町村の区域内に住所を有する40歳以上65歳未満の医療保険加入者とされており、40歳に達した日に自動的に被保険者証が交付されるわけではない。☞⊥P44

2 × 40歳以上65歳未満で被用者保険の医療保険に加入している生活保護受給者の場合には、介護保険料は被用者収入から控除されることから、保険料を支払う義務がなくなるわけではない。ただし、控除された介護保険料は、生活保護の収入認定時に収入から控除されるため、実質的な負担はなくなることになる。☞⊤P471

3 × 介護保険は**強制加入**であり、該

当者は自動的に加入者となる。☞⊤P44

4 ○ 国民健康保険では生活保護受給者は適用除外となる一方で、介護保険では医療保険加入者が第2号被保険者の要件とされていることから、医療保険加入者でなくなると、介護保険の第2号被保険者の資格を喪失することになる。☞⊥P45

5 ○ 健康保険の被保険者には、報酬月額に対する健康保険料率と介護保険料率の負担分があり、いずれも事業主が折半する負担分がある。☞⊥P44 他

問題5　正解1、3、5

1 ○ **高額介護サービス費**とは、居宅・地域密着型・施設サービスの利用者負担の合計額が一定額を超えた場合に償還払いで支給される、介護保険法で定められた介護給付の一つである。☞⊥P105

2 × **高額医療合算介護サービス費**とは、1年間の介護保険の利用者負担額と医療保険の患者負担額の合計額が一定額を超えた場合に、超えた額を、医療保険と介護保険の保険者が、自己負担額の比率に按分して支給するものである。市町村特別給付ではない。☞⊥P106

3 ○ **特定入所者介護サービス費**とは、低所得の要介護被保険者が、介護保健施設などの一定のサービスを受けたとき、食費と居住費について、資産の状況に応じた負担限度額を超える額が介護保険から給付されるものである。☞⊥P109

4 × **特例特定入所者介護サービス費**とは、特定入所者介護サービス費の支給要件を満たさない被保険者に対して、市町村が必要と認めた場合に負担限度

額を超える額が介護保険から給付されるものである。☞⊕P91

5　○　**居宅介護サービス計画費**とは、被保険者が、指定居宅介護支援事業者から指定居宅介護支援を受けることを市町村に届け出ていた場合に、費用の全額が介護保険から給付されるものである。☞⊕P89

問題6　正解1、3

1　○　介護給付費の算定基準は、厚生労働省告示により定められている。介護報酬は、サービスの種類・内容に応じて介護給付費単位数表に単位数を計算して、1単位の単価を乗じて計算する。居宅介護支援費は、要介護度により異なる。☞⊕P94・P335

2　×　訪問看護にかかる介護報酬は、サービスの内容・時間に応じた基本サービス費に、利用者の状態に応じたサービス提供などによる加算・減算が行われる。要介護状態区分による算定は行われない。☞⊕P96・P335

3　○　通所介護にかかる介護報酬は、サービス提供時間、利用者の要介護度、事業所規模に応じた基本サービス費に、利用者の状態に応じたサービス提供などによる加算・減算が行われる。☞⊕P94・P335

4　×　訪問介護にかかる介護報酬は、サービス提供内容・時間に応じた基本サービス費に、利用者の状態に応じたサービス提供などによる加算・減算が行われる。要介護状態区分による算定は行われない。☞⊕P94・P335

5　×　訪問入浴介護にかかる介護報酬は、サービス提供時間に関わらず、原則として訪問1回につき定められた所定単位数で算定される。要介護状態区分による算定は行われない。

問題7　正解4、5

1　×　低所得者の利用者負担額の上限は軽減されており、介護保険の第1号被保険者である生活保護の被保護者も高額介護サービス費の支給対象となる。☞⊕P105

2　×　居宅で介護を受ける要支援認定を受けた被保険者である居宅要支援被保険者も、高額介護予防サービス費の支給対象となる。☞⊕P105

3　×　高額介護サービス費の支給対象となる負担は、居宅サービス、地域密着型サービス、施設サービスにかかる定率の利用者負担である。施設等における食費は、全額が利用者の自己負担であり、介護保険の保険給付の対象外である。☞⊕P105

4　○　施設サービスの居住費は、全額が利用者の自己負担であり、介護保険の保険給付の対象外である。高額介護サービス費の支給対象とはならない。☞⊕P107

5　○　高額介護サービス費の対象となる利用者負担額は、所得により異なり、低所得者には低く設定されている。☞⊕P107

問題8　正解3、5

1　×　居宅サービス計画は、サービス利用者や家族が作成することもできるが、通常、居宅介護支援事業所の介護支援専門員が作成している。福祉事務所の現業員が作成のアドバイスなどを行うこともあるが、通常、作成そのものは行わない。生活保護受給者であることは無関係といえる。☞⊕P281

2　×　**★主任介護支援専門員**は、介護サービス従事者間の連絡調整などを行う。出題時までは主任介護支援専門員の配置は義務ではなかったが、平成

30年の改正により、指定居宅介護支援事業所ごとの配置が義務化された。ただし、この管理者要件は、令和9年3月31日まで適用が猶予されている。☞指定居宅介護支援等の事業の人員及び運営に関する基準第3条、☞⊕P311

3　○　指定居宅介護支援事業所には、専門資格は問われないが、職務に専従する常勤の管理者を1名置かなければならないとされている。☞⊕P312

4　×　指定居宅介護支援事業所に配置される管理者は、職務に専従する常勤でなければならないとされている。ただし、<u>管理上支障がない場合は、当該事業所の他の職務に従事、または、同一敷地内にある他の事業所や施設等の職務に従事することができる</u>とされている。同一敷地内にない他の事業所の職務に従事することはできない。☞⊕P312

5　○　指定居宅介護支援事業者は、介護支援専門員の清潔の保持及び健康状態について、必要な管理をしなければならないとされている。☞上記基準第21条他、☞⊕P313

問題9　正解1、3

1　○　★介護支援専門員の人員が都道府県の条例で定める員数を満たすことができなくなったときは、指定を取り消すことができる。☞⊕P134
注：平成30年4月より指定居宅介護支援の指定、指導権限等が市町村へ移行されたことにより、居宅介護支援事業者の指定の取り消しは市町村長が行うことになりました。問題文及び解説文中の「都道府県」を「市町村」に読み替えてください。

2　×　指定の取消・効力停止の事由として、指定居宅介護支援事業者が地域ケア会議に協力しなかったときとはされていない。☞⊕P134

3　○　★都道府県知事は、指定居宅介護支援事業者が、報告又は帳簿書類の提出若しくは提示を命ぜられてこれに従わず、又は虚偽の報告をしたときは、指定の取り消しができるとされている。要介護認定の調査の結果についての虚偽の報告もこれに該当する。☞⊕P134
注：選択肢1と同様に、問題文及び解説文中の「都道府県知事」を「市町村長」に読み替えてください。

4　×　指定居宅介護支援事業者は、地域包括支援センターの主任介護支援専門員と連携を行うが、その指示を受けることはない。また、指定の取消・効力停止の事由としても定められていない。☞⊕P134

5　×　指定居宅介護支援事業者が、都道府県知事又は市町村長から出頭を求められてこれに応じず、質問に対して答弁せず、若しくは虚偽の答弁をし、又は検査を拒み、妨げ、若しくは忌避したときは、指定の取り消しができるとされている。要介護認定の調査の受託とは、事業者自らが調査を行うことであり、これを拒んだときとはされていない。☞⊕P134

問題10　正解4、5

1　×　管理者は、専らその職務に従事する常勤の者でなければならないが、<u>管理に支障がない場合は、事業所の他の職務に従事、または、地域包括支援センターの職務に従事することができる</u>とされている。☞指定介護予防支援等の事業の人員及び運営並びに指定介護予防支援等に係る介護予防のための効果的な支援の方法に関する基準第3条、☞⊕P568

2　×　指定介護予防支援事業者は、指定介護予防支援事業所ごとに、1人以上の必要な員数の担当職員を置かなければならないとされているが、主任介護支援専門員を置かなければならないとはされていない。☞上記基準第2条、☞㊤P568

3　×　指定介護予防支援事業所の管理者は、担当職員に介護予防サービス計画の作成に関する業務を担当させるとされているが、介護支援専門員にアセスメントを担当させなければならないとは定められていない。☞上記基準第30条、☞㊤P373

4　○　指定介護予防支援事業者は、事業を行うために必要な広さの区画を有するとともに、指定介護予防支援の提供に必要な設備及び備品等を備えなければならないとされており、サービス担当者会議に対応する適切なスペースを確保することは適切といえる。☞上記基準第19条、☞㊤P372

5　○　指定介護予防支援事業者は、担当職員に身分を証する書類を携行させ、初回訪問時及び利用者又はその家族から求められたときは、これを提示すべき旨を指導しなければならないとされており、担当職員の身分を証する証書には、写真を貼付することが望ましいといえる。☞上記基準第9条、☞㊤P372

問題11　正解2、3、4

1　×　介護予防支援の実施に当たっては、介護予防の効果を最大限に発揮できるよう、単に運動機能や栄養状態、口腔機能といった特定の機能の改善だけを目指すものではなく、これらの機能の改善や環境の調整などを通じて、利用者の日常生活の自立のための取組を総合的に支援することによって生活の質の向上を目指すこととされており、運動機能及び口腔機能の改善に特化して行うことは不適切といえる。☞指定介護予防支援等の事業の人員及び運営並びに指定介護予防支援等に係る介護予防のための効果的な支援の方法に関する基準第31条他、☞㊤P342

2　○　介護予防支援の実施に当たっては、利用者の生活の質の向上を目指すこととされている。☞上記基準第1条の2、☞㊤P371

3　○　地域支援事業及び介護給付と連続性及び一貫性を持った支援を行うよう配慮することとされている。☞上記基準第31条他

4　○　指定介護予防支援では、少なくとも1か月に1回、モニタリングの結果を記録することとされている。☞上記基準第30条他、☞㊤P353

5　×　指定介護予防支援事業者が提供する指定介護予防サービスは、要介護状態ではなく要支援状態の利用者を対象としている。☞上記基準第1条の2、☞㊤P342

問題12　正解1、5

1　○　市町村介護保険事業計画では、各年度における地域支援事業の量の見込みを定めるとされている。☞介護保険法第117条第2項第2号、☞㊤P166

2　×　介護保険施設相互間の連携の確保に関する事業に関する事項は、都道府県介護保険事業支援計画に定めるものとされている。☞介護保険法第118条第3項第4号、☞㊤P167

3、4　×　介護専用型特定施設入居者生活介護、地域密着型特定施設入居者生活介護及び地域密着型介護老人福祉施設入所者生活介護（混合型特定施

入居者生活介護）に係る必要利用定員総数、介護保険施設の種類ごとの必要入所定員総数その他の介護給付等対象サービスの量の見込みは、都道府県介護保険事業支援計画において定めるものとされている。☞介護保険法第118条第2項、☞⊕P167

5　○　市町村介護保険事業計画では、認知症である被保険者の地域における自立した日常生活の支援に関する事項を定めるものとされている。認知症対応型共同生活介護の必要利用定員総数は、これに含まれる。☞介護保険法第117条第3項第6号、☞⊕P166

問題13　正解1、3、4

1　○　市町村は、保険料を滞納している第1号被保険者である要介護被保険者等に対して、被保険者証に支払方法変更の記載ができるとされている。☞介護保険法第66条

2　×　保険料を滞納している第1号被保険者に対して、保険給付の制限などはあるが、介護保険制度を他の医療保険制度である訪問看護等医療系サービスへ移行することができるとは定められていない。☞介護保険法第63〜69条、☞⊕P66

3　○　市町村は、第1号被保険者である要介護被保険者等について、自己の故意の犯罪行為や重大な過失により、または、正当な理由なしに指示に従わず、要介護状態等の程度を増進させた場合、また正当な理由なしに定められた文書の提出や答弁を拒んだときは、介護給付等の全部又は一部を行わないことができるとされている。また、刑事施設、労役場等の施設に拘禁された期間に係る介護給付等は、行わないとされている。☞介護保険法第63〜65

条、☞⊕P121

4　○　市町村は、第1号被保険者である要介護被保険者等が保険料を滞納している場合には保険給付の全部又は一部の支払いを一時差し止めるとされている。☞介護保険法第67条、☞⊕P66

5　×　市町村は、第1号被保険者である要介護被保険者等が、保険料を滞納している場合には、保険給付の支払方法の変更、保険給付支払いの一時差し止め、滞納保険料と保険給付の相殺ができるとされているが、区分支給限度基準額の減額は定められていない。☞介護保険法第66〜69条、☞⊕P66

問題14　正解1、5

1、5　○　要介護認定又は要支援認定及び介護保険料に関する処分については、介護保険審査会への審査請求ができるとされている。☞介護保険法第183条、☞⊕P176

2、3、4　×　二親等以内の扶養義務者への資産調査に関する処分、成年後見制度または生活保護受給に係る市町村長の申立てについては、介護保険審査会への審査請求は認められていない。☞介護保険法第183条、☞⊕P176

問題15　正解1、3、4

1、3、4　○　介護支援専門員は、介護サービス計画の作成に当たっては、利用者について、その有する能力、既に提供を受けている指定居宅サービス等の置かれている環境等の評価を通じて利用者が現に抱える問題点を明らかにし、利用者が自立した日常生活を営むことができるように支援する上で解決すべき課題を把握しなければならない。また、アセスメントの結果に基づき、利用者の家族の希望及び当該

地域における指定居宅サービス等が提供される体制を勘案して、最も適切なサービスの組合せについて検討しなければならないとされている。☞指定居宅介護支援等の事業の人員及び運営に関する基準第13条第6・8号、☞⊕P281～P286

2、5　×　介護支援専門員は、介護サービス計画の作成に当たっては、利用者の生活ニーズの把握に努めなければならないが、利用者が入院中の場合など、居宅を訪問できない状況もあるといえる。また、初回の面接で利用者の状況をすべて把握できるとは限らない。☞⊕P319

問題16　正解2、4、5

1、3　×　二親等以内の扶養義務者の現住所、前年度の課税所得金額は、介護サービス計画作成のための課題分析標準項目ではない。☞⊕P274

2、4、5　○　**課題分析標準項目**としては、基本情報9項目のほかに課題分析に関する項目14項目の合計23項目がある。生活保護受給の有無、認知症である老人の日常生活自立度、介護認定審査会の意見は、いずれも基本情報である。☞⊕P274

問題17　正解2、3、5

1　×　介護支援専門員は、利用者によるサービスの選択に資するよう、当該地域における指定居宅サービス事業者等に関するサービスの内容、利用料等の情報を適正に利用者又はその家族に対して提供するとされている。介護支援専門員が選択するのではない。☞指定居宅介護支援等の事業の人員及び運営に関する基準第13条第5号、☞⊕P318

2　○　介護支援専門員は、指定居宅サービス事業者等に関するサービスの内容、利用料等の情報を適正に利用者又はその家族に対して提供するとされており、利用者が支払うことができる利用者負担額に配慮することは適切といえる。☞上記基準第13条第5号、☞⊕P318

3　○　介護支援専門員は、サービス担当者会議の開催により、担当者から専門的見地からの意見を求めて調整を図るとされている。☞上記基準第13条第9号、☞⊕P320

4　×　居宅サービス計画の作成に当たっては、介護支援専門員は、利用者が現に抱える問題点を明らかにし、利用者が自立した日常生活を営むことができるように支援する上で解決すべき課題を把握しなければならない。サービス提供事業者の到達目標を記載することは不適切といえる。☞上記基準第13条第6号、☞⊕P319

5　○　介護支援専門員は、計画に位置付けたサービス提供事業者の担当者に対して十分に説明するなど、指定居宅サービス事業者等との連絡調整を行うとされている。☞上記基準第13条第13号、☞⊕P324

問題18　正解4、5

1、2　×　指定居宅介護支援におけるサービス担当者会議は、介護支援専門員が召集する。生活保護の被保護者についても同様である。☞指定居宅介護支援等の事業の人員及び運営に関する基準第13条第9号、☞⊕P320

3　×　サービス担当者会議とは、介護支援専門員が居宅サービス計画の作成のために、行う会議のことである。また、要介護認定を受けている利用者が

要介護更新認定や要介護状態区分の変更の認定を受けた場合には、サービス担当者会議を開催するとされている。3か月に1回とは定められていない。☞上記基準第13条第9・15号、☞上P325

4 ○ サービス担当者会議には、利用者及びその家族の参加を基本としているが、利用者やその家族の参加が望ましくない場合には、参加を求めないこともある。☞上記基準第13条第9号、☞上P320

5 ○ 指定居宅介護支援事業者は、サービス担当者会議等の記録を整備し、その完結の日から2年間保存しなければならないとされている。☞上記基準第29条第2項、☞上P322

問題19 正解1、2、4

1 ○ 指定居宅介護支援の事業は、要介護状態となった場合においても、その利用者が可能な限りその居宅において、その有する能力に応じ自立した日常生活を営むことができるように配慮して行われるものでなければならないとされている。☞指定居宅介護支援等の事業の人員及び運営に関する基準第1条の2第1項、☞上P312

2 ○ 指定居宅介護支援の事業は、利用者の選択に基づき、適切な保健医療サービス及び福祉サービスが、多様な事業者から、総合的かつ効率的に提供されるよう配慮して行われるものでなければならないとされている。☞上記基準第1条の2第2項、☞上P312

3、5 × 保険給付の重点的な実施、高齢者虐待の通報は、運営基準には示されていない。☞上P312～P314

4 ○ 指定居宅介護支援事業者は、指定居宅介護支援の提供に当たっては、

利用者の意思及び人格を尊重し、常に利用者の立場に立って、利用者に提供される指定居宅サービス等が特定の種類又は特定の指定居宅サービス事業者等に不当に偏することのないよう、公正中立に行わねばならないとされている。☞上記基準第1条の2第3項、☞上P312

問題20 正解1、2、5

1、2、5 ○ 生活支援コーディネーターは、地域における生活支援・介護予防サービスの提供体制の整備に向けた取組みの推進を目的としている。その役割は、①生活支援の担い手の養成、サービスの開発、②関係者のネットワーク化、③ニーズとサービスのマッチングである。☞介護保険法第115条の45第2項第5号、☞上P158

3、4 × 要支援認定に係る認定調査の状況のチェック、地域支え合いの観点からのケアプランの点検は、いずれも原則として市町村が行うものであり、生活支援コーディネーターの役割ではない。☞上P158

問題21 正解1、5

1、5 ○ 地域ケア会議は、関係者等に対し、資料または情報の提供、意見の開陳その他必要な協力を求めることができるとされており、指定居宅介護支援事業者をはじめとする関係者等は、会議から資料または情報の提供、意見の開陳その他必要な協力の求めがあった場合には、これに協力するよう努めなければならないとされている。☞介護保険法第115条の48、☞指定居宅介護支援等の事業の人員及び運営に関する基準第13条第27号、☞上P162

2、3、4 × 地域ケア会議から指定

居宅介護支援事業者に対して、地域密着型通所介護の開設、認知症カフェの企画・運営、介護支援専門員と生活支援コーディネーター（地域支え合い推進員）との兼務などを求めることができるとは、運営基準には定められていない。☞⊕P162

問題22　正解 1、3

1　○　指定介護老人福祉施設は、入所者の退所に際しては、居宅介護支援事業者に対する情報の提供に努めるほか、保健医療サービス又は福祉サービスを提供する者との密接な連携に努めなければならないとされている。☞指定介護老人福祉施設の人員、設備及び運営に関する基準第7条第7項、☞②P697

2　×　指定介護老人福祉施設の管理者は、介護支援専門員に施設サービス計画の作成に関する業務を担当させるとされている。☞上記基準第12条第1項、☞⊕P698

3　○　計画担当介護支援専門員は、サービス担当者会議の開催、担当者に対する照会等により、当該施設サービス計画の原案の内容について、担当者から、専門的な見地からの意見を求めるものとされている。☞上記基準第12条第6項、☞⊕P699

4　×　介護職員は、夜勤を含めて常時1人以上の常勤の職員を置くこととされている。☞上記基準第2条第1項、☞⊕P695

5　×　指定介護老人福祉施設は、1週間に2回以上、適切な方法により、入所者を入浴させ、又は清拭をしなければならないとされている。☞上記基準第13条第2項、☞⊕P712

問題23　正解 1、3

1　○　要介護認定等基準時間には、「褥瘡の処置」が含まれている。☞要介護認定等に係る介護認定審査会による審査及び判定の基準等に関する省令第3条第5号、☞⊕P79

2　×　要介護認定等基準時間には、「家族の介護負担」は含まれていない。☞上記省令第2条、☞⊕P79

3　○　主治医意見書の項目には、「短期記憶」の問題の有無が含まれている。☞介護保険法第27条第3項、☞⊕P78

4、5　×　主治医意見書の項目には、「社会参加」「対人交流」の状況は含まれていない。☞介護保険法第27条第3項、☞⊕P78

問題24　正解 3、5

1、2　×　認定審査会の委員の構成は、保健・医療・福祉の各分野に関する学識経験の均衡に配慮した構成とするが、原則として保険者である市町村の職員以外の者を委員として委嘱するとされている。審査対象者を担当する介護支援専門員や、地域包括支援センターの職員は参加できない。☞介護保険法第14～16条・第27条、☞介護保険法施行令第5条他、☞要介護認定等に係る介護認定審査会による審査及び判定の基準等に関する省令、☞介護認定審査会運営要綱、☞⊕P82

3　○　審査判定の公平性を確保するために、原則として保険者である市町村の職員以外の者を審査会の委員として委嘱するとされており、保険者である市町村の職員は委員となることができない。☞介護保険法第15条・第27条、☞上記省令、☞上記要綱、☞⊕P82

4　×　認定審査会は、審査及び判定をするに当たって必要があるときは、当

該審査及び判定に係る被保険者、その家族、主治の医師その他の関係者の意見を聴くことができるとされている。☞介護保険法第27条第6項、☞上記省令、☞上記要綱、☞⊕P82

5　○　認定審査会は、必要に応じて、審査対象者の家族の意見を聞くことができるとされている。☞介護保険法第27条第6項、☞上記省令、☞上記要綱、☞⊕P82

問題25　正解2、4、5

1、3　×　飼い犬などの<u>ペットの世話</u><u>は、公的保険である介護保険サービス</u>の対象ではない。訪問介護事業所を変更しても同様である。しかし、ペットが利用者の大きな支えとなっている場合もあり、介護支援専門員としては、地域ケア会議において、状況を説明して、対策ができないかを提案することは適切といえる。☞⊕P436

2、4、5　○　上記記述を参照。

保健医療福祉サービス分野

保健医療サービスの知識等

問題26　正解1、2、3

1　○　BMI（Body Mass Index）は、世界共通の肥満度の指標であり、体重（kg）／身長（m）の2乗で求められる。血清アルブミンは、肝臓で合成されるたんぱく質の一種であり、肝臓や腎臓の働きの衰えや栄養状態の悪化でも値は低下する。低栄養指標として、BMIが18.5未満、**血清アルブミン値**が3.5g/dL以下などがある。☞⊕P75

2　○　**ヘモグロビンA1c**とは、血管の中でヘモグロビンがブドウ糖と結合したものである。HbA1cの値は、過去1～2か月の血糖レベルを反映しており、この値が高いということは、血液中のブドウ糖が多いということを示している。☞⊕P76

3　○　大動脈疾患や進行した動脈硬化の場合は、左右の上肢で血圧に差がみられることがあり、左右での血圧測定も必要といえる。☞⊕P70

4　×　狭心症は、発作が起きていないときは心電図では異常を認めないことが多く、症状がなくても心電図により必ず診断できるとはいえない。☞⊕P124

5　×　赤血球数の基準値は、男が400～539、女が360～489、血色素の基準値は、成人男性では13.1～16.6g/dl、女性では12.1～14.6g/dlでいずれも性別により異なる。☞⊕P79

問題27　正解1、3、4

1　○　関節リウマチは原因不明の全身における免疫異常であり、症状としては、関節腫脹、疼痛、関節の熱感、朝のこわばりなどがある。☞⊕P116

2　×　脊柱管狭窄症では、背骨が変形したり、椎間板が膨らんだり、黄色靱帯が厚くなるなどにより、脊柱管が狭くなって発症する。症状には、腰痛、下肢痛、しびれなどがみられる。☞⊕P118

3　○　加齢に伴い、骨密度が低下するとともに、筋力、耐久力、バランス力が低下して転倒のリスクが高まる。大腿骨頸部骨折の受傷原因として最も多いのは、転倒といえる。☞⊕P175

4　○　網膜の中心にある黄斑が障害されると、十分な視覚情報が伝わらなくなることから、加齢黄斑変性病は、高齢者の重篤な視力障害の原因の一つといえる。☞⊕P162

5 × ノルウェー疥癬（角化型疥癬）は、感染力が強いことから、一定期間は、個室管理が必要となる。☞下P153

問題28　正解2、3、4

1 × 心筋梗塞、弁膜症による心不全では、労作時に息切れを感じたり、夜間に急激に憎悪して呼吸困難に至ることもある。☞下P127

2 ○ 高齢者の心房細動では、心内血栓が形成されやすく、これがはがれて脳梗塞をきたすことが多いといえる。☞下P128

3 ○ 心筋梗塞の治療法には、薬剤投与のほか、狭窄した冠動脈をカテーテルで拡張する手術、狭窄した冠動脈の先に別の血管をつなげるバイパス手術がある。☞下P123

4 ○ 不整脈は、心臓自体の異常のほか、ストレスや喫煙、睡眠不足、過労、飲酒、暴飲暴食などの不規則な生活習慣で起こることもある。☞下P128

5 × 起立性低血圧は、加齢による交感神経系の調節反射の障害が原因で起きるが、降圧薬や利尿薬、抗うつ薬、血管拡張薬などの薬剤や飲酒なども発症の原因となる。☞下P71

問題29　正解2、3、4

1 × 急性上気道炎とは、いわゆる風邪症候群のことであり、ウイルス性のものであれば安静や水分補給により自然に治癒することから、通常、抗菌薬を使用することはない。☞下P150

2 ○ 誤嚥性肺炎は、口腔咽頭分泌物などを繰り返し誤嚥することにより発症することから、普段から口腔ケアを行うことが重要である。☞下P150

3、4 ○ 慢性閉塞性肺疾患

（COPD）は、全身の炎症、骨格筋の機能障害、栄養障害、骨粗しょう症などの併存症を伴う全身性の疾患であり、介護保険法の特定疾病に指定されている。薬物療法の中心は気管支拡張薬であるが、重症の場合には吸入ステロイド薬が使用される。☞下P148

5 × 慢性閉塞性肺疾患（COPD）では、喫煙を続けると呼吸機能の悪化が加速することから、禁煙が治療の中心である。☞下P148

問題30　正解1、4、5

1 ○ 筋萎縮性側索硬化症（ALS）では、徐々に全身の骨格筋が萎縮して筋力低下をきたすが、眼球運動や肛門括約筋、知覚神経や知能や意識は末期まで保たれる。☞下P104

2 × 筋萎縮性側索硬化症（ALS）でみられる筋力低下や筋萎縮は、脊髄や延髄の運動神経細胞が変性消失して生ずるものであり、加齢による衰えとは異なり、筋力トレーニングでは回復しない。☞下P104

3 × パーキンソン病は、脳の黒質の神経細胞が変性、消失することにより発症する神経変性疾患である。認知症および治療薬の副作用による精神症状、起立性低血圧、排尿障害などの自律神経症状がみられる。☞下P107

4 ○ パーキンソン病の治療は、薬物療法が基本であるが、全経過を通じてリハビリテーション、生活療法は重要といえる。☞下P107

5 ○ 進行性核上性麻痺は、黒質を含む脳の基底核を中心に脳幹、小脳、前頭葉など広範囲に進行性の変性をきたす疾患であり、思考の遅延や無感情などの認知機能低下が早期から認めやすい。☞下P109

問題31　正解2、3、4

1　×　認知症の症状は、中核症状である**認知症状**と、周辺症状である**BPSD（行動・心理症状）**に分けられるが、BPSDは、環境調整や医療・ケアで改善する可能性が大きい。☞下P232

2　○　血管性認知症は、脳梗塞や脳出血などが原因で引き起こされる認知症であり、適切な治療やリハビリテーションにより、認知機能が改善した例もある。☞下P226

3　○　レビー小体型認知症は、認知障害だけでなく、運動障害、便秘や立ちくらみなどの自律神経症状と多彩な症状がみられる。特にリアルな幻視が特徴的で、払いのけたり、逃げるなどの動作を伴う。☞下P227

4　○　アルツハイマー型認知症の治療薬では、神経伝達物質であるアセチルコリンを増やす薬剤である、ドネペジル、ガランタミン、リバスチグミンの3剤が保険適用となっているが、これらの薬剤は、易怒性などの興奮性のBPSD（認知症の行動・心理症状）を悪化させる可能性があることに留意しなければならない。☞下P224

5　×　慢性硬膜下血腫による認知機能障害は、手術で血腫を除去することで回復が期待できる。☞下P230

問題32　正解2、3、5

1　×　老年期うつ病は、長引き、治りにくいという特徴があり、一部は認知症に移行することがある。☞下P263

2　○　せん妄には、興奮や錯乱を主体とする興奮過覚醒型と、逆に反応性が低下して認知機能や見当識、注意力が低下する傾眠低覚醒型がある。☞下P183

3　○　せん妄を引き起こす背景には睡眠や覚醒リズムの障害があるといわれ、発症の誘因として、睡眠障害、薬剤、環境の変化などが挙げられる。☞下P183

4　×　せん妄の治療には、誘因の除去に加えて薬物治療が有効といえるが、薬物治療が最優先とはいえない。☞下P183

5　○　統合失調症は、軽症化したとしても、その後症状が再発することがある。老年期の再発要因としては、配偶者や近親者の死、生活環境の変化があげられる。☞下P264

問題33　正解1、3、5

1　○　**標準予防策（スタンダード・プリコーション）**は、すべての人に実施する感染対策である。その基本は、人の体液や排泄物のすべてに感染性があるものとして取り扱うことである。☞下P189

2　×　ノロウイルス感染者の嘔吐物処理に際しては、汚染した場所やその周囲を**0.5%次亜塩素酸ナトリウム**で拭き取り消毒する。ノロウイルスはアルコール綿では消毒できない。☞下P193

3　○　水痘、麻疹、風疹及びB型肝炎は、いずれもウイルス性の疾患であり、ワクチンで予防可能な感染症である。☞下P158・P192

4　×　感染症と診断されていなくても、咳やくしゃみなどの症状がある人は何らかの病原微生物を拡散させている可能性がある。☞下P191

5　○　肺炎球菌ワクチンは、2014年10月1日から65歳以上高齢者を対象とする**定期接種ワクチン**となった。☞下P194

問題34　正解２、４、５

1　×　エアーマット等の除圧効果のある予防用具を用いた場合であっても、計画的に体位変換を行う必要がある。☞下 P155

2　○　褥瘡の発生を促す全身性因子には、低栄養、やせ、加齢・基礎疾患、薬剤投与、浮腫などがある。☞下 P155・P361

3　×　褥瘡には、予防・対応ともに皮膚の清潔を保つことが重要であり、入浴を避ける必要はない。☞下 P155

4　○　褥瘡は、一般に感染を伴うことが多く、敗血症の原因となるなど、生命にかかわる事態になることもある。☞下 P289

5　○　褥瘡の再発や新たな部位への発生を予測するためには、褥瘡のリスクアセスメントを行うことが有効といえる。☞下 P155・P361

問題35　正解２、３、５

1　×　**在宅自己注射**とは、患者（利用者）または家族が、病気の治療のために在宅で注射を行うことである。☞下 P46

2　○　肺炎の症状の多くは、咳や痰、発熱であるが、高齢者では、食欲低下、意識障害、不穏などの症状を示すことがある。☞下 P150

3　○　脳梗塞の予防には、高血圧、糖尿病、脂質異常症、心房細動等の管理などに留意する必要がある。☞下 P97

4　×　高齢者は感染症に対する抵抗力が弱く、インフルエンザワクチンと肺炎球菌ワクチンの接種は、寝たきりの高齢者にも推奨される。☞下 P194

5　○　敗血症の主な症状は、高熱、悪寒、ショック状態、乏尿、呼吸困難などである。☞下 P188 他

問題36　正解１、２、４

1　○　ストーマがあっても入浴は可能であり、前もって緊急時の対応や連絡体制などを整えておくことが必要である。☞下 P59

2　○　疼痛管理などに自動注入ポンプを用いる場合には、トラブル発生時の連絡先などの対応方法を明確にして、あらかじめ関係者間で共有しておくことが大切といえる。☞下 P48

3　×　在宅中心静脈栄養法は、経口摂取が困難になった場合に実施されるものであり、経口摂取が安全にできるのであれば、これを禁止する必要はない。☞下 P51

4　○　血液透析を行っている利用者では、透析を行うための針を刺す血管を愛護的に扱う必要があり、シャント側の腕での血圧測定を避けるなどの注意が必要である。☞下 P49

5　×　カテーテルが胃の粘膜に入り込むバンパー埋没症候群を防ぐために、<u>胃ろうを取り扱うときには、ストッパーと皮膚の間に遊びがあることと、カテーテルが回転することを確認する</u>必要がある。☞下 P54

問題37　正解４、５

1　×　医師の指示を超えて酸素流量を上げると、呼吸中枢を刺激して意識障害を引き起こす危険がある。酸素ボンベの使用に慣れたとしても、医師の指示がないまま酸素吸入量を自由に設定してはならない。☞下 P57

2　×　在宅酸素療法を行うに際しては、トイレや浴室など、生活行動の効果的な動線を検討することも必要である。適切なサポートをすることで、入浴も可能である。☞下 P57

3　×　在宅酸素療法では高濃度の酸素

を扱うことから、ガスコンロの使用は危険であり、電磁調理器を使用するなどの配慮が必要である。☞下 P57

4　○　鼻腔カニューレは簡便な吸入器具であり、使用中であっても食事や会話が可能である。☞下 P58

5　○　呼吸同調型酸素供給装置では、吸気時のみ酸素を流出させることから、酸素ボンベの消費量が少なくなり、長時間の使用が可能となる。☞下 P57

問題38　正解 1、3、5

1　○　安静臥床が続くと、拘縮、筋力低下、意欲の減衰など、心身にさまざまな悪影響が生じることから、早期離床を図る必要がある。☞下 P289

2　×　左片麻痺患者によくみられる左半側空間失認は、左半分を無視する障害であり、左側から話しかけるなど、左半分に注意を向けるようなリハビリテーションの工夫をする。☞下 P293

3　○　リハビリテーション中に起こりやすいリスクには、低血糖発作の出現、胸痛・不整脈・呼吸困難の誘発、痛みの増悪、転倒リスクの増大などがあり、これらに対する注意が必要である。☞下 P286

4　×　福祉用具の給付は、介護保険法と障害者総合支援法に基づき提供されるが、介護保険対象者には介護保険法が優先される。☞下 P467

5　○　回復期リハビリテーションでは、的確な予後予測とゴール設定の下に、機能回復、ADL の向上及び早期の社会復帰を目指している。☞下 P283

問題39　正解 1、4、5

1　○　短期入所療養介護は、医療的なニーズを持った利用者が、できる限り自宅で暮らすことができるように、施設で短期間の泊りで預かるというものである。検査、投薬等は、利用者の症状に照らして妥当適切に行わなければならないが、医療ニーズの高い利用者では、病院や診療所の利用が多いといえる。☞上 P515

2　×　短期入所療養介護の送迎加算は、短期入所生活介護と同様の算定方法とされている。

3　×　介護老人保健施設の短期入所療養介護では、看護職員又は介護職員の員数の合計は、常勤換算方法で利用者及び入院患者の数に対して 3：1 以上とされている。☞上 P522

4　○　短期入所療養介護を相当期間（おおむね 4 日以上）利用する場合には、居宅サービス計画に沿って短期入所療養介護計画を策定しなければならない。☞上 P521

5　○　緊急短期入所受入加算は、利用開始日から起算して 7 日を限度として算定できる。ただし、認知症行動・心理症状緊急対応加算を算定している場合には算定できない。

問題40　正解 3、4、5

1　×　介護老人保健施設は、介護保険法に基づき設置された施設であり、施設内で入所者に対して行った緊急な医療処置については、介護保険から給付される。☞上 P715

2　×　介護老人保健施設は、常勤の医師が配置されており、入所者に対して計画的に看取りなどを行った場合には、**ターミナルケア加算**が算定できるとされている。☞上 P718 他

3　○　入所者の居宅における外泊時には、基本的な介護保健施設サービス費は算定できないが、**外泊時費用**を月に 6 日まで算定できるとされている。

4 ○ 医師の指示に基づき専門職が計画的に経口摂取への移行を支援した場合の**経口移行加算**は、原則180日だが、必要と認められた場合には、これを超えても算定できる。☞⊕P724 他

5 ○ 一定の基準を満たす施設において、若年性認知症入所者を受け入れて介護保健施設サービスを行った場合には、**若年性認知症入所者受入加算**を算定できる。

問題41　正解1、4、5

1 ○ 高齢者の疾患の特徴は、症状がしばしば非定型的であることである。☞⊗P94

2 × 高齢者は複数の疾患を有することが多いため、薬剤数が多くなりがちだが、高齢者では薬の副作用が出やすいことに留意して、薬剤数をチェックする必要がある。☞⊗P95

3 × 高齢者の症状は非定型的であり、環境の変化により症状は変動しやすいといえる。☞⊗P94

4 ○ 老年症候群とは、青年から壮年にはみられない特有な病態であり、認知症、転倒、失禁、うつなど精神疾患・精神症状も含まれている。☞⊗P94

5 ○ 高齢者のQOLや予後は、医療のみならず、療養環境、家庭や地域社会の対応などの社会的要因によって大きく影響されるといえる。☞⊗P95

問題42　正解2、5

1 × 若年者と比較して老年者では、がんによる痛みの訴えが少ないといわれている。☞⊗P138

2 ○ BPSD（認知症の行動・心理症状）の発現には身体的要因や環境要因が関与することもあり、がん性疼痛が

原因のこともある。☞⊗P232

3 × 小規模多機能型居宅介護では、通所・訪問・宿泊のサービスを柔軟に組み合わせることが可能であり、ターミナルケアも提供することができる。看護師による24時間の連絡体制を確保して、一定のサービス提供を行った場合には、**看取り連携体制加算**を算定できる。

4 × 介護老人保健施設は、介護保険法により設置された在宅復帰のための施設であり、入所者に対するがんの治療は、医療保険の適用について制限を受けることになる。☞⊕P714

5 ○ 傷の保護や外見を整えるなど、死後のケアであるエンゼルケアは、遺族のグリーフケアとしても重要な意味がある。☞⊗P332

問題43　正解3、4、5

1 × 薬を飲むことは、高齢者の覚醒水準や身体状況に大きな影響を与える。高齢者の服薬管理能力の把握には、ADLや生活環境の評価は必要といえる。☞⊗P337

2 × 高齢者が服用中の薬の副作用の不安を訴えた場合は、介護者の判断だけで服薬を中止させるのではなく、速やかに医療職に利用者の状況を報告して対応を相談することが重要である。☞⊗P340

3 ○ 認知機能低下は、利用者に用法や薬効に対する理解不足を生じさせて、親切な服薬管理を困難にするといえる。☞⊗P344

4 ○ どのような薬剤でも薬疹を起こし得るということに留意して、「お薬手帳」により詳しい処方情報を共有しておく必要がある。☞⊗P354

5 ○ 居宅療養管理指導では、薬剤師

は、医師や歯科医師の指示を受けて、通院困難な利用者の自宅を訪問して薬学的管理指導を行う。☞下P478

問題44　正解2、4、5

1　×　介護保険の**訪問看護費**は、短期入所生活介護、短期入所療養介護、特定施設入居者生活介護、看護小規模多機能型居宅介護（複合型サービス）などと併用しては算定できない。

2　○　訪問看護師は、医師からの指示を受けるだけでなく、臨時応急の手当を行うことができる。☞上P459

3　×　訪問看護事業所の開設者は、医療法人、社会福祉法人のほか株式会社や有限会社など法人であることが求められる。☞介護保険法第70条第3項

4　○　訪問看護指示書の有効期間は6か月以内だが、急性憎悪時に主治医が交付する特別訪問看護指示書の有効期間は14日間である。☞上P460

5　○　**看護体制強化加算**は、緊急時訪問看護加算、特別管理加算、ターミナルケア加算の各々について一定の要件を満たした場合に認められる加算である。

問題45　正解2、4、5

1　×　介護予防訪問看護は、訪問看護とは対象者の要介護度を異にしている。内容も自立支援を目的に提供されるが、訪問看護に準じたサービスが提供される。介護予防・日常生活支援総合事業の介護予防・生活支援サービス事業は地域支援事業である。☞上P473

2　○　居宅療養管理指導は、サービス内容に応じて、医師、歯科医師、歯科衛生士、薬剤師、管理栄養士なども行うことができる。☞上P479

3　×　短期入所療養介護は、利用者が

できる限り自宅で暮らすため、普段は自宅で生活している要介護者を短期間（通常は数日から数週間）泊まりで預かるサービスである。短期入所生活介護では、30日以上継続して利用する場合には減算されるが、短期入所療養介護では、30日以上継続して利用する決まりはない。☞上P515 他

4　○　看護小規模多機能型居宅介護の運営推進会議の構成員は、利用者の家族や地域住民の代表者、市町村または地域包括支援センターの職員などである。☞指定地域密着型サービスの事業の人員、設備及び運営に関する基準第3条の37、☞上P648

5　○　介護予防訪問リハビリテーションを介護予防サービスに位置付ける場合には、主治の医師が基準に適合していると認めたものに限ることを確認しなければならない。☞上P576

福祉サービスの知識等

問題46　正解1、3、4

1　○　**インテーク**とは、援助を求めて相談する人を面接することである。インテークでは、相談援助者は、過度の同情、感情移入、批判などを注意深く回避しなければならない。☞上P267

2　×　相談者個々人によって問題状況は異なり、情報収集の際には、アセスメント項目の順番にいたずらに従うのではなく、利用者にあわせて質問を選択することも重要である。☞上P268

3　○　相談援助者は、利用できるサービスについて必要な情報を伝え、クライエントが選択しやすいよう工夫しなければならない。☞上P268

4　○　インテーク面接の終わりでは、問題の解決に向けて一定の積極的な見

通しが得られたことの意味は大きいといえ、その評価を相互確認することが重要である。☞上P268

5　×　インテーク面接では、特に正確、迅速な記録が求められる。得られる情報の量は無関係である。☞上P257

問題47　正解4、5

1　×　家族からサービスの利用を取り止めたいとの連絡があったときは、すぐに中止の手続きをするのではなく、まずは利用者側の意向を尊重しながら話し合いを続けて、信頼性を確立し、利用者と家族が一致するニーズを導き出していくことが必要である。☞下P448 他

2　×　自分で判断することが困難な認知症のクライエントであっても、専ら家族の判断を仰ぐのではなく、利用者本人の立場から援助の取り組みを行う必要がある。☞下P445 他

3　×　同居家族がいるクライエントからの訪問介護サービスの利用希望に対しては、家族も介護にかかわる援助の対象としてとらえて、家族の実態や思いを十分に把握して家族の自己実現を支援するサービスを心掛けなければならない。☞下P448 他

4　○　家族との関係が悪化しているクライエントに対しては、援助者はどちらか一方を支援するのではなく、最も発言しにくい者、発言していない者の立場から、家族関係の調整を継続的に行うことが重要といえる。☞下P448 他

5　○　家族の過重な介護負担を軽減するために、必要な介護サービスを有効に活用するなど、家族の健康面にも配慮しなければならない。☞下P447 他

問題48　正解1、3、4

1、3、4　○　**メゾ・ソーシャルワーク**とは、集団場面や集団関係を対象とし、あるいはそれを媒介にして、社会福祉援助を行うものである。これらは、いずれもメゾ・ソーシャルワークとして適切といえる。☞下P421

2、5　×　メゾ・ソーシャルワークでは、被援助者が援助者にもなるといった役割交換も展開される。いずれもメゾ・ソーシャルワークとはいえない。☞下P421

問題49　正解1、4、5

1、4、5　○　**マクロ・ソーシャルワーク**とは、コミュニティワークとも呼ばれ、地域（コミュニティ）を対象とした援助技術である。これらはいずれも地域を対象としたマクロ・ソーシャルワークといえる。☞下P421

2、3　×　マクロ・ソーシャルワークとは、地域住民・専門機関といった、あらゆる社会資源を巻き込み、社会資源の開発・改善・活用までも行うものであり、いずれもマクロ・ソーシャルワークとはいえない。☞下P421

問題50　正解1、2

1　○　利用者20人未満の併設事業所の場合は、生活相談員は非常勤でもよいとされている。☞上P513

2　○　機能訓練指導員は、併設施設の職務と兼務することができるとされている。☞上P513

3　×　短期入所生活介護では、利用料に加えて食事の費用、滞在に要する費用などのほか、理美容代の支払いを利用者から受けることができるとされている。☞上P514

4　×　65歳未満の認知症の利用者を

対象とした**若年性認知症利用者受入加算**は、認知症行動・心理症状緊急対応加算を算定している場合には算定できない。

5　×　**連続30日**を超えて同一の事業所に入所してサービスを受けている利用者は、短期入所生活介護費が減算されることになっている。

問題51　正解1、4

1　○　取付工事が必要なく据え置いて使用する手すりは、住宅改修費の支給対象ではなく、福祉用具貸与の対象となる。☞㊤P543

2　×　居宅介護住宅改修費の申請には、介護支援専門員等が作成する住宅改修が必要な理由を説明した書面が必要だが、この申請書を確認した保険者（市町村）が必要と認めた場合に支給される。☞㊤P560

3　×　ベッドサイドで排泄するためのポータブルトイレは、住宅改修費の支給対象ではなく、福祉用具販売の対象である。☞㊤P546

4　○　引き戸等への取り替えにあわせて自動ドアを設置する場合には、自動ドアの動力部分の設置は、住宅改修費の支給対象には含まれない。☞㊤P558

5　×　同一住宅に複数の要介護者が居住し、同時期にそれぞれが住宅改修費の支給を申請する場合には、それぞれの心身の状況等に応じて必要とされる改修の範囲を特定して、重複しないように申請しなければならない。☞平成12年3月8日労企第42号

問題52　正解4、5

1　×　生活相談員は、事業所ごとにサービス提供時間に応じて専従で配置

しなければならないとされている。☞㊤P489

2　×　看護職員は、（利用者の受け入れ）単位ごとに専従で1人以上配置しなければならないとされている。☞㊤P489

3　×　理学療法士、作業療法士、言語聴覚士などの機能訓練指導員は、1人以上の配置が義務付けられている。☞㊤P489

4　○　<u>介護職員に関しては、特段の専門資格は不要</u>とされている。☞㊤P489

5　○　管理者に関する資格要件は、特に定められておらず、事業所ごとに専従で1人以上の配置が義務付けられている。☞㊤P489

問題53　正解2、3、5

1　×　利用者が心身の障害などによって調理を行えない場合に、代わりに行う調理は生活援助となるが、利用者と一緒に手助けをしながら行う調理は、生活援助としては算定されない。☞㊤P433

2　○　ゴミ出しは、生活援助サービスの掃除として算定できる。☞㊤P433

3　○　利用者不在のベッドでのシーツ交換は、生活援助のベッドメイクとして算定できる。☞㊤P434

4　×　自立生活支援のための見守りは、生活援助ではなく身体介護サービスとして算定する。☞㊤P432

5　○　服薬介助は、身体介護サービスとして算定される。☞㊤P432

問題54　正解1、3、4

1　○　訪問入浴介護の目的には、心身身体の生活機能の維持・向上が含まれている。☞㊤P443 他

2　×　訪問入浴介護サービス事業の管理者は、特段の専門資格は不要とされているが、サービス提供を行う際のサービス提供責任者は、看護職員または介護職員であり、入浴介護に関する知識や技術を有する者でなくてはならない。☞㊤P451

3　○　緊急時には迅速な対応ができるように、協力医療機関は、事業の通常の実施地域内にあることが望ましいといえる。☞㊤P425

4　○　皮膚に直に接するタオル等は、サービスの提供ごとに消毒したものを用いて、利用者1人ごとに取り替えるなど、安全清潔なものを使用しなければならない。☞㊤P452

5　×　指定訪問入浴介護事業所には、事業の運営を行うために必要な広さを有する専用の区画を設けるほか、指定訪問入浴介護の提供に必要な浴槽等の設備及び備品等を備えなければならないとされており、事業所の専用の事務室には、利用申込の受付や相談に対応するためのスペースも必要といえる。☞㊤P451

問題55　正解1、3、5

1　○　職員、利用者及びサービスを提供する空間を明確に区別すれば、一般の通所介護と同じ事業所で同一の時間帯にサービスを行うことができるとされている。

2　×　認知症対応型通所介護の対象となるのは、日常生活に支障がある程度にまで記憶機能や認知機能が低下した認知症の要介護者であり、原因となる疾患が急性の状態にある者は対象とならない。☞㊤P635

3　○　認知症対応型通所介護の介護報酬には、9時間のサービス利用の後に

連続して延長サービスを行った場合は、5時間を限度として加算を算定できる延長加算がある。

4　×　原則として、認知症対応型通所介護を行うのに要する時間には、送迎に要する時間は含まれないが、送迎時に実施した着替えや車いすへの移乗などの居宅内での介助等に要した時間は、一定の条件のもとにサービス提供時間に含まれるとされている。

5　○　認知症対応型通所介護は、屋内でのサービス提供を原則としているが、屋外でのサービスを提供する場合は、認知症対応型通所介護計画に位置付けられている必要がある。認知症の利用者の場合、外に出ることは社会的孤立感の解消にもつながる。☞㊤P636

問題56　正解1、4、5

1　○　介護保険法の改正により、平成28年4月1日から、利用定員が18人以下（19人未満）の指定通所介護事業所は、**指定地域密着型通所介護事業所**となった。この地域密着型通所介護においては、利用者一人一人の人格を尊重し、利用者がそれぞれの役割を持って日常生活を送ることができるように配慮するとされている。☞指定地域密着型サービスの事業の人員、設備及び運営に関する基準第26条第1項第2号、☞㊤P623

2　×　看護職員は、サービスの単位ごとに専従とされており、提供時間帯を通じて専従する必要があるとは定められていない。☞上記基準第20条、☞㊤P629

3　×　指定地域密着型通所介護事業者は、その事業の運営に当たっては、地域住民又はその自発的な活動等との連携及び協力を行う等の地域との交流を

図らなければならないとされており、通達では、生活相談員の確保すべき勤務延時間数には、「地域の町内会、自治会、ボランティア団体等と連携し、利用者に必要な生活支援を担ってもらうなどの社会資源の発掘・活用のための時間」など、利用者の地域生活を支える取組のために必要な時間も含めることができるとされている。☞上記基準第34条第3項、☞地域密着型通所介護の施行に伴う「指定地域密着型サービス及び指定地域密着型介護予防サービスに関する基準について」等の一部改正について（平成28年3月16日・老推発0316第1号他）、☞上P630

4 ○ 指定地域密着型通所介護事業者は、おおむね6か月に1回以上、地域住民の代表者などからなる**運営推進会議**に対し活動状況を報告するが、この運営推進会議には、事業所による利用者の「抱え込み」を防止する役割もあるといえる。☞上記基準第34条第1項、☞上P630

5 ○ 通常の事業の実施地域を超える地域に居住する利用者に対して行う送迎の費用については、利用者から支払いを受けることができるとされている。☞指定地域密着型サービスに要する費用の額の算定に関する基準、☞上P424

問題57　正解 1、2、5

1 ○ 指定介護老人福祉施設は、入所者がその有する能力に応じ自立した日常生活を営むことができるようにすることを目指すものでなければならないとされており、居宅での日常生活が可能と認められる入所者に対しては、円滑な退所のための援助を行わなければ

ならない。☞指定介護老人福祉施設の人員、設備及び運営に関する基準第1条の2第1項、☞上P697

2 ○ 医務室は、医療法に規定する診療所であり、入所者を診療するために必要な医薬品及び医療機器を備えるほか、必要に応じて臨床検査設備を設けなければならないとされている。☞上記基準第3条第1項第6号、☞上P712

3 × 指定介護老人福祉施設は、あらかじめ、協力歯科医療機関を定めておくよう努めなければならないとされているが、義務規定ではない。☞上記基準第28条第2項

4 × 指定介護老人福祉施設は、入所者に対し、その負担により、当該指定介護老人福祉施設の従業者以外の者による介護を受けさせてはならないとされており、利用者の負担であっても、当該施設従業者以外の者による介護を受けさせることはできない。☞上記基準第13条第8項

5 ○ 指定介護老人福祉施設は、入所定員及び居室の定員を超えて入所させてはならないが、災害、虐待その他のやむを得ない事情がある場合は、この限りでないとされている。虐待等のやむを得ない事情がある者については、定員を超えて入所させることができる。☞上記基準第25条、☞上P701

問題58　正解 1、3、5

1 ○ 法定後見制度は、対象者の判断能力の程度に応じて、**後見、保佐**及び**補助**の3類型に分かれている。☞下P507

2 × 成年被後見人とは精神上の障害により判断能力を欠く状況にある人であり、この成年被後見人が行った法律行為について、本人にとって不利益な

ものは、原則として取り消すことができるとされている。☞下P508

3 ○ 保佐類型の対象者は、精神上の障害により判断能力が著しく不十分な人であり、保佐人には、年金、障害手当金その他の社会保障給付を受領する代理権を与えることができるとされている。☞下P507

4 × 任意後見契約は、**公証人**が作成する公正証書で契約をしなければならない。☞下P511

5 ○ 司法書士・弁護士・社会福祉士等のほか、社会福祉協議会等の法人も、成年後見人に選任されることができるとされている。☞下P510

問題59　正解2、4

1 × 障害福祉サービスの利用を希望する障害者は、市町村に対して支給申請を行うとされている。☞下P464

2 ○ 40歳以上65歳未満の医療保険に加入している障害者は、原則として、介護保険の被保険者となる。ただし、障害者支援施設等に入所している者については、介護保険の被保険者とはならないとされている。☞下P467

3 × 自立支援給付に優先する介護保険サービスは、介護給付、予防給付、市町村特別給付とされており、すべての介護保険サービスが、障害福祉サービスに優先して提供されるわけではない。☞下P466

4 ○ **成年後見制度利用支援事業**とは、認知症などにより判断能力が不十分で、身寄りがないなど、親族などによる後

見等開始の審判の申立てができない場合に、市町村長が代わって申立てを行い、成年後見制度の利用にあたって費用を負担することが困難な場合に、審判の申立てにかかる費用及び後見人等への報酬の助成を行うものである。この支援事業は、介護保険相当サービスは任意事業であるが、障害者総合支援法では必須事業とされている。☞下P466

5 × 介護支援専門員は、介護保険の被保険者であって居宅サービスを利用する障害者から、居宅サービス計画の作成を依頼された場合には、作成することになる。☞上P264、下P467

問題60　正解1、3、4

1 ○ 本人の希望する金銭の使用を理由なく制限することは、経済的虐待にあたる。☞下P498

2 × 高齢者虐待の防止において、介護支援専門員には、早期発見の重要な役割が期待されている。

3 ○ 高齢者の外部との接触を意図的、継続的に遮断する行為は、身体的虐待にあたる。☞下P497

4 ○ 高齢者の意欲や自立心を低下させる行為は、精神的苦痛を与えることになり、心理的虐待にあたる。☞下P498

5 × 「緊急やむを得ない場合」として身体拘束が認められるのは、「切迫性」、「非代替性」、「一時性」のすべてを満たす場合である。☞上P697

解答用紙

問題 1	① ② ③ ④ ⑤	問題26	① ② ③ ④ ⑤	問題46	① ② ③ ④ ⑤
問題 2	① ② ③ ④ ⑤	問題27	① ② ③ ④ ⑤	問題47	① ② ③ ④ ⑤
問題 3	① ② ③ ④ ⑤	問題28	① ② ③ ④ ⑤	問題48	① ② ③ ④ ⑤
問題 4	① ② ③ ④ ⑤	問題29	① ② ③ ④ ⑤	問題49	① ② ③ ④ ⑤
問題 5	① ② ③ ④ ⑤	問題30	① ② ③ ④ ⑤	問題50	① ② ③ ④ ⑤
問題 6	① ② ③ ④ ⑤	問題31	① ② ③ ④ ⑤	問題51	① ② ③ ④ ⑤
問題 7	① ② ③ ④ ⑤	問題32	① ② ③ ④ ⑤	問題52	① ② ③ ④ ⑤
問題 8	① ② ③ ④ ⑤	問題33	① ② ③ ④ ⑤	問題53	① ② ③ ④ ⑤
問題 9	① ② ③ ④ ⑤	問題34	① ② ③ ④ ⑤	問題54	① ② ③ ④ ⑤
問題10	① ② ③ ④ ⑤	問題35	① ② ③ ④ ⑤	問題55	① ② ③ ④ ⑤
問題11	① ② ③ ④ ⑤	問題36	① ② ③ ④ ⑤	問題56	① ② ③ ④ ⑤
問題12	① ② ③ ④ ⑤	問題37	① ② ③ ④ ⑤	問題57	① ② ③ ④ ⑤
問題13	① ② ③ ④ ⑤	問題38	① ② ③ ④ ⑤	問題58	① ② ③ ④ ⑤
問題14	① ② ③ ④ ⑤	問題39	① ② ③ ④ ⑤	問題59	① ② ③ ④ ⑤
問題15	① ② ③ ④ ⑤	問題40	① ② ③ ④ ⑤	問題60	① ② ③ ④ ⑤
問題16	① ② ③ ④ ⑤	問題41	① ② ③ ④ ⑤		
問題17	① ② ③ ④ ⑤	問題42	① ② ③ ④ ⑤		
問題18	① ② ③ ④ ⑤	問題43	① ② ③ ④ ⑤		
問題19	① ② ③ ④ ⑤	問題44	① ② ③ ④ ⑤		
問題20	① ② ③ ④ ⑤	問題45	① ② ③ ④ ⑤		
問題21	① ② ③ ④ ⑤				
問題22	① ② ③ ④ ⑤				
問題23	① ② ③ ④ ⑤				
問題24	① ② ③ ④ ⑤				
問題25	① ② ③ ④ ⑤				

（注）配点は１問１点です。

問題 1 ～問題 25	/25
問題 26 ～問題 45	/20
問題 46 ～問題 60	/15
合　　計	**/60**

解答用紙

問題 1	① ② ③ ④ ⑤	問題26	① ② ③ ④ ⑤	問題46	① ② ③ ④ ⑤
問題 2	① ② ③ ④ ⑤	問題27	① ② ③ ④ ⑤	問題47	① ② ③ ④ ⑤
問題 3	① ② ③ ④ ⑤	問題28	① ② ③ ④ ⑤	問題48	① ② ③ ④ ⑤
問題 4	① ② ③ ④ ⑤	問題29	① ② ③ ④ ⑤	問題49	① ② ③ ④ ⑤
問題 5	① ② ③ ④ ⑤	問題30	① ② ③ ④ ⑤	問題50	① ② ③ ④ ⑤
問題 6	① ② ③ ④ ⑤	問題31	① ② ③ ④ ⑤	問題51	① ② ③ ④ ⑤
問題 7	① ② ③ ④ ⑤	問題32	① ② ③ ④ ⑤	問題52	① ② ③ ④ ⑤
問題 8	① ② ③ ④ ⑤	問題33	① ② ③ ④ ⑤	問題53	① ② ③ ④ ⑤
問題 9	① ② ③ ④ ⑤	問題34	① ② ③ ④ ⑤	問題54	① ② ③ ④ ⑤
問題10	① ② ③ ④ ⑤	問題35	① ② ③ ④ ⑤	問題55	① ② ③ ④ ⑤
問題11	① ② ③ ④ ⑤	問題36	① ② ③ ④ ⑤	問題56	① ② ③ ④ ⑤
問題12	① ② ③ ④ ⑤	問題37	① ② ③ ④ ⑤	問題57	① ② ③ ④ ⑤
問題13	① ② ③ ④ ⑤	問題38	① ② ③ ④ ⑤	問題58	① ② ③ ④ ⑤
問題14	① ② ③ ④ ⑤	問題39	① ② ③ ④ ⑤	問題59	① ② ③ ④ ⑤
問題15	① ② ③ ④ ⑤	問題40	① ② ③ ④ ⑤	問題60	① ② ③ ④ ⑤
問題16	① ② ③ ④ ⑤	問題41	① ② ③ ④ ⑤		
問題17	① ② ③ ④ ⑤	問題42	① ② ③ ④ ⑤		
問題18	① ② ③ ④ ⑤	問題43	① ② ③ ④ ⑤		
問題19	① ② ③ ④ ⑤	問題44	① ② ③ ④ ⑤		
問題20	① ② ③ ④ ⑤	問題45	① ② ③ ④ ⑤		
問題21	① ② ③ ④ ⑤				
問題22	① ② ③ ④ ⑤				
問題23	① ② ③ ④ ⑤				
問題24	① ② ③ ④ ⑤				
問題25	① ② ③ ④ ⑤				

（注）配点は1問1点です。

問題 1 ～問題 25	/25
問題 26 ～問題 45	/20
問題 46 ～問題 60	/15
合　計	/60

解答用紙

問題 1	①	②	③	④	⑤	問題26	①	②	③	④	⑤	問題46	①	②	③	④	⑤
問題 2	①	②	③	④	⑤	問題27	①	②	③	④	⑤	問題47	①	②	③	④	⑤
問題 3	①	②	③	④	⑤	問題28	①	②	③	④	⑤	問題48	①	②	③	④	⑤
問題 4	①	②	③	④	⑤	問題29	①	②	③	④	⑤	問題49	①	②	③	④	⑤
問題 5	①	②	③	④	⑤	問題30	①	②	③	④	⑤	問題50	①	②	③	④	⑤
問題 6	①	②	③	④	⑤	問題31	①	②	③	④	⑤	問題51	①	②	③	④	⑤
問題 7	①	②	③	④	⑤	問題32	①	②	③	④	⑤	問題52	①	②	③	④	⑤
問題 8	①	②	③	④	⑤	問題33	①	②	③	④	⑤	問題53	①	②	③	④	⑤
問題 9	①	②	③	④	⑤	問題34	①	②	③	④	⑤	問題54	①	②	③	④	⑤
問題10	①	②	③	④	⑤	問題35	①	②	③	④	⑤	問題55	①	②	③	④	⑤
問題11	①	②	③	④	⑤	問題36	①	②	③	④	⑤	問題56	①	②	③	④	⑤
問題12	①	②	③	④	⑤	問題37	①	②	③	④	⑤	問題57	①	②	③	④	⑤
問題13	①	②	③	④	⑤	問題38	①	②	③	④	⑤	問題58	①	②	③	④	⑤
問題14	①	②	③	④	⑤	問題39	①	②	③	④	⑤	問題59	①	②	③	④	⑤
問題15	①	②	③	④	⑤	問題40	①	②	③	④	⑤	問題60	①	②	③	④	⑤
問題16	①	②	③	④	⑤	問題41	①	②	③	④	⑤						
問題17	①	②	③	④	⑤	問題42	①	②	③	④	⑤						
問題18	①	②	③	④	⑤	問題43	①	②	③	④	⑤						
問題19	①	②	③	④	⑤	問題44	①	②	③	④	⑤						
問題20	①	②	③	④	⑤	問題45	①	②	③	④	⑤						
問題21	①	②	③	④	⑤												
問題22	①	②	③	④	⑤												
問題23	①	②	③	④	⑤												
問題24	①	②	③	④	⑤												
問題25	①	②	③	④	⑤												

（注）配点は１問１点です。

問題 1 〜問題 25	/25
問題 26 〜問題 45	/20
問題 46 〜問題 60	/15
合　計	/60

解答用紙

問題 1	① ② ③ ④ ⑤	問題26	① ② ③ ④ ⑤	問題46	① ② ③ ④ ⑤
問題 2	① ② ③ ④ ⑤	問題27	① ② ③ ④ ⑤	問題47	① ② ③ ④ ⑤
問題 3	① ② ③ ④ ⑤	問題28	① ② ③ ④ ⑤	問題48	① ② ③ ④ ⑤
問題 4	① ② ③ ④ ⑤	問題29	① ② ③ ④ ⑤	問題49	① ② ③ ④ ⑤
問題 5	① ② ③ ④ ⑤	問題30	① ② ③ ④ ⑤	問題50	① ② ③ ④ ⑤
問題 6	① ② ③ ④ ⑤	問題31	① ② ③ ④ ⑤	問題51	① ② ③ ④ ⑤
問題 7	① ② ③ ④ ⑤	問題32	① ② ③ ④ ⑤	問題52	① ② ③ ④ ⑤
問題 8	① ② ③ ④ ⑤	問題33	① ② ③ ④ ⑤	問題53	① ② ③ ④ ⑤
問題 9	① ② ③ ④ ⑤	問題34	① ② ③ ④ ⑤	問題54	① ② ③ ④ ⑤
問題10	① ② ③ ④ ⑤	問題35	① ② ③ ④ ⑤	問題55	① ② ③ ④ ⑤
問題11	① ② ③ ④ ⑤	問題36	① ② ③ ④ ⑤	問題56	① ② ③ ④ ⑤
問題12	① ② ③ ④ ⑤	問題37	① ② ③ ④ ⑤	問題57	① ② ③ ④ ⑤
問題13	① ② ③ ④ ⑤	問題38	① ② ③ ④ ⑤	問題58	① ② ③ ④ ⑤
問題14	① ② ③ ④ ⑤	問題39	① ② ③ ④ ⑤	問題59	① ② ③ ④ ⑤
問題15	① ② ③ ④ ⑤	問題40	① ② ③ ④ ⑤	問題60	① ② ③ ④ ⑤
問題16	① ② ③ ④ ⑤	問題41	① ② ③ ④ ⑤		
問題17	① ② ③ ④ ⑤	問題42	① ② ③ ④ ⑤		
問題18	① ② ③ ④ ⑤	問題43	① ② ③ ④ ⑤		
問題19	① ② ③ ④ ⑤	問題44	① ② ③ ④ ⑤		
問題20	① ② ③ ④ ⑤	問題45	① ② ③ ④ ⑤		
問題21	① ② ③ ④ ⑤				
問題22	① ② ③ ④ ⑤				
問題23	① ② ③ ④ ⑤				
問題24	① ② ③ ④ ⑤				
問題25	① ② ③ ④ ⑤				

（注）配点は1問1点です。

問題 1 ～問題 25	/25
問題 26 ～問題 45	/20
問題 46 ～問題 60	/15
合　計	/60